高等学校物流管理专业系列教材

物流装备与运用

范钦满　刘长平　林小芳　主　编
张永成　毛丽娜　姜　晴　副主编

国防工业出版社
·北京·

内 容 简 介

本书依据教育部物流管理与工程类专业教学指导委员会制定的教学方案的要求，以培养"应用型"本科物流人才为出发点，系统介绍现代物流装备的分类、基本构造与工作原理、技术参数与性能特点，以及选配、应用等方面的知识。

本书主要包括物流运输装备（含公路运输装备、铁路运输装备、水路运输装备、航空运输装备与管道运输装备）、物流装卸搬运装备（含起重堆垛装备、搬运装备、输送及分拣设备）、物流仓储装备、流通加工与包装装备、集装单元化装备、物流信息技术装备。

本书可以作为物流管理与工程类专业本科学生教材，也可供物流从业人员参考。

图书在版编目（CIP）数据

物流装备与运用 / 范钦满，刘长平，林小芳主编.
北京：国防工业出版社，2024.10. -- ISBN 978-7-118-13435-3

Ⅰ. F253.9

中国国家版本馆 CIP 数据核字第 2024FR4270 号

※

国防工业出版社 出版发行

（北京市海淀区紫竹院南路 23 号　邮政编码 100048）
三河市天利华印刷装订有限公司印刷
新华书店经售

＊

开本 787×1092　1/16　　印张 18½　　字数 418 千字
2024 年 10 月第 1 版第 1 次印刷　　印数 1—2000 册　　定价 59.80 元

（本书如有印装错误，我社负责调换）

国防书店：（010）88540777　　　书店传真：（010）88540776
发行业务：（010）88540717　　　发行传真：（010）88540762

前　言

近年来，我国现代物流业发展质量显著提升，社会物流成本水平明显下降。随着国家物流枢纽等示范工程加快推进，物流基础设施网络逐步成型。物流市场主体发展壮大，如在干线运输、电商快递、家居家电、食品冷链、即时配送等细分领域形成了一批在全国乃至全球具有重要影响力的网络型龙头企业；国际物流不断提速，如面向共建"一带一路"倡议的全球物流网络加快建设；物流技术突飞猛进，信息化、自动化水平明显提升，新模式、新技术、新业态蓬勃兴起；标准、统计、人才教育培训和理论研究体系等行业基础工作趋于完备，规划引领、政策保障机制逐步完善。现代物流体系高效有序运行，为国家重大发展战略的顺利推进，以及我国成长为世界第二大经济体和第一大贸易国提供了有力支撑，对现代化经济体系建设、发展方式转变和人民生活改善发挥了重要作用。

物流装备是物流系统的重要组成部分，是物流系统中的重要资产，支撑物流活动中的各个环节，代表物流技术水平的高低，是物流现代化程度的重要标志。作为生产力要素的物流装备，对于改善物流状况，提高物流系统运行效率，促进现代化大生产、大流通，增强物流系统功能，具有十分重要的地位和作用。近年物流科技及其装备不断更新迭代，特别是智能化、自动化装备不断涌现并得到广泛应用，"互联网+智能制造"正在引领和催生更多绿色高端现代物流装备。在市场层面，我国已经成为世界上最大的物流装备市场，2020年突发的新冠疫情不仅改变了人们的生活方式，也改变了物流行业的作业模式和物流装备行业的发展模式，自动化、智能化设备的发展凭借着疫情阴影下迫切的"机器换人"要求而加快了脚步，越来越多的新型产品解决方案不断涌现，物流装备行业的发展进入了一个新的时期。

为了及时反映物流装备的进步与发展，同时适应当前专业人才培养需要，我们编写了本书。

本书由南通理工学院和淮阴工学院物流相关教师共同编著，范钦满、刘长平、林小芳担任主编，张永成、毛丽娜、姜晴担任副主编。囿于作者水平，书中若有疏漏和不当之处，欢迎广大读者和同仁批评指正。

编　者

2024 年 5 月

目 录

第1章 绪论 ……………………………………………………………………… 1
1.1 物流装备的概念与种类 ………………………………………………… 1
   1.1.1 物流装备的概念 …………………………………………………… 1
   1.1.2 物流装备的种类 …………………………………………………… 1
1.2 物流装备在现代物流中的地位 ………………………………………… 3
   1.2.1 物流装备是物流系统的物质技术基础和保证 …………………… 3
   1.2.2 物流装备涉及物流活动的各个环节，是物流系统的重要组成部分 ……… 3
   1.2.3 物流装备是物流系统中的重要资产 ……………………………… 3
   1.2.4 物流装备代表了物流技术水平的高低，是物流现代化程度的
        重要标志 …………………………………………………………… 3
1.3 物流技术与装备的发展概况 …………………………………………… 4
   1.3.1 国外物流技术与装备发展概况 …………………………………… 4
   1.3.2 我国物流技术与装备发展概况 …………………………………… 5
   1.3.3 物流技术与装备的发展趋势 ……………………………………… 6
思考题 ………………………………………………………………………… 7

第2章 公路运输装备 …………………………………………………………… 8
2.1 物流运输装备概述 ……………………………………………………… 8
2.2 公路运输的概念和特点 ………………………………………………… 8
2.3 国家标准中汽车的定义与分类 ………………………………………… 9
   2.3.1 相关术语和定义 …………………………………………………… 9
   2.3.2 乘用车分类简介 …………………………………………………… 10
   2.3.3 客车类型简介 ……………………………………………………… 10
   2.3.4 载货汽车的类型 …………………………………………………… 12
   2.3.5 挂车的类型 ………………………………………………………… 15
   2.3.6 汽车列车类型 ……………………………………………………… 15
   2.3.7 不同能源类型车辆的术语和定义 ………………………………… 16
2.4 汽车识别代码 …………………………………………………………… 17
2.5 汽车总体构造 …………………………………………………………… 18
   2.5.1 发动机 ……………………………………………………………… 18
   2.5.2 底盘 ………………………………………………………………… 18
   2.5.3 车身 ………………………………………………………………… 19
   2.5.4 电气设备 …………………………………………………………… 19

2.6 常见公路运输车辆的类型 ………………………………………………………… 19
  2.6.1 《道路货物运输车辆类型划分》（JT/T 1274—2019） ……………………… 19
  2.6.2 典型的载货汽车简介 …………………………………………………………… 22
2.7 载货汽车的使用性能与主要技术参数 ……………………………………………… 27
  2.7.1 使用性能 ………………………………………………………………………… 27
  2.7.2 主要技术参数 …………………………………………………………………… 29
2.8 载货汽车的选用管理 ………………………………………………………………… 30
  2.8.1 选用的基本原则 ………………………………………………………………… 30
  2.8.2 汽车价值分析的重要性 ………………………………………………………… 31
思考题 ……………………………………………………………………………………… 32

第3章 铁路运输装备 …………………………………………………………………… 33

3.1 铁路运输的概念和特点 ……………………………………………………………… 33
  3.1.1 铁路运输的概念 ………………………………………………………………… 33
  3.1.2 铁路运输的特点 ………………………………………………………………… 33
3.2 铁路机车 ……………………………………………………………………………… 34
  3.2.1 蒸汽机车 ………………………………………………………………………… 34
  3.2.2 内燃机车 ………………………………………………………………………… 35
  3.2.3 电力机车 ………………………………………………………………………… 36
3.3 铁路车辆 ……………………………………………………………………………… 37
  3.3.1 铁路车辆基本构造 ……………………………………………………………… 37
  3.3.2 铁路货车车种、车型与车号及其编码规则 …………………………………… 39
  3.3.3 几种典型货车介绍 ……………………………………………………………… 39
思考题 ……………………………………………………………………………………… 43

第4章 水路运输装备 …………………………………………………………………… 44

4.1 水路运输装备概述 …………………………………………………………………… 44
  4.1.1 水路运输的特点 ………………………………………………………………… 44
  4.1.2 水路运输的分类 ………………………………………………………………… 45
  4.1.3 水路运输的组成及设备 ………………………………………………………… 45
4.2 船舶的发展与分类 …………………………………………………………………… 46
  4.2.1 船舶发展的历史 ………………………………………………………………… 46
  4.2.2 船舶的分类 ……………………………………………………………………… 48
4.3 船舶总体结构 ………………………………………………………………………… 53
  4.3.1 总体结构 ………………………………………………………………………… 53
  4.3.2 主船体 …………………………………………………………………………… 54
  4.3.3 上层建筑 ………………………………………………………………………… 54
4.4 货运船舶的载货性能 ………………………………………………………………… 55
  4.4.1 船舶的载货能力概述 …………………………………………………………… 55
  4.4.2 船舶的载货能力的确定 ………………………………………………………… 56

  4.4.3 船舶载货能力利用 ………………………………………………… 57
 思考题 ……………………………………………………………………………… 58

第5章 航空运输装备与设施 …………………………………………………… 59

 5.1 航空运输装备与设施概述 ……………………………………………………… 59
  5.1.1 航空运输与航空物流的概念 …………………………………………… 59
  5.1.2 航空运输的产生 ………………………………………………………… 59
  5.1.3 货物航空运输的优点 …………………………………………………… 60
 5.2 航空运输主要设备与设施 ……………………………………………………… 61
  5.2.1 飞机 ……………………………………………………………………… 61
  5.2.2 航空港 …………………………………………………………………… 65
  5.2.3 通信与导航设备 ………………………………………………………… 66
  5.2.4 空中交通运行与管理 …………………………………………………… 67
 5.3 飞机的性能技术指标 …………………………………………………………… 68
  5.3.1 飞机重量 ………………………………………………………………… 68
  5.3.2 飞机速度 ………………………………………………………………… 68
  5.3.3 爬升性能 ………………………………………………………………… 68
  5.3.4 续航性能 ………………………………………………………………… 69
  5.3.5 起降性能 ………………………………………………………………… 69
 思考题 ……………………………………………………………………………… 69

第6章 管道运输设备 ……………………………………………………………… 70

 6.1 概述 ……………………………………………………………………………… 70
  6.1.1 管道运输的概念 ………………………………………………………… 70
  6.1.2 管道运输的产生与发展 ………………………………………………… 70
  6.1.3 管道运输的特点 ………………………………………………………… 71
 6.2 管道运输基本设备 ……………………………………………………………… 72
  6.2.1 输油管道运输设备 ……………………………………………………… 72
  6.2.2 输气管道的运输设备 …………………………………………………… 77
  6.2.3 固体料浆管道运输设备 ………………………………………………… 79
 6.3 管道运输设备的维护与管理 …………………………………………………… 81
  6.3.1 管道运输设备维护管理的含义 ………………………………………… 81
  6.3.2 管道安全管理 …………………………………………………………… 81
 思考题 ……………………………………………………………………………… 83

第7章 物流起重堆垛装备 ………………………………………………………… 84

 7.1 概述 ……………………………………………………………………………… 84
  7.1.1 物流装卸与搬运概述 …………………………………………………… 84
  7.1.2 物流装卸搬运装备概述 ………………………………………………… 85
  7.1.3 起重堆垛装备概述 ……………………………………………………… 87
 7.2 轻小型起重机械 ………………………………………………………………… 93

7.2.1 起重葫芦 …… 93
  7.2.2 千斤顶 …… 94
  7.2.3 起重滑车 …… 96
  7.2.4 卷扬机 …… 97
 7.3 三大类型起重机 …… 98
  7.3.1 桥架型起重机 …… 98
  7.3.2 臂架型起重机 …… 101
  7.3.3 缆索型起重机 …… 109
 7.4 起重堆垛装备的合理配置与使用管理 …… 110
  7.4.1 起重堆垛装备的合理配置 …… 110
  7.4.2 起重堆垛装备的使用管理制度 …… 112
 思考题 …… 113

第8章 物流搬运装备 …… 114
 8.1 搬运装备概述 …… 114
 8.2 手推车 …… 114
 8.3 搬运车 …… 115
  8.3.1 简易叉式搬运车 …… 115
  8.3.2 牵引车 …… 116
  8.3.3 电瓶搬运车 …… 117
 8.4 叉车 …… 118
  8.4.1 叉车的特点 …… 118
  8.4.2 叉车的分类 …… 119
  8.4.3 叉车属具 …… 124
  8.4.4 叉车的总体构造 …… 127
  8.4.5 叉车的主要技术参数 …… 128
  8.4.6 叉车的主要使用性能 …… 130
 8.5 自动导引搬运车 …… 131
  8.5.1 自动导引搬运车的概念 …… 131
  8.5.2 自动导引搬运车的分类 …… 132
  8.5.3 自动导引搬运车的基本结构和工作原理 …… 135
  8.5.4 自动导引搬运车的主要技术参数 …… 137
  8.5.5 AGVS 的构成与管理控制 …… 138
 8.6 搬运装备的合理配置与使用管理 …… 139
 思考题 …… 141

第9章 输送及分拣设备 …… 143
 9.1 输送机械概述 …… 143
  9.1.1 输送机械定义 …… 143
  9.1.2 输送机械分类 …… 143

9.1.3 输送机械主要参数 …………………………………………………… 145
9.2 连续性输送机 ………………………………………………………………… 145
 9.2.1 带式输送机 ……………………………………………………………… 146
 9.2.2 螺旋输送机 ……………………………………………………………… 150
 9.2.3 斗式提升机 ……………………………………………………………… 154
 9.2.4 刮板输送机 ……………………………………………………………… 156
9.3 间歇性输送机 ………………………………………………………………… 158
 9.3.1 重力式输送机 …………………………………………………………… 158
 9.3.2 动力式输送机 …………………………………………………………… 159
9.4 垂直升降输送设备 …………………………………………………………… 160
 9.4.1 垂直升降输送机 ………………………………………………………… 161
 9.4.2 螺旋滑槽式垂直输送机 ………………………………………………… 162
 9.4.3 托盘式垂直升降输送机 ………………………………………………… 162
9.5 分拣设备 ……………………………………………………………………… 163
 9.5.1 分拣系统的发展历程 …………………………………………………… 163
 9.5.2 自动分拣系统的主要特点 ……………………………………………… 164
 9.5.3 自动分拣的组成部分和工作过程 ……………………………………… 164
 9.5.4 自动分拣系统分类 ……………………………………………………… 165
 9.5.5 分拣机的类型 …………………………………………………………… 166
 9.5.6 分拣设备的应用 ………………………………………………………… 169
思考题 ……………………………………………………………………………… 170

第10章 流通加工装备 ……………………………………………………………… 171
10.1 流通加工装备概述 …………………………………………………………… 171
 10.1.1 流通加工装备的概念 ………………………………………………… 171
 10.1.2 流通加工装备的分类 ………………………………………………… 172
10.2 包装机械 ……………………………………………………………………… 172
 10.2.1 包装机械的概述 ……………………………………………………… 172
 10.2.2 充填机械 ……………………………………………………………… 174
 10.2.3 灌装机械 ……………………………………………………………… 180
 10.2.4 裹包机械 ……………………………………………………………… 184
 10.2.5 封口机械 ……………………………………………………………… 186
 10.2.6 捆扎机械 ……………………………………………………………… 188
 10.2.7 贴标机械 ……………………………………………………………… 192
 10.2.8 真空包装机 …………………………………………………………… 193
10.3 其他流通加工机械 …………………………………………………………… 196
 10.3.1 剪板机械 ……………………………………………………………… 196
 10.3.2 切割机械 ……………………………………………………………… 199
10.4 流通加工装备的合理配置与使用管理 ……………………………………… 200

10.4.1 不合理流通加工若干形式 …… 200
10.4.2 流通加工的合理化 …… 202
思考题 …… 202

第11章 集装单元化装备 …… 203

11.1 集装单元化概述 …… 203
11.1.1 集装单元化的定义和发展 …… 203
11.1.2 集装单元化的意义 …… 204
11.1.3 集装单元化的原则 …… 205
11.1.4 单元集装化的集装方式和器具 …… 206

11.2 集装箱 …… 206
11.2.1 集装箱的定义 …… 206
11.2.2 集装箱运输的特点 …… 207
11.2.3 集装箱的标准 …… 208
11.2.4 集装箱的基本结构 …… 211
11.2.5 集装箱的种类 …… 215
11.2.6 国际标准集装箱的标记 …… 222
11.2.7 集装箱标准与其他标准的衔接 …… 227
11.2.8 集装箱的装箱操作与管理 …… 230

11.3 托盘 …… 232
11.3.1 托盘的定义 …… 232
11.3.2 托盘的特点 …… 233
11.3.3 托盘的种类 …… 233
11.3.4 托盘标准化 …… 237
11.3.5 托盘的选择原则 …… 238
11.3.6 托盘作业机械 …… 238
11.3.7 托盘使用要点及托盘化运输的管理 …… 239

11.4 其他集装方式 …… 243
11.4.1 集装袋 …… 243
11.4.2 集装网络 …… 244
11.4.3 罐体集装 …… 244
11.4.4 货捆 …… 245
11.4.5 滑板 …… 245
11.4.6 框架作业 …… 246
11.4.7 半挂车 …… 246

11.5 集装单元化系统中的设备配置 …… 246
11.5.1 集装单元化系统的基本要素 …… 246
11.5.2 集装单元运输方式对集装设备的基本要求 …… 248

11.5.3　集装单元装卸搬运系统的配置 ………………………………………… 248
　思考题 ……………………………………………………………………………………… 249

第12章　物流仓储装备 ……………………………………………………………… 251

12.1　货架 …………………………………………………………………………………… 251
　　12.1.1　货架的概念与作用 …………………………………………………………… 251
　　12.1.2　常用货架介绍 ………………………………………………………………… 251
　　12.1.3　货架的选型 …………………………………………………………………… 256

12.2　仓库 …………………………………………………………………………………… 256
　　12.2.1　仓库的概念 …………………………………………………………………… 256
　　12.2.2　仓库的功能 …………………………………………………………………… 256
　　12.2.3　仓库的分类 …………………………………………………………………… 257

12.3　自动化立体仓库 ……………………………………………………………………… 259
　　12.3.1　自动立体化仓库的概念 ……………………………………………………… 259
　　12.3.2　自动化立体仓库的基本组成 ………………………………………………… 259
　　12.3.3　自动化立体仓库的类型 ……………………………………………………… 260
　　12.3.4　自动化立体包库的主要优点 ………………………………………………… 261
　　12.3.5　自动化立体仓库的应用要求 ………………………………………………… 261

12.4　巷道堆垛机 …………………………………………………………………………… 262
　　12.4.1　巷道堆垛机的概念 …………………………………………………………… 262
　　12.4.2　巷道式堆垛机的特点 ………………………………………………………… 263
　　12.4.3　巷道堆垛机的分类和用途 …………………………………………………… 263

　思考题 ……………………………………………………………………………………… 264

第13章　物流信息技术装备 ………………………………………………………… 265

13.1　概述 …………………………………………………………………………………… 265

13.2　条码技术装备 ………………………………………………………………………… 266
　　13.2.1　条码技术概述 ………………………………………………………………… 266
　　13.2.2　条码的分类 …………………………………………………………………… 267
　　13.2.3　条码识读设备 ………………………………………………………………… 268
　　13.2.4　条码生成设备 ………………………………………………………………… 270

13.3　射频技术装备 ………………………………………………………………………… 271
　　13.3.1　射频识别技术概述 …………………………………………………………… 271
　　13.3.2　射频标签 ……………………………………………………………………… 272
　　13.3.3　射频识读器 …………………………………………………………………… 274
　　13.3.4　射频识别技术的应用 ………………………………………………………… 276

13.4　全球卫星导航系统与地理信息系统简介 …………………………………………… 277
　　13.4.1　全球卫星导航系统简介 ……………………………………………………… 277
　　13.4.2　地理信息系统简介 …………………………………………………………… 278

13.5 电子数据交换与电子自动订货系统简介 ……………………………… 279
   13.5.1 电子数据交换简介 ……………………………………………… 279
   13.5.2 电子自动订货系统简介 ………………………………………… 280
思考题 ………………………………………………………………………… 281
参考文献 …………………………………………………………………… 282

第1章 绪论

本章要点：
(1) 掌握物流装备的概念与种类。
(2) 理解并掌握物流装备在现代物流中的地位。
(3) 了解物流装备的发展概况。

1.1 物流装备的概念与种类

1.1.1 物流装备的概念

工欲善其事，必先利其器。任何物流活动都离不开必要的设施与设备。进行各项物流活动和物流作业所需要的设施与设备的总称为物流设施与设备。其中，物流设施主要包括节点（如交通枢纽点、储存性节点、流通性节点等）、线路和物流基础信息平台三个部分；物流设备又称为物流技术装备或物流装备，指进行物流作业活动，实现物流功能过程中所使用的各种成套机械设备、器具。

1.1.2 物流装备的种类

依据物流装备在物流活动中运输、储存、装卸搬运、包装、流通加工、配送和物流信息采集与处理七大环节中的功能，可将物流装备分为运输装备、储存装备、装卸搬运装备、包装装备、流通加工装备、集装单元化装备、信息采集与处理装备七大类。

(1) 运输装备。人们对物流概念最简单、最直接的理解是"物的流通"，它是将物品从一个地点向另一个地点运送的物流活动。在物流活动中，运输始终处于核心地位，它承载了物品在空间各个环节的位置移动，解决供给者和需求者之间场所的分离，是创造空间效用的主要功能要素。物流运输方式主要有公路、铁路、水路、航空和管道运输五种。因此，运输装备主要分为公路运输装备、铁路运输装备、水路运输装备、航空运输装备和管道运输装备五种类型。

(2) 储存装备。储存，即保护、管理、储藏物品。储存装备是指在储存区进行作业活动所需要的设备器具。常用的储存装备有货架、托盘、计量设备、通风设备、温湿度控制设备、养护设备和消防设备等。

(3) 装卸搬运装备。装卸搬运是物流的重要环节，它贯穿于物流的全过程。装卸是在指定地点以人力或机械将物品装入运输装备或从运输装备内将其卸下的作业活动。装卸是一种以垂直方向移动为主的物流活动，包括物品装入、卸出、分拣、备货等作业行为。搬运是指在同一场所内，对物品进行的以水平方向移动为主的物流作业。装卸搬运是指对运输、保管、包装、流通加工等物流活动进行衔接的中间环节，包括装车（船）、卸车（船）、堆垛、入库、出库以及连接以上各项作业的短程搬运。搬运与运输的主要区别在于运输一般是对物品的长途输送活动，搬运则是对物品的短程输送活动。装卸搬运装备是用来搬移、升降、装卸和短距离输送物料或货物的机械设备。装卸搬运装备是实现装卸搬运作业机械化的基础，它直接影响到物流的效率和效益。目前，装卸搬运装备的种类已有数千种，而且不断有新机种和新机型出现。装卸搬运装备的分类方法很多，例如：根据作业性质，装卸搬运装备可分为装卸机械、搬运机械和装卸搬运机械三大类；根据主要用途或结构特征，装卸搬运装备可分为起重装备、输送装备、装卸搬运车辆和专用装卸搬运机械等；根据物料运动方式，装卸搬运装备可分为水平运动方式、垂直运动方式、倾斜运动方式、垂直及水平运动方式、多平面运动方式等。常用的装卸搬运装备包括叉车、手推车、手动托盘搬运车、各种输送机、托盘收集机、自动引导机、升降机及堆垛机等。

（4）包装装备。由于物品的种类、状态和性质等方面的差异，运输要求的不同，以及消费者对产品规格、数量要求的多样化，必须对物品采用合适的包装。包装装备，即包装机械，指完成全部或部分包装过程的机器设备。包装过程包括充填、裹包、封口等主要工序，以及与其相关的前后工序，如清洗、堆码和拆卸等。此外，包装还包括计量或在包装件上盖印等工序。根据不同的标准，包装装备可进行不同的分类，如按照功能，包装装备可分为灌装机械、充填机械、裹包机械、封口机械、贴标机械、清洗机械、干燥机械、杀菌机械、捆扎机械、集装机械、多功能包装机械以及完成其他包装作业的辅助包装机械和包装生产线。

（5）流通加工装备。流通加工是指在物品从生产领域向消费领域流动的过程中，为了促进销售、维护产品质量和提高物流效率，并使物品在物理、化学或形状等方面不发生本质变化的基础上，对物品所进行的包装、分拣、分割、计量、刷标志、拴标签、组装等活动。流通加工装备是指用于流通加工作业的专用机械设备。根据流通加工对象的不同，应采用不同的流通加工装备。按照不同的分类方法，流通加工装备可分成不同的种类。例如：按照流通加工形式，流通加工装备可分为剪切加工设备、开木下料设备、配煤加工设备、冷冻加工设备、分选加工设备、精制加工设备、分装加工设备、组装加工设备；根据加工对象的不同，流通加工装备可分为金属加工设备、水泥加工设备、玻璃加工设备、木材加工设备、煤炭加工机械、食品加工设备、组装产品的流通加工设备、生产延续的流通加工设备及通用加工设备等。

（6）集装单元化装备。在货物储运过程中，为便于装卸和搬运，用集装器具或采用捆扎方法将物品组成标准规格的单元货件，称为货物的集装单元化。集装单元化装备就是用集装单元化的形式进行储存、运输作业的物流装备，主要包括集装箱、托盘、滑板、集装袋、集装网络、货捆、集装装卸设备、集装运输设备、集装识别系统等。

（7）信息采集与处理装备。物流信息采集与处理设备是指用于物流系统中信息的采集、传输、处理等的物流装备。它们的使用基础是物流信息平台，目前主要有通信技术设备、定位技术设备、网络技术设备、管理技术设备等。

需要说明的是，现实物流系统的具体装备在分类时，并不总能确切归为上述七类中的某一类。

1.2 物流装备在现代物流中的地位

1.2.1 物流装备是物流系统的物质技术基础和保证

不同的物流系统必须有不同的物流装备来支持，才能正常运行。因此，物流装备是实现物流功能的技术保证，是实现物流现代化、科学化、自动化的重要手段。物流系统的正常运转离不开物流装备，正确、合理地配置和运用物流装备是提高物流效率的根本途径，也是降低物流成本、提高经济效益的关键。

1.2.2 物流装备涉及物流活动的各个环节，是物流系统的重要组成部分

物流是生产与消费之间联系的纽带，但若要完成货物的运输、装卸、仓储、加工、整理、配送和信息传输等物流中的各项环节，或者进一步将它们有机地结合起来形成完整的供应链，都必须依靠物流装备来实现。因此，物流装备涉及物流活动的每一环节，是物流系统的重要组成部分。

1.2.3 物流装备是物流系统中的重要资产

现代物流装备既是技术密集型的生产资料，也是资金密集型的社会财富。在物流系统中，物流装备的价值所占资产的比例较大，物流中心、物流基地、配送中心等造价十分昂贵，建设一个现代化的物流系统所需的物流装备购置投资金额相当大。同时，购置设备之后，为了维持设备正常运转、发挥设备效能，在设备长期使用过程中还需要继续不断地投入大量的资金。

1.2.4 物流装备代表了物流技术水平的高低，是物流现代化程度的重要标志

随着生产的发展和科学技术的进步，物流活动的诸个环节在各自的领域中不断提高技术水平。现代先进物流技术的应用极大地完善了现代物流系统。采用高速、高效、专业化的物流装备，有助于提高物流各个环节效率；通过各种物流装备进行优化组合，实行合理的配备、衔接，组成一个系统；通过计算机控制和管理，可以使物流装备在作业中发挥更大的效能，有助于提高整个物流系统的效率。可以说，物流技术是提高物流生产力的决定性因素。

因此，物流装备作为生产力要素，对于发展现代物流，改善物流状况，促进现代化大生产、大流通，强化物流系统能力，具有十分重要的地位和作用。物流装备既是进行物流活动的物质技术基础，也代表物流技术水平的高低，是物流现代化程度的重要标志。

1.3 物流技术与装备的发展概况

1.3.1 国外物流技术与装备发展概况

发达国家从 20 世纪 40 年代后期就已经开始发展物流技术装备,到现在已经有了较为完善的物流技术装备体系及相当高的技术水平,形成了以系统技术为核心,以信息技术、运输技术、配送技术、装卸搬运技术、自动化仓储技术、库存控制技术、包装技术等专业技术为支撑的现代化物流装备技术格局。

从仓储设备和装卸搬运机械设备来看,初期货物的输送、储存、装卸、管理、控制主要靠人工实现。后来,随着科学技术的发展,机械化程度有了一定提高,开始运用各种各样的传送带、工业输送车、起重机和叉车等进行移动、搬运物料或货物,用货架、托盘和可移动式货架存储物料,用限位开关、螺旋机械制动和机械监视器等控制设备的运行。20 世纪 50 年代末至 60 年代,自动化技术对装卸搬运技术的发展起到了极大的促进作用,相继研制和采用了自动导引车(automated guided vehicle,AGV)、自动货架、自动存取机器人、自动识别和自动分拣等系统。20 世纪 80 年代,物流装备又有较大的发展,大型起重机、自动输送机、自动上下料机械及智能型装卸机器人等快速、高效、自动化的物流设备及由它们构成的自动化仓库系统的应用,提高了装卸搬运设备的协调性和仓储的自动化、智能化,推动了世界各国物流的迅速发展。世界上第一台 AGV 是美国于 20 世纪 50 年代初开发的,它是一种导引式小车系统,可十分方便地与其他物流系统自动连接,显著地提高劳动生产率。它的出现是物料搬运的一次革命,极大地提高了装卸搬运的自动化程度。1954 年英国研制了电磁感应的自动导向搬运车系统(automated guided vehicle system,AGVS),迅速得到应用。1960 年欧洲就安装了各种形式、不同水平的 AGVS 220 套,使用了 AGV 1300 多台。20 世纪 60 年代,随着计算机技术应用到 AGVS 的控制和管理上,AGVS 进入到柔性制造系统(flexible manufacturing system,FMS),成为生产工艺的有机组成部分,从而使 AGVS 得到了迅速发展。20 世纪 70 年代至 20 世纪 80 年代,旋转式货架、移动式货架、巷道式堆垛机和其他设备初步实现了自动控制,并越来越多地应用于生产和流通领域的物流系统中,物流效率大大提高;AGVS 变化更大,它采用先进的驱动技术、新型导向技术和控制系统,线路网络布置技术也得到进一步发展,逐步实现智能化、自动化。

目前全世界最先进的物流技术与装备集成商主要集中在美国、欧洲和日本,如圣斐逊、德国永恒力、德马泰克、威尔逊、日本松田、北美科纳集团等这些装备集成商为大众汽车、可口可乐、奔驰汽车等跨国大型企业在全世界各地的生产线和存储仓库提供物流装备支持。

根据全球领先的数据统计公司 Statista 发布的近 10 年数据显示,全球物流装备市场规模(含中国)呈总体增长趋势,由 2011 年的 97.46 万台增至 2020 年的 163.8 万台,如图 1-1 所示。根据 Statista 的预测,全球物流装备市场规模未来仍将呈持续增长趋势,到 2025 年预计达 260 万台。

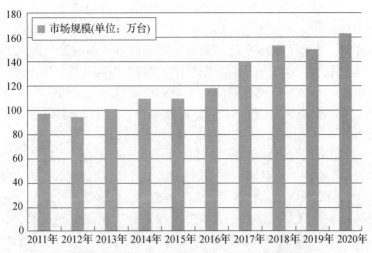

图1-1 2011—2020年全球物流装备市场规模

从市场销售额的构成来看，起重设备占比最大，但近年来呈下降趋势，而输送搬运设备、工业卡车和仓储设备逐年增长，其中仓储设备增速最快，输送搬运设备增速第二，如图1-2所示。

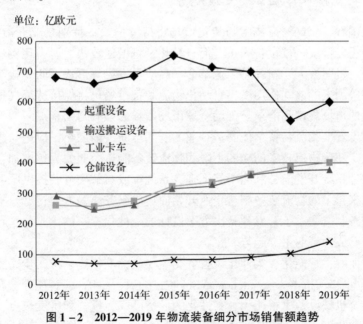

图1-2 2012—2019年物流装备细分市场销售额趋势

1.3.2 我国物流技术与装备发展概况

20世纪70年代末，我国引入物流概念，物流装备行业随之产生和发展。随着物流业的大发展，我国物流装备企业和品牌也在快速崛起。中国物流装备行业经历了从无到有、从小到大、从弱到强的跨越式发展，中国物流技术也从跟随、模仿的初级阶段，步入自主研发、技术创新的全新阶段，甚至在有些领域逐渐走到世界前沿，引领行业发展。

20世纪70年代，以北京起重运输机械设计研究院、北京机械工业自动化研究所等为代表，在国内率先进行自动化立体库的研究与应用，各类邮件自动分拣系统也在邮政物流领域开始探索，开启了我国现代物流装备行业发展的新时期。进入20世纪90年代，现代物流理念深入中国市场，各类现代化物流技术得到普及应用，特别是家电、烟草、钢铁等行业的自动化物流项目逐渐增多。2000年之后，我国物流装备市场迎来蓬勃发展，市场主体逐步增多，既有国企背景的大型企业，也有来自欧洲、美国、日本的国际品牌，同时各类合资和民营的物流装备商也在快速涌现和成长。

最近10年，中国经济的持续健康发展和物流产业战略地位的提升，为物流装备行业创造了广阔的发展空间。互联网、电子商务的崛起，以及智能制造的发展，为物流装备的发展带来巨大的市场需求；物联网、人工智能、大数据、云计算等新技术的不断进步，为物流装备行业升级发展提供了强大的驱动力，市场规模高速攀升。2015—2019年中国物流装备市场规模年均复合增长率为17.4%，2019年物流装备市场规模达到856.5亿元。2020年，虽然受到西方国家的贸易保护主义、新冠疫情等因素的影响，但中国整个行业仍然呈现逆势增长的态势。中国已经成为目前全球主要物流装备制造国，以生产产值计算，2020年中国物流装备制造市场份额占全球的比例约为25%。

1.3.3　物流技术与装备的发展趋势

从世界范围看，全球物流技术与装备市场将持续增长，特别是亚洲市场潜力巨大。比重构成上，仍以传统机械设备为主，但自动化设备增速较快，所占比例逐年攀升。在人口红利消退、机器换人、新一轮工业革命、高质量发展等形势下的无接触配送需求和国家政策支持等因素的共同作用下，自动化物流装备市场仍将保持持续高速增长，尤其亚太地区巨大的市场规模和需求是推动全球市场增长的强有力因素。

从企业角度看，物流装备本体制造企业的利润空间逐渐缩小，应用与集成服务成为企业发展方向。随着物流技术门槛的下降和物流装备制造企业的大幅增加，物流装备本体制造商和软件系统开发商的利润率将下降，系统集成与解决方案提供服务成为新的利润增长点。越来越多的物流装备制造企业开始向集成服务商的方向转型，提供针对不同行业的，从装备制造、系统开发到解决方案设计的个性化、一体化服务。物流技术与装备集成化发展已成为行业主要趋势。

从技术层面看，智能化、柔性化设备备受关注，标准化体系将逐步完善。自动化立体仓、AGV/自主移动机器人（autonomous mobile robot，AMR）、智能穿梭车、自动化分拣机等相较传统机械设备更智能化、柔性化的设备已成为投资和研发热点，应用范围不断扩展。例如：我国AGV/AMR本体制造企业数量由2012年的10家增长至2020年的220家，产品种类涵盖了叉车式、重载式、产线搬运式、仓储式、巡检式、停车式等多种应用场景类型，下游应用已延伸至新能源、液晶、半导体、食品、光伏、停车等多个领域。随着自动化物流装备应用的日益广泛，对标准化的需求也更加迫切，标准化能够大幅提升机器识别和机器作业的准确性与效率，是提效降本的重要因素。为此，各国都在大力推进，如RFID编码、AGV、托盘、包装、集装箱、系统软件接口等的标准化进程。

从行业融合角度看，物流业与制造业的融合将进一步加深。现代物流渗透到了制造业供应链的每一个环节，物流装备在生产制造中的参与度也越来越高，物流机器人、智能仓储、自动分拣等自动化装备已成为智能制造企业生产过程中不可或缺的设备。可适用于工业应用的自动化物流装备既是技术产品发展方向，也是行业未来可拓展的重要市场。

从信息化发展角度看，以"互联网＋"高效物流为标志的"智慧物流"加速起步，将催生一批新模式、新企业、新业态。尤其是在物流技术与装备方面，一是互联网＋智能仓储，智能仓储在快递、电商、冷链、医药等高端细分领域快速推进。电商企业积极开发全自动仓储系统，使用智能仓储机器人，开展无人机配送，充分利用物流仓储信息，优化订单管理，从而大幅提高仓储作业机械化、自动化和信息化水平。二是互联网＋便捷配送。关注末端配送的平台型企业，搭建城市配送运力池，开展共同配送、集中配送、智能配送等模式，致力于解决"最后一千米"的痛点。三是互联网＋智慧物流。货物跟踪定位、无线射频识别、电子数据交换、可视化技术、开启即时配送模式，共享经济模式在物流业试水。同时，移动信息服务和位置服务等一批新兴技术在物流行业得到广泛应用，如全国道路货运车辆运输电商平台入网车辆突破400万台。越来越多的企业将物联网、云计算、大数据等新技术作为战略重点，"物流＋互联网＋大数据"三位一体的智慧物流云平台技术投入应用。物流预警雷达、大数据分单路由、四级地址库等数据服务是智慧物流发展趋势。

思考题

1. 物流装备是如何分类的？
2. 简述物流装备在物流系统中的地位与作用。
3. 国内外物流技术与装备的现状如何？
4. 结合现代科技的发展，分析现代物流技术与装备的发展方向如何？

第2章 公路运输装备

本章要点：
（1）明确公路运输装备的概念、特点和功能。
（2）掌握国家标准《汽车、挂车及汽车列车的术语和定义》（GB/T3730.1—2022）中汽车的分类，了解汽车识别代码（VIN）的基本知识。
（3）了解汽车的总体结构。
（4）了解并初步掌握常见公路运输车辆的类型。
（5）掌握载货汽车的使用性能与主要技术参数。
（6）掌握载货汽车选用的基本原则，了解汽车价值分析的方法和意义。

2.1 物流运输装备概述

物流运输是指用特定的设备和工具，将货物从一个地点向另一个地点安全按时运达的物流活动。因而，一般认为物流运输是交通运输的一个子系统。运输创造商品的空间效益，实现其使用价值，满足社会的不同需要，运输是物流的中心环节之一，也是现代物流活动最重要的一个功能。

由于使用不同的运输工具、设备以及线路，运输业中的组织管理形式也会不同，进而形成了不同的运输方式。在使用动力机械以前，运输方式以人力、畜力、风力、水力的挑、驮、拉、推为主。在使用动力机械以后，运输方式实现现代化，出现了以铁路运输、公路运输、水路运输、航空运输和管道运输为主的现代运输方式和综合运输体系。五种运输方式各有优势，各有不同的适用范围，还可以相互协作、相互补充，形成多式联运。现代运输还有索道运输、输送带运输等。随着科学技术的进步，还将出现新的运输方式。物流运输是国民经济良性循环的物质基础，合理发展各种运输方式，是国民经济迅速发展的关键。国家根据技术经济特点、资源状况、地理特点、生产水平以及国民经济总体规划及区域规划，有计划、有目的的综合发展各种运输方式。

2.2 公路运输的概念和特点

公路运输是指在公路上使用公路设备和设施运送旅客及货物的运输方式。公路运输是交通运输系统的主要组成部分之一，在所有运输方式中应用最为广泛，主要承担短途客货运输。

公路运输技术装备与设施主要由车辆、公路和场站组成，主要装备就是运输车辆。
公路运输的主要优点如下：

(1) 灵活、方便。公路运输是以汽车为运输工具，机动灵活，使用方便，能深入到厂矿、铁路车站、码头、农村、山区等地点。又便于同其他运输方式（铁路运输、水运、航空运输）衔接，进行综合运输，保证整个交通运输系统的正常运转。

(2) 直达、快速。运输工具机动灵活，可直达指定地点，减少货物的换装转运等中转环节和客货的中途停留时间。

(3) 可实现"门到门"直达运输。汽车普及公路网纵横交错、布局稠密，公路运输可以将乘客、货物直接运送到目的地。其他运输方式一般需要中途倒运、转乘才能将乘客、货物运送到目的地，因而公路运输可实现"门到门"运输。

(4) 投资少、效益高。公路运输事业投资较少，回收快，设备容易更新；一般公路的技术要求较低，受到破坏后较易恢复。

(5) 操作人员容易培训。汽车驾驶技术比较容易掌握，培训汽车驾驶员一般只需要3~6个月的培训时间，而培训火车、轮船、飞机的驾驶员至少需要几年的时间，并且需要花费大量的培训费。

公路运输的主要不足是：所用汽车与铁路车辆、船舶等相比，装载量小，单位运输量的能源消耗大，运输成本高，容易发生交通事故，排放污染物和产生噪声污染等，这些都有赖于科学技术的进步和组织管理工作的改善而不断予以解决。

2.3 国家标准中汽车的定义与分类

2023年7月1日实施的国家标准《汽车、挂车及汽车列车的术语和定义 第1部分：类型》（GB/T 3730.1—2022）界定了汽车、挂车和汽车列车类型的术语和定义，适用于为在道路上运行而设计的汽车、挂车和汽车列车。

2.3.1 相关术语和定义

1. 汽车

《汽车、挂车及汽车列车的术语和定义 第1部分：类型》（GB/T 3730.1—2022）对汽车的定义：由动力驱动、具有四个或四个以上车轮的非轨道承载的车辆，包括与电力线相联的车辆（如无轨电车），主要用于载运人员和/或货物（物品）、牵引载运人员和/或货物（物品）的车辆或特殊用途的车辆、专项作业或专门用途。同时规定，还包括由动力驱动、非轨道承载的三轮车辆：①整车整备质量超过400 kg、不带驾驶室、用于载运货物的三轮车辆，②整车整备质量超过600 kg、不带驾驶室、不具有载运货物结构或功能且设计和制造上最多乘坐2人（包括驾驶员）的三轮车辆，③整车整备质量超过600 kg的带驾驶室的三轮车辆。该国标注明，定义中的车辆是指完整车辆。

2. 乘用车

乘用车是指设计、制造和技术特性上主要用于载运乘客及其随身行李和/或临时物品，包括驾驶员座位在内最多不超过9个座位的汽车。乘用车可能装备一定的专用设备或器具，也可能牵引挂车。

3. 客车

客车是指设计、制造和技术特性上用于载运乘客及其随身行李，包括驾驶员座位在内的座位数超过9个的汽车。客车可能牵引挂车。

4. 载货汽车

载货汽车是指设计、制造和技术特性上主要用于载运货物和/或牵引挂车的汽车，包括装备一定的专用设备或器具但以载运货物为主要目的，且不属于专项作业车、专门用途汽车的汽车。

5. 专用汽车

专用汽车是指设计、制造和技术特性上，用于载运特定人员、运输特殊货物（包括载货部位为特殊结构），或装备有专用装置用于工程专项（包括卫生医疗）作业或专门用途的汽车。专用汽车包含专用乘用车、专用客车、专用货车、专项作业车、专门用途汽车。

（1）专项作业车。装备有专用设备或器具，设计、制造和技术特性上用于工程专项（包括卫生医疗）作业的汽车，但不包括装备有专用设备或器具而座位数（包括驾驶员座位）超过9个的汽车（消防车除外）。通常包括汽车起重机、消防车、混凝土泵车、清障车、高空作业车、扫路车、吸污车、油田专用作业车、检测车、监测车、电源车、通信车、电视车、采血车、医疗车、体检医疗车等。

（2）专门用途汽车。装备有专用设备或器具，设计、制造和技术特性上具有专门用途，但不属于专项作业车、专用乘用车、专用客车、专用货车的其他作业类专用汽车，如货车类教练车、工具车等。

6. 商用车

商用车是指设计、制造和技术特性上用于运送人员和货物的汽车（乘用车除外），可以牵引挂车。客车、载货汽车、专项作业车、专门用途汽车可统称为商用车。

7. 挂车

挂车是指设计、制造和技术特性上由汽车牵引才能正常使用的一种无动力的道路车辆，用于载运人员和/或货物；特殊用途。此处的车辆是指完整车辆。

8. 汽车列车

汽车列车是指一辆汽车与一辆或多辆挂车的组合。

2.3.2 乘用车分类简介

乘用车的分类有多种方法。按使用特性划分，乘用车分为轿车、运动型乘用车、越野乘用车、多用途乘用车、专用乘用车5种；按车身型式划分，乘用车分为普通乘用车、活顶乘用车、高级乘用车、双门小轿车、敞篷车、仓背乘用车、旅行车、短头乘用车；按照相关参数的差异划分，乘用车分为微型、小型、紧凑型、中型、中大型、大型等不同级别。图2-1为几种常见乘用车。

2.3.3 客车类型简介

国标中对客车的类型主要按照用途来划分，具体分为长途客车（含卧铺客车）、旅游客车、团体客车、城间客车、城市客车（又分低地板城市客车、低入口城市客车，含无轨电车）、专用客车（含专用校车）、铰接客车、轻型客车、越野客车。图2-2～图2-4分别为长途客车、专用客车（校车）、轻型客车。

（a）普通乘用车　　　　　　　　（b）活顶乘用车

（c）高级乘用车　　　　　　　　（d）双门小轿车

（e）敞篷车　　　　　　　　　　（f）旅行车

（g）多用途乘用车　　　　　　　（h）越野乘用车

图 2-1　几种常见乘用车

图 2-2　长途客车

图2-3 专用客车（校车）

图2-4 轻型客车

2.3.4 载货汽车的类型

1. 普通货车

普通货车是指在敞开或封闭载货空间内载运货物的载货汽车。其中，载货部位的地板为平板结构且无栏板的载货汽车称为平板式货车；载货部位的结构为栏板（可装备随车起重装置）的载货汽车（不包括多用途货车和自卸式货车）称为栏板式货车；载货部位的结构为仓笼式或栅栏式且与驾驶室各自独立，载货部位的顶部安装有与侧面栅栏固定、不能拆卸和调整的顶棚杆的载货汽车称为仓栅式货车；载货部位的结构为厢体且与驾驶室各自独立，厢体顶部（翼开式车辆除外）为封闭，不可开启的载货汽车称为厢式货车；载货部位的结构为栏板且具有自动倾卸装置的载货汽车称为自卸式货车。图2-5、图2-6分别为平板式货车和栏板式货车。

图2-5 平板式货车

图 2-6　栏板式货车

2. 侧帘式货车

如图 2-7 所示，侧帘式货车是指载货部位的结构为侧帘式且与驾驶室各自独立，载货部位的侧部设置可滑动的侧帘布、滑动立柱、侧帘收紧装置和挡货栏板或栏杆，顶棚由左右边梁、前后端梁、金属横梁与顶板组合而成，地板上可以设置系固点的载货汽车。

图 2-7　侧帘式货车

3. 封闭式货车

如图 2-8 所示，封闭式货车是指载货部位的结构为封闭厢体且与驾驶室连成一体，车身结构为一厢式或两厢式的载货汽车。

图 2-8　封闭式货车

4. 多用途货车

多用途货车又称为皮卡车是指具有长头车身和驾驶室结构、敞开式货箱（可加装货箱顶盖），乘坐人数不大于 5 人（含驾驶员）、最大设计总质量不大于 3500kg 的汽车，如图 2-9 所示。长头车身是指一半以上的发动机长度位于车辆前风窗玻璃最前点以前（纯电动汽车与燃料电池电动汽车除外），且转向盘的中心位于车辆总长的前四分之一部分之后。

图 2-9 多用途货车

5. 越野货车

越野货车定义较为复杂，是满足规定特性的一种载货汽车，具体可查阅标准。图 2-10 为越野货车。

图 2-10 越野货车

6. 半挂牵引车

半挂牵引车是指装备有特殊装置用于牵引半挂车的汽车。

7. 牵引货车

牵引货车是指具有特殊装置主要用于牵引中置轴挂车、牵引杆挂车，刚性杆挂车的载货汽车。

8. 专用货车

专用货车是指设计、制造和技术特性上，用于运输特殊货物或载货部位具有特殊结构的载货汽车。图 2-11 为专用货车。

图 2-11 专用货车

2.3.5 挂车的类型

1. 半挂车

半挂车是指车轴置于车辆重心（当车辆均匀受载时）后面，并且装有可将水平或垂直力传递到牵引车的连结装置的挂车。半挂车与牵引车的连结是通过牵引销与牵引座实现的。半挂车可分为载货半挂车、专用作业半挂车、载客半挂车和旅居半挂车。设计、制造和技术特性上用于载运货物的半挂车称为载货半挂车，又分平板式半挂车、栏板式半挂车、仓栅式半挂车、厢式半挂车、自卸式半挂车、侧帘式半挂车、专用运输半挂车；装备有专用设备或器具，设计、制造和技术特性上用于工程专项（包含卫生医疗）作业和/或专门用途的半挂车称为专用作业半挂车；设计、制造和技术特性上用于载运乘客及其随身行李的半挂车称为载客半挂车；装备有睡具及其他必要的生活设施，用于旅行宿营的半挂车称为旅居半挂车。

2. 中置轴挂车

中置轴挂车是指牵引装置不能垂直移动（相对于挂车），只有不超过相当于挂车最大质量的10%或1000kg（两者取较小者）的垂直静载荷作用于牵引车，且车轴位于紧靠挂车重心（当均匀载荷时）的挂车。其中设计、制造和技术特性上用于载运货物的中置轴挂车称为载货中置轴挂车；装备有专用设备或器具，设计、制造和技术特性上用于工程专项（包含卫生医疗）作业和/或专门用途的半挂车称为专用作业中置轴挂车；装备有睡具及其他必要的生活设施、用于旅行宿营的中置轴挂车称为旅居中置轴挂车。

3. 牵引杆挂车

牵引杆挂车是指至少有两根车轴（半挂牵引拖台除外）且具有如下各项技术特性的挂车：至少一轴为转向轴；通过角向移动的牵引杆与牵引车连结；牵引杆可垂直移动，连结到底盘上，不承受任何垂直力。半挂车和半挂牵引拖台的组合也视为牵引杆挂车。牵引杆挂车可分为载货牵引杆挂车、专用作业牵引杆挂车、载客牵引杆挂车、旅居牵引杆挂车。设计、制造和技术特性上用于载运货物的牵引杆挂车称为载货牵引杆挂车；装备有专用设备或器具，设计、制造和技术特性上用于工程专项（包含卫生医疗）作业和/或专门用途的牵引杆挂车称为专用作业牵引杆挂车；设计、制造和技术特性上用于载运人员及其随身行李的牵引杆挂车称为载客牵引杆挂车；装备有睡具及其他必要的生活设施，用于旅行宿营的牵引杆挂车称为旅居牵引杆挂车。此外，承载所拖挂半挂车传递的垂直载荷，且与牵引车辆相连接组成汽车列车的专用装置称为半挂牵引拖台。

4. 刚性杆挂车

刚性杆挂车是指具有一个轴或一组轴，配有刚性牵引杆，可以承受不超过4000kg的载荷作用于牵引车的挂车，不包括中置轴挂车和半挂车。

2.3.6 汽车列车类型

1. 乘用车列车

乘用车列车是指一辆乘用车和一辆中置轴挂车组成的列车。

2. 客车列车

客车列车是指一辆客车与一辆或多辆挂车组成的列车。各节乘客车厢互不相通，有时可设服务走廊。

3. 货车列车

货车列车是指一辆牵引货车和挂车（不包括半挂车）组成的列车。货车列车包括牵引杆挂车列车、中置轴挂车列车和刚性杆挂车列车。一辆牵引货车和牵引杆挂车组成的列车称为牵引杆挂车列车；一辆牵引货车和中置轴挂车组成的列车称为中置轴挂车列车；一辆牵引货车和刚性杆挂车组成的列车称为刚性杆挂车列车。

4. 铰接列车

铰接列车是指一辆半挂牵引车与具有角向移动联结的半挂车组成的列车。

5. 多用途货车列车

多用途货车列车又称为皮卡列车，指一辆皮卡车和一辆挂车组成的列车。

6. 平台列车

平台列车是指由牵引车辆和牵引杆挂车组合而成，在可角向移动的载货平台的整个长度上，货物都是不可分地置于牵引车辆和挂车上，且货物和/或其支撑装置构成牵引车辆和挂车联结的列车。有三点需要说明：一是为了支撑货物可能使用辅助装置；二是列车的连接由货物和/或其支撑装置实现，因此挂车不再有转向连结；三是牵引车辆指半挂牵引车或牵引货车。

7. 双挂列车

双挂列车是指一辆铰接列车与一辆牵引杆挂车、中置轴挂车或刚性杆挂车组成的列车。

8. 双半挂列车

双半挂列车是指一辆铰接列车与一辆半挂车组成的列车。两辆半挂车的联结是通过铰接列车后部的第二个半挂车联结装置来实现的。

2.3.7 不同能源类型车辆的术语和定义

1. 汽油车

汽油车是指装备以车用汽油为单一燃料的发动机的汽车。

2. 柴油车

柴油车是指装备以车用柴油为单一燃料的发动机的汽车。

3. 气体燃料汽车

气体燃料汽车是指装备以石油气、天然气或煤气等气体为燃料的发动机的汽车。

4. 甲醇燃料汽车

甲醇燃料汽车是指装备甲醇燃料发动机，以 M100 型车用甲醇燃料为燃料或装备柴油/甲醇双燃料发动机的汽车。

5. 单燃料汽车

单燃料汽车是指只有一套燃料供给系统，只能燃用一种燃料的汽车，包括采用汽油或其他辅助燃料，但仅用于车辆启动或预热的汽车。

6. 双燃料汽车

双燃料汽车是指具有两套燃料供给系统，且两套燃料供给系统按预定的配比向燃烧室供给燃料，在缸内混合燃烧的汽车，如柴油-压缩天然气双燃料汽车、柴油-液化石油气双燃料汽车。

7. 两用燃料汽车

两用燃料汽车是指具有两套相互独立的燃料供给系统，且两套燃料供给系统可分别但不可同时向燃烧室供给燃料的汽车。例如：汽油/压缩天然气两用燃料汽车，汽油/液化石油气两用燃料汽车。

8. 纯电动汽车

纯电动汽车是指驱动能最完全由电能提供的由电机驱动的汽车。电机的驱动电能来源于车载可充电储能系统或其他能量储存装置。

9. 混合动力电动汽车

混合动力电动汽车是指至少能够从可消耗的燃料、可再充电能/能量储存装置获得动力的汽车。

10. 燃料电池电动汽车

燃料电池电动汽车是指以燃料电池系统作为单一动力源或者是以燃料电池系统与可充电储能系统作为混合动力源的电动汽车。

2.4 汽车识别代码

车辆识别代码（vehicle identification number，VIN），由一组17位字母和阿拉伯数字组成，用以识别车辆身份。编码在世界范围内可以确保30年无重号，从而成为汽车唯一的识别符。VIN可以提供车辆的生产国、生产厂家、生产年份、汽车类型、品牌名称、车型系列、车身型式、发动机型号和装配工厂名称等信息，具有很强的唯一性、区分性、可读性和可检索性，可以用于车辆管理、车辆检测、车辆维修、车辆交易、车辆召回和车辆保险等场合。VIN一般以字母和数字串形式设置在汽车挡风玻璃左下侧或汽车的指定部位，可以在需要时方便读得。

VIN由世界制造厂识别代码（world manufacturer identifier，WMI）、车辆描述码（vehicle descriptive section，VDS）和车辆指示码（vehicle indicator section，VIS）三部分组成（图2-12）。

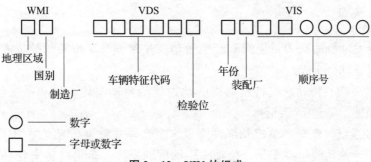

图2-12　VIN的组成

对于世界制造厂识别代码的管理，国际标准化组织按照地理区域将世界各国按字母编码加以区别，各国在此基础上由专门的组织负责对本国汽车制造厂进行代码分配。在车辆描述码部分，以前5位字母和数字表达车系、动力系统形式和型号、车身形式、安全约束系统配置等信息。车牌指示码主要用来表示汽车装配厂和生产顺序号。

2.5 汽车总体构造

汽车通常由发动机、底盘、车身、电气设备四部分组成。典型载货汽车总体构造如图2-13所示。

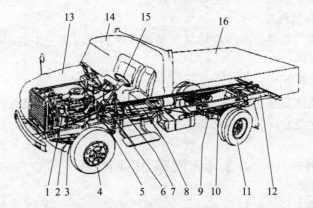

1—发动机；2—前轴；3—前悬架；4—转向车轮；5—离合器；6—变速器；7—手制动器；
8—传动轴；9—驱动桥；10—后悬架；11—驱动车轮；12—车架；
13—车前钣制件；14—驾驶室；15—转向盘；16—车厢。

图2-13 典型载货汽车的总体构造

2.5.1 发动机

发动机的作用是使供入其中的燃料而输出动力。大多数汽车采用往复活塞式内燃机，它一般由机体、曲柄连杆机构、配气机构、供给系统、冷却系统、润滑系统、点火系统（汽油发动机采用）、起动系统等部分组成。

2.5.2 底盘

底盘接受发动机的动力，使汽车产生运动，并保证汽车按照驾驶员的操纵正常行驶。底盘由以下部分组成。

（1）传动系统。传动系统将发动机的动力传给驱动车轮。传动系统包括离合器、变速器、传动轴、驱动桥等部件。

（2）行驶系统。汽车各总成及部件连成一个整体并对全车起支撑作用，以保证汽车正常行驶。行驶系统包括车架、前轴、驱动桥的壳体、车轮（转向轮和驱动车轮）、悬架（前悬架和后悬架）等部件。

(3) 转向系统。转向系统保证汽车能按照驾驶员选择的方向行驶，它由转向盘、转向器及转向传动装置组成。

(4) 制动装备。制动装备使汽车减速或停车，并保证驾驶员离去后汽车能可靠地停驻。每辆汽车的制动装备一般都包括两个相互独立的制动系统，如行车制动系统和驻车制动系统。

2.5.3 车身

车身是驾驶工作的场所，也是装载乘客和货物的场所。车身应为驾驶员提供方便的操作条件，以及为乘客提供舒适安全的环境或保证货物完好无损。典型的货车车身包括车前钣制件、驾驶室、车厢等部件。

2.5.4 电气设备

电气设备由电源组、发动机起动系和点火系、汽车照明和信号装置等组成。此外，在现代汽车上越来越多地安装各种电子设备，如微处理机、中央计算机系统、各种传感器及各种人工智能装置等，显著地提高了汽车的各项性能。

为满足不同使用要求，汽车的总体构造和布置形式可以是不同的。按发动机和各个总成相对位置的不同，现代汽车的布置形式通常有如下几种。

(1) 发动机前置后轮驱动（front engine rear drive，FR）。该布置是传统的布置形式。国内外的大多数货车都采用这种形式。

(2) 发动机前置前轮驱动（front engine front wheel drive，FF）。该布置形式具有结构紧凑、减小质量、降低地板高度以及改善高速时的操纵稳定性等优点。

(3) 发动机后置后轮驱动（rear engine rear wheel drive，RR）。该布置形式大大地降低室内噪声，并有利于车身内部布置。

(4) 全轮驱动（n wheel drive，nWD）。该布置形式，通常发动机前置，在变速后装有分动器以便将动力分别输送到全部车轮上。

2.6 常见公路运输车辆的类型

2.6.1 《道路货物运输车辆类型划分》（JT/T 1274—2019）

过去相当一段时期，对道路运输车辆的类型划分仍沿用20世纪80年代的国家标准，与前面介绍的汽车分类标准有许多不一致之处，致使许多称谓比较混乱。为此，交通运输部于2019年7月发布了《道路货物运输车辆类型划分》（JT/T 1274—2019）行业标准，从2019年10月1日实施。

道路货物运输车辆类型按照总质量、结构、运输货物种类、汽车动力、车辆种类的原则和顺序进行划分，可以选择其中一种至五种类别进行组合，具体如表2-1所列。其中按照总质量划分为重型、中型、轻型和微型，具体如表2-2所列，示例参见附录A。

表 2-1 道路货物运输车辆类型划分

总质量	结构	运输货物种类	汽车动力	车辆种类
重型	栏板式	普通货物运输	汽油	载货汽车
中型	厢式	大型货物运输	柴油	半挂牵引车
轻型	仓栅式	危险货物运输	气体燃料	牵引货车
微型	平板式	专用货物运输⑤	两用燃料	半挂车
	自卸式	（集装箱运输）	双燃料	中置轴挂车⑦
	罐式①	（冷藏保鲜运输）	纯电动	刚性挂车⑧
	车辆运输②	（罐式容器运输）	混合动力	牵引杆挂车⑥
	集装箱运输③	（车辆运输）	燃料电池	半挂牵引拖台⑨
	低平板④			
	封闭式			
	特殊结构			

①"罐式"与"运输货物种类"中的"专用货物运输（罐式容器运输）"对应，并且对应的运输货物种类不再标注。
②"车辆运输"与"运输货物种类"中的"专用货物运输（车辆运输）"对应，并且对应的运输货物种类不再标注。
③"集装箱运输"与"运输货物种类"中的"专用货物运输（集装箱运输）"对应，并且对应的运输货物种类不再标注。
④"低平板"与"运输货物种类"中的"大型物件运输"以及车辆种类的"半挂车"对应，并且对应的运输货物种类不再标注。
⑤"专用货物运输"是指"集装箱运输""冷藏保鲜运输""罐式容器运输"和"车辆运输"中的一种。
⑥"汽车动力"中的各项适用于"车辆种类"中的"载货汽车""半挂牵引车"和"牵引货车"。
⑦"中置轴挂车"适用于"结构"中的"厢式""车辆运输"和"集装箱运输"。
⑧"刚性杆挂车"适用于"结构"中的"车辆运输"。
⑨"半挂车牵引台"仅适用于"总质量"类别。

表 2-2 道路货物运输车辆按总质量划分　　　　　　　　　　　　单位：kg

车辆类型	重型			中型	轻型	微型
	重Ⅲ型	重Ⅱ型	重Ⅰ型			
汽车	GVW > 26000	18000 < GVW ≤ 26000	12000 < GVW ≤ 18000	4500 < GVW ≤ 12000	1800 < GVW ≤ 4500	GVW ≤ 1800
挂车	GVW > 24000	18000 < GVW ≤ 24000	10000 < GVW ≤ 18000	4500 < GVW ≤ 10000	750 < GVW ≤ 45000	GVW ≤ 7500

注：GVW 为最大设计总质量。

1. 载货汽车类型划分示例

1）车辆基本信息

示例车辆的基本信息如表 2-3 所列。

表 2-3　示例载货汽车基本信息

车型	使用性质	总质量	燃料种类
重型厢式货车	货运	18400kg	柴油

2）车辆类型确定

按照总质量、结构、运输货物种类、汽车动力、车辆种类的原则和顺序，确定该车类型为"重Ⅱ型厢式普通柴油载货汽车"。相关信息确定过程如下：

（1）按照表 2-2 总质量的划分，确定表 2-3 中 18400kg 属于重Ⅱ型；

（2）按照表 2-1 结构的划分，确定表 2-3 中重型厢式货车属于箱式；

（3）按照表 2-1 运输货物种类以及道路运输业户申报、行驶证使用性质和车辆实际情况，确定表 2-3 中货运属于普通货物运输；

（4）按照表 2-1 汽车动力的划分，确定表 2-3 中燃料种类为柴油；

（5）按照表 2-1 车辆种类的划分，确定表 2-3 中重型厢式货车为载货汽车。

2. 半挂车类型划分示例

1）车辆基本信息

示例车辆的基本信息如表 2-4 所列。

表 2-4　示例半挂车基本信息

车型	使用性质	总质量
重型低平板半挂车	货运	40000kg

2）车辆类型确定

按照总质量、结构、运输货物种类、车辆种类的原则和顺序，确定该示例车辆类型为"重Ⅲ型低平板大型物件运输半挂车"。相关信息确定过程如下：

（1）按照表 2-2 总质量的划分，确定表 2-4 中 40000kg 属于重Ⅲ型；

（2）按照表 2-1 结构的划分，确定表 2-4 中重型低平板半挂车属于低平板；

（3）按照表 2-1 运输货物种类的划分以及道路运输业户申报、行驶证使用性质与车辆实际情况，确定表 2-4 中货运属于大型物件运输；

3. 中置轴挂车类型划分示例

1）车辆基本信息

示例车辆的基本信息如表 2-5 所列。

表 2-5　示例半挂车基本信息

车型	使用性质	总质量
重型中置轴车辆运输车	货运	16690kg

2）车辆类型确定

按照总质量、结构、运输货物种类、车辆种类的原则和顺序，确定该示例车辆类型为"重Ⅰ型车辆运输中置轴挂车"。相关信息确定过程如下：

（1）按照表2-2总质量的划分，确定表2-5中16690kg属于重Ⅰ型；

（2）按照表2-1结构的划分，确定表2-5中重型中置轴车辆运输车属于车辆运输；

（3）按照表2-1运输货物种类的划分以及道路运输业户申报、行驶证使用性质与车辆实际情况，确定表2-5中货运为专用货物运输（车辆运输），根据表2-1脚注②的规定专用货物运输（车辆运输）无须标注；

（4）按照表2-1车辆种类的划分，确定表2-5中重型中置轴车辆运输车为冲置轴挂车。

2.6.2 典型的载货汽车简介

1. 普通栏板式载货汽车

拦板式载货汽车具有整车重心低、载重量适中的特点。适于企事业单位、各个批发商店、百货商店的货物用车，用于装卸百货和杂品，在装卸过程中，可以将栏板打开。典型普通拦板式载货汽车如图2-14所示。

图2-14 中国第一汽车集团公司的平头柴油载货汽车

2. 汽车列车

汽车列车是指一辆汽车（货车或牵引车）与一辆或一辆以上挂车的组合。汽车和牵引车为汽车列车的驱动车节，称为主车；被主车牵引的从动车节称为挂车。汽车列车是公路运输的重要车型之一，采用汽车列车运输是提高经济效益最有效而简单的重要手段。它具有快速、机动灵活、安全等优势，可方便地实现区段运输、甩挂运输、滚装运输。典型汽车列车如图2-15所示。

图2-15 中国第一汽车集团公司的平头柴油半挂牵引汽车

汽车列车由牵引车、挂车和连接装置三大部分组成，常见的汽车列车主要有以下四种类型。

（1）全挂汽车列车。全挂汽车列车是指由一辆牵引车用牵引杆连接一辆或一辆以上的全挂车组合而成的汽车列车（图 2-16）。牵引车是一辆载货汽车或配带压重的专用牵引汽车，在牵引汽车与全挂车之间用牵引连接装置连接组成全挂汽车列车。全挂车可以自行承担自身重量和载荷。牵引汽车在摘掉挂车后，可单独从事货运或拖带另一辆全挂车。全挂汽车列车具有如下优点：①全挂汽车列车运输效率高。一般全挂汽车列车的装载量是单车的 2 倍左右。②全挂汽车列车燃料消耗低。每百吨公里燃料消耗比单车低 40% 左右。③全挂车的制造成本低。一般一辆全挂车要比相配挂的牵引汽车的制造成本低 50%~60%。④全挂车结构简单，维修方便，维修费用低。⑤全挂车可摘挂后较长期单独使用。由于全挂汽车列车具有这些优点，主车与挂车之间用牵引钩与挂车环连接，其结构简单，货车无须做改装即可与全挂车挂接使用，所以全挂汽车列车首先快速发展起来。

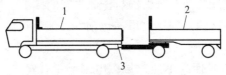

1—载货牵引车；2—全挂车；3—牵引连接装置。

图 2-16 全挂汽车列车示意图

（2）半挂汽车列车。半挂汽车列车是指由一辆半挂牵引汽车和一辆半挂车组合而成的汽车列车，如图 2-17 所示。

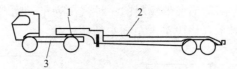

1—牵引座；2—半挂车；3—半挂牵引车。

图 2-17 半挂汽车列车示意图

半挂牵引车是用来牵引半挂车的汽车，其结构与普通载货汽车的区别是车架上无货厢，而装有鞍式牵引座，通过鞍式牵引座承受半挂车的部分载重量，并且锁住牵引销，带动半挂车行驶。半挂车是承载货物的平台或容器，自身没有动力，通过与牵引车连接后形成一个整体，应用在各种货物运输中。由于半挂车相对独立，因此在货物运输抵达目的地或转运时可通过直接交付或交换半挂车完成，从而减少传统的装卸货工序，显著提高运输效率。

按照半挂车的结构和用途，半挂车主要有以下几种类型：①平板式半挂车。此半挂车的整个货台是平直的，既无顶也无侧厢板，适于运输集装箱、钢材、木材及大型设备等。②栏板式半挂车。此半挂车的货台四周通过栏板保护，既可运输大型设备，又可运输散件货物。③阶梯式半挂车。半挂车的车架呈阶梯形，货台平面在鹅颈之后。由于阶梯式结构货台主平面降低，从而适合运输各种大型设备、钢材等。④凹梁式半挂车。此半挂车的货台平面呈凹形，具有最低的承载平面。凹形货台平面离地的高度一般根据用户要求确定，适合超高货物的运输。⑤集装箱专用半挂车。专门用于运输国际标准集装箱。⑥厢式半挂车。此半挂车的车身由普通金属、复合材料或帘布等材料制造的全封闭厢体构成，以达到防腐蚀、防串味、防雨、防晒的目的，通常用于精密仪器、饮料、干货、生鲜食品等货物的运输。⑦罐式半挂车。此半挂车的车身由罐体构成，可运输各类粉粒物料、液体等，既可节省包装，又可提高卸料速度，载货后剩余率低。⑧车辆运输半挂车。此半挂车专门用于运输轿车、面包车、吉普车、小型货车等车辆。⑨自卸式半挂车。此半挂车设有液压举升装置，适用于各种物料的自卸运输。

半挂汽车列车与全挂汽车列车相比，具有如下优点：①整体性和机动性得到改善。②由于牵引车与挂车之间的连接是通过牵引座和牵引销相连接，因此缩短了汽车列车的总长，使半挂汽车列车更具有整体性，机动性也较全挂车得到改善。③车厢装载面积进一步增大。④由于半挂汽车列车的部分装载质量通过牵引座作用到牵引车驱动桥上，可使驱动桥的附着质量增大，牵引车的牵引力能得到充分利用。⑤牵引车的动力性能得到充分发挥。⑥由于采用牵引座和牵引销连接形式，行驶时的摆振现象大大减少，从而提高行驶稳定性，因此半挂汽车列车行驶稳定性较全挂汽车列车好。⑦由于采用牵引座与牵引销连接，避免了全挂汽车列车牵引钩与挂环之间的撞击、振荡现象，降低行驶时的噪声。⑧可方便地实现"区段运输""甩挂运输""滚装运输"，从而大幅提高运输生产率。

(3) 双挂汽车列车。双挂汽车列车是指由一辆半挂牵引车与一辆半挂车和一辆全挂车组合而成的汽车列车，如图 2-18 所示。由于双挂汽车列车又增加了一节挂车，所以载质量增加了，运输效率大大提高。但它要求牵引车具有更大的发动机功率，并且要求运行的道路条件要好。

(4) 特种汽车列车。特种汽车列车是指具有特殊结构或装有专用设备的汽车列车，如图 2-19 所示。其为专门运输长形物料的一种汽车列车，物料的前后两端分别与牵引车和挂车有机连接，物料本身构成了汽车列车的一部分。

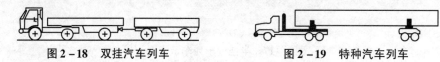

图 2-18　双挂汽车列车　　　　　图 2-19　特种汽车列车

3. 厢式汽车

典型厢式汽车如图 2-20 所示。

图 2-20　中燕牌冷藏车

厢式汽车除具备普通车的一般结构外，还具备全封闭的厢式车身和便于装卸作业的车门。封闭式的车厢可使货物免受风吹、日晒、雨淋，将货物置于车厢内，能防止货物散失、丢失，安全性好。其中，小型厢式载货汽车一般兼有滑动式侧门和后开车门，因此货物装卸作业非常方便。由于其小巧灵便，因此无论大街小巷均可长驱直入，真正实现"门到门"运输（从发货人直接运达收货人），很适用于运距较短、货物批量小、对运达时间要求较高的货物，如各种家用电器、纺织品等轻工产品和邮政的运输。近年来，轻质合金及增强合成材料的使用为减轻车厢自重、提高有效装载质量创造了良好的条件，使厢式载货汽车成为了国际载货汽车市场上的主力军。在我国，随着物流业的迅猛发展，对厢式汽车的需求量不断上升。

（1）普通厢式货车。厢式货车是在普通货车的基础上，将货厢封闭而成，具有防尘、防雨、防盗、清洁卫生的特点，通常用于没有温度要求的运输，如零担快运、电子产品、家用电器、服装、商业服务、银行运输及贵重商品的运输等。

（2）厢式保温车。厢式保温车是运输低温物品的专用车辆，具有防尘、防雨、防盗、隔热的特点，广泛应用于卫生、化工、商场、科研、食品、厂矿等领域，是肉类海鲜、蛋类、瓜果、蔬菜、冷饮、食品、医药等保质运输的理想工具。

（3）厢式冷藏车。厢式冷藏车是在厢式保温车的基础上添加制冷设备而成，用于运输生鲜食品。

（4）厢式邮政车。厢式邮政车是在厢式运输车的基础上增加了邮政车特有部件而成，具有防尘、防雨、防盗、清洁卫生的特点，并设有通风换气装置，适用于邮政行业的运输。

4. 集装箱运输车

集装箱运输车是指专门用来运输集装箱的专用汽车。集装箱运输是一种成组运输形式，简言之，它是将零散件货物装在一个标准化的大箱子里来进行运输，在更换运输工具时，箱内的货物不需倒装，而只需将装有零散货物的集装箱从一种运输工具转移到另一种运输工具上。因此，集装箱运输是公路、铁路、水路和航空等联运的理想运输方式。图2-21为一款集装箱半挂牵引汽车。

图2-21　红岩牌集装箱半挂牵引汽车

5. 自卸汽车

自卸汽车是指以运送货物为主且有倾卸货厢的汽车（图2-22）。它可以利用发动机的动力，通过液压举升机构使车厢倾斜一定的角度，实现货物的自动卸出。普通自卸汽车一般是在同吨位的载货汽车二类底盘的基础上改装而成，与普通汽车相比，自卸汽车的整备质量有所增加，装载质量有所减小，而其总质量和轴荷分配等原则上应与原载货汽车相同。

自卸汽车主要用于运输散装并可以散堆的货物（如砂土、矿石及农作物等），还可以用于运输成件货物。

图 2-22　自卸汽车

自卸汽车按货物的倾斜方向可分为后倾式、侧倾式和三面倾斜式 3 种类型，如图 2-23 给出其中两种。

后倾式自卸汽车应用最为广泛，它通过车厢向后倾翻实现货物的卸出，侧倾式自卸汽车通过车厢向左、右两侧倾翻一定的角度实现货物的卸出，三面倾卸式自卸汽车可以从三个方向（左右和后方）进行卸货，提高了装卸货的方便性，但造价提高，自重增加。

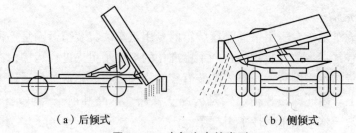

（a）后倾式　　　　　　　　　（b）侧倾式

图 2-23　自卸汽车的类型

6. 罐式汽车

罐式汽车是指装有罐状容器的运货汽车，如图 2-24 所示。罐式载货汽车具有密封性强的特点。运送易挥发、易燃、危险品等选用罐式载货汽车。某些罐式汽车还装有某种专用设备，用以完成特定的作业任务。

图 2-24　罐式载货汽车

罐式汽车的种类很多,按罐式汽车的用途可分为液罐汽车、粉罐汽车、气罐汽车和颗粒罐车等。液罐汽车主要用于装运燃油、润滑油、重油、酸类、碱类、液体化肥、水、食品饮料等液态物品;粉罐汽车主要用于装运水泥、面粉、石粉等粉状物品;气罐汽车主要用于装运氮气、氩气、石油气等气态物品;颗粒罐车主要用于装运谷物、豆类、颗盐、砂糖等颗粒状物品。罐式汽车还可按罐状容器所能承受的压力分类,可分为低压罐车、中压罐车和高压罐车三大类。低压罐车主要用来装运水、轻质燃油、润滑油、动植物油等物品,罐体承受的内压力一般为 0.098MPa 以下;中压罐车主要用来装运苛性碱、浓硫酸、沥青等物品,中压罐体内承受的内压力一般为 0.147~0.294MPa;高压罐车主要用来装运液化石油气等物品,其罐体内承受的内压力一般为 1.177~3.532MPa。

7. 混凝土搅拌运输车

混凝土搅拌运输车如图 2-25 所示。由于建筑业的快速发展,因此商品混凝土使用量的不断增加。目前,世界各先进工业国家商品混凝土的普及率已达到 80% 左右。生产商品混凝土的设备主要包括混凝土原材料的运输和预处理设备、混凝土配料和搅拌设备、混凝土运输及布料设备等。其中核心设备是混凝土搅拌站(楼)、混凝土搅拌运输车和混凝土泵。商品混凝土搅拌机运输车主要适合于市政、公路、机场工程、大型建筑物基础及特殊混凝土工程的机械化施工,是商品混凝土生产和使用中不可缺少的一种重要设备。

图 2-25 混凝土搅拌运输车

2.7 载货汽车的使用性能与主要技术参数

2.7.1 使用性能

载货汽车的使用性能是指载货汽车在一定使用条件下所具有的工作能力,包括动力性、通过性、制动性、稳定性、燃油经济性和行驶平顺性等,也是评价和选用载货汽车时不可缺少的指标。

1. 汽车的动力性

汽车的动力性是汽车主要的使用性能之一。只有汽车的动力性好,才有可能提高平均行车速度,汽车的平均行车速度越高,单位时间内完成的货运周转量越大,运输生产率就越高。衡量汽车动力性的指标有最高车速、加速能力、爬坡能力等。

（1）最高车速。最高车速是汽车在下述条件下所能达到的最高车速。其评价指标包括最大额定载荷、发动机全负荷、水平良好的路面，以及无风、1atm[①]，气温在 18~20℃。

（2）加速能力。汽车加速能力的评价指标用加速时间表示，分为原地起步加速时间和超车加速时间。原地起步加速时间是在良好平直的水泥或沥青路面上，汽车满载、用头挡或二挡起步，以全油门加速，在发动机最大功率转速时换挡，全油门加速到最高挡最高车速的80%以上时所用的时间。超车加速时间是指满载、用最高挡，从稍高于该挡最低稳定车速的某一低车速加速到另一车速所需的时间。

（3）爬坡能力。汽车的爬坡能力是指汽车满载、在良好的水泥或沥青路上，各挡能爬过的最大坡度或最大坡道角。在各挡最大爬坡度中，最重要的是头挡最大爬坡度和直接挡的最大爬坡度。头挡的最大爬坡度表示汽车的最大通过能力，直接挡的最大爬坡度表示汽车不必换入低挡的通过能力。直接挡的最大爬坡度大，表示在一般坡道上，不必换入低挡就可通过，有利于提高汽车的平均车速并可以减轻驾驶员的疲劳程度。

2. 汽车的燃油经济性

汽车的燃油经济性是指汽车以最小的燃油消耗量完成单位运输工作的能力，也是汽车的主要使用性能之一。汽车燃油费用约占汽车运输费用成本的30%，因此提高燃油经济性可降低运输成本。我国及欧洲燃油经济性常用L/100km为单位，表示在指定工况下每100km行程汽车消耗燃油的升数，数值越大汽车的燃油经济性越差。货运企业的燃油经济性考核指标常用L/100t·km为单位，表示每完成100t·km的货物周转量所用燃油的升数。

3. 汽车的制动性

为了保障汽车的行驶安全和使汽车的动力性得以充分发挥，汽车必须具有良好的制动性能。汽车的制动性能是指汽车行驶时，能在短距离内停车且维持行驶方向稳定和在下长坡时能维持较低车速的能力。它主要用以下三方面的指标来衡量。

（1）制动效能。其包括制动减速度、制动距离以及制动力等。

（2）制动效能的恒定性。其包括抵抗制动效能的热衰退和水衰退的能力。汽车下长坡制动及汽车高速制动的情况下，制动器的工作温度显著提高，将会使制动器的制动力矩显著下降，汽车的制动效能会显著降低，这就是制动效能的热衰退现象。抵抗热衰退的能力常用一系列连续制动后（按规定的次数和达到的减速度），制动效能较冷制动时下降的程度来表示。汽车涉水后，由于制动器被水浸湿，制动效能也会降低，这种现象称为制动效能的水衰退现象。

（3）制动时的方向稳定性，指制动时汽车按照驾驶员给定方向行驶的能力。

4. 汽车的操纵稳定性

在驾驶员不感到过分紧张和疲劳的条件下，汽车按照给定方向行驶的能力，以及对各种企图改变其行驶方向的外界干扰的抵抗能力，称为汽车的操纵稳定性。操纵稳定性不仅影响到汽车能否如意地进行驾驶，也是保证汽车高速行驶安全的一个主要性能。

---

① 1atm = 101325Pa。

5. 汽车的舒适性

汽车的舒适性包括汽车的行驶平顺性、噪声、空气调节和居住性等内容。

6. 汽车的通过性

汽车的通过性是指汽车以足够高的平均速度通过不良道路、无路地带和克服障碍的能力。它与载货汽车的最小离地间隙、接近角、离去角、最小转弯半径、载货汽车的结构和路面质量等因素有关。

2.7.2 主要技术参数

汽车的主要技术参数一般包括质量参数、尺寸参数和性能参数。

1. 质量参数

（1）整车整备质量。整车整备质量是指汽车完全装备好的质量，包括底盘、车身、全部电气设备和车辆正常行驶所需要的辅助设备的质量，加足润滑油、冷却液的质量，随车工具、备用轮胎及备用品等的质量。

（2）厂定最大总质量。厂定最大总质量是指汽车满载时的总质量，包括整车整备质量、最大载质量、驾驶员的质量之和。

（3）最大载质量。最大载质量是指最大总质量和整车整备质量之差。

（4）最大轴载质量。最大轴载质量是指汽车单轴所承载的最大质量。

2. 尺寸参数

载货汽车的尺寸参数如图 2-26 所示。

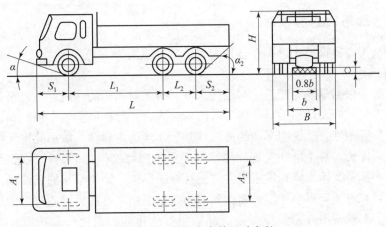

图 2-26 载货汽车的尺寸参数

（1）车长（L）：垂直于车辆纵向对称平面并分别抵靠在汽车前、后最外端突出部位的两垂面之间的距离。

（2）车宽（B）：平行于车辆横向对称平面并分别抵靠车辆两侧固定突出部位（除后视镜、侧面标志灯、方位灯、转向指示灯等）的两平面之间的距离。

（3）高（H）：车辆支承平面与车辆最高突出部位相抵靠的水平面之间的距离。

（4）轴距（L_1、L_2）：汽车直线行驶位置时，同侧相邻两轴的车轮落地中心点到车辆纵向垂直平面的两条垂线间的距离。

（5）轮距（A_1、A_2）：在支承平面上，同轴左右车轮两轨迹中心间的距离（轴两端为双轮时,为左右两条双轨迹的中心线间的距离)。

(6) 前悬(S_1):在直线行驶位置时,汽车前端刚性固定件的最前点到通过两前轮轴线的垂面间的距离。

(7) 后悬(S_2):汽车最后端刚性固定件到通过最后车轮轴线的垂面间的距离。

(8) 最小离地间隙(C):汽车满载时,车辆支承平面与车辆最低点之间的距离。

(9) 接近角(α_1):汽车前端突出点向前轮所引切线与地面的夹角。

(10) 离去角(α_2):汽车后端突出点向后轮所引切线与地面的夹角。

3. 性能参数

(1) 最高车速。最高车速是指载货汽车在平坦的公路上所能达到的最大速度。最高车速的大小直接影响物流作业的效率。

(2) 最大爬坡度。最大爬坡度是指载货汽车满载时的最大爬坡度。

(3) 百公里耗油量。百公里耗油量是指载货汽车在公路上行驶100km的平均燃料消耗量。在整个物流活动中,运输所占的物流费用比例是很大的一部分,要想降低物流费用,就必须将运输费用降下来。降低运输费用的手段之一是降低载货汽车的耗油量。

(4) 一定车速下的制动距离。一定车速下的制动距离是指在一定车速下,载货汽车制动后所能行走的距离。它反映载货汽车的安全性能。

2.8 载货汽车的选用管理

2.8.1 选用的基本原则

货车的选用要遵循择优选购、合理配置的基本原则。

1. 择优选购

择优选购是根据运输生产需要和运行条件,按照对车辆的适应性、经济性、维修和供应配件的方便性以及产品质量的优劣等因素,进行择优选型购置车辆。车辆能适应当地道路、气候等条件,就说明车辆的适应性好。车辆的可靠性一般用其发生故障的平均里程和频率来评价。易于早期发现故障、易于更换或修复损坏的零件、缩短维修时间、减少维修费用都是车辆维修和供应配件方便性好的标志。同类型车的燃油经济性可能会有差异,尽管有时差异很小,但长期积累节约数量也相当可观,因此对燃油的经济性必须进行比较。车辆使用寿命长显然是产品质量好的重要标志之一。所以,在选购车辆时,应从车辆的售价、适应性、可靠性、维修和配件供应方便性、使用寿命以及燃油经济性等因素综合考虑。择优选购车辆是关系到运输单位和个人主要生产设备优劣的关键问题,应进行技术经济论证,避免盲目购置。要从实际出发、按需选购、量力而行、实用可靠,以及尽可能达到少投入多产出,综合经济效益好的目的。

2. 合理配置

合理配置车辆是指运输单位根据其所承担运输任务的性质、运量、运距、气候以及油料供应情况等条件,合理配置车辆,如大、中、小型车辆比例,通用、专用车比例等。通过合理规划,优化车辆构成,充分发挥车辆吨(座)位和客量的利用率,满足运输市场的需要。

（1）合理配置的含义。①车型先进、安全可靠、货物装卸方便。②车辆规格齐全，能与当地货源相适应，且配比合理（吨位大小、座位多少、高中低档比例等），吨位和客量利用率高。③车辆的油耗、维修费用、运输成本均低而且利润高。④应用能力强，既能完成正常的生产任务，又能突出重点，完成特殊任务。

（2）主要考虑因素。配置车辆时，除需要考虑当地运输市场状况，弄清现有在用运输车辆的基本技术情况外，还应考虑下列因素：①车辆经常行驶的道路条件。道路的通过能力、承载质量、坡度大小、路面质量和转弯半径等，均影响车辆的运行。因此，要注意所配置的车辆的技术参数是否适应所要行驶的道路条件，否则会影响运输效率。②气候、海拔条件。气候、海拔条件不同，对车辆要求不同。例如：寒冷地区就应考虑配置起动性能好的车辆；高海拔的地区空气稀薄，应配置动力性能高的车辆。因此，配置车辆时应充分考虑到本地区的气候和海拔条件。③油料供应情况。车辆在使用中要消耗多种油料，如果油料来源困难，就会影响生产。所以选用新车，尤其是进口新车（使用优质燃润料）时，应注意到这一问题。④车辆使用的经验。在性能先进的前提下，选择新车时应尽量选用本单位熟悉的车型，这样在管理、使用、维修上有较为完整且行之有效的规章制度、技术措施，从而可以避免重新组织技术培训和摸索管理方法。⑤本单位或当地车辆构成情况和维修能力。配置车辆时应考虑当地车辆构成情况，要避免一个地区或一个车队所拥有的车辆车型过于复杂，以免造成维修配件材料的供应储备及维修工作的困难。总之，合理配置车辆，对避免运力过剩、提高运输效率、保障安全生产、降低运输成本、争取更多的客货源都起到较大的作用。

在物流领域，由于厢式载货汽车结构简单、利用率高、适应性强，是应用前景最广泛的载货汽车。同时，随着运送货物种类和运量的增加，对其他类型的载货汽车需求量也在逐步增加。例如：运送煤炭、矿石需选用自卸载货汽车，运送石油制品、易燃的化工原料需选用罐式载货汽车或化工原料专用车，对于运送长件货物需选用长车厢的普通载货汽车，对于需要防尘、防雨的货物运输需选用具有相应功能的厢式载货汽车。目前，对于一般的运输企业或运输业者，由于运输货物的种类和规格的不确定性，其配备的主要车型是中吨位的普通载货汽车和相应吨位的挂车。

2.8.2 汽车价值分析的重要性

从汽车的使用角度来看，汽车价值分析是汽车技术管理的一个重要内容。通过对汽车进行价值分析，可以把汽车的使用性能、寿命期费用与汽车的价值有机地联系起来，使汽车在使用过程中能获得最佳的经济效益。

提高汽车价值有两种途径：一是降低寿命周期费用，二是提高汽车的功能。这里所说的功能，有时指产品的使用性能和质量指标，有时指其零部件在实现产品使用性能和其他质量特性指标中的作用。

汽车价值分析的核心，即汽车功能分析。要努力找到那些对用户来讲是必要的汽车功能，如果欠缺某项必要的功能或该功能水平不高，就应予以补充和提高；一切多余或过高的功能都应消除或适当降低，使汽车功能最大限度地满足用户需要，避免因多余的功能而增加用户的负担。例如：经常行驶在城市道路和干线公路上的汽车，全轮驱动桥就是多余部件，高越野性为多余的功能，所以吉普车当一般乘坐车使用是很不合算的。

又如：普通斜交轮胎，由于功能水平不高、寿命短、油耗高等缺点，这就是汽车速度提高后的欠缺的功能，选用具有相应速度等级的子午线胎，可使必要的功能得到完善和提高。

提高汽车价值并不是单纯地强调降低寿命周期费用，也不是片面提高使用性能，而是要求提高使用性能与寿命周期费用的比值。

汽车价值分析应包括两个方面：新车的价值分析和在用车辆的价值分析。

（1）新车的价值分析。购买车辆时，应根据运输任务的性质和要求，选择车辆的型号。如能满足运输任务的汽车有多个品牌，则应对它们进行最低寿命周期费用分析。如果车辆购置费低，但使用费用高，则汽车的寿命周期费用较高；如果车辆尽管购置费偏高，但因使用费用降低。所以，当使用车限在4年以上时，选用寿命周期费用低的车是最佳方案。

如果考虑货币的时间价值时，把各年的使用费用按一定的年利率折算成现值，则汽车的寿命周期费应考虑货币的时间价值。

（2）在用汽车的价值分析。在用汽车的价值分析主要对车辆在改装、改造、加装附属装置和汽车修理中零部件替代时进行价值分析。为了能够经常地完成某种运输作业，在企业运输车辆过剩和无法适应这种运输作业车辆的条件下，有两种方案可供选择：一是购买适应这种运输作业的新车；二是对原有的车辆进行改装或改造，使之适应这种运输作业的需要。两种方案哪一个更佳，这就需要对其进行价值分析。分析时，将新车的寿命周期费用和原有车辆的寿命周期费用叠加后，与改装、改造后车辆的寿命周期费用进行对比分析，选择寿命周期费用最低的方案。例如：在北方的冬季，长途客车有无暖风装置对汽车的运输效益有很大影响；有暖风装置的客车，人们就愿意乘坐，汽车所获得的效益也就越大。对于无暖风装置的客车加装暖风装置，虽然使用费用有所增加，但汽车的使用性能得到改善，因而提高了汽车的价值。对进口车辆和配件供应短缺的车辆进行维修时，在无配件供应的情况下，可采用其他车型的相关零部件进行替代，不但降低了维修成本，而且提高了汽车的价值。另外，通过对同型号的在用汽车的价值分析，还可以间接地反映汽车的合理使用程度。合理使用程度不好的汽车，其寿命周期费用要比合理使用程度好的要高，汽车的价值也低。

思考题

1. 公路运输的主要特点有哪些？公路运输的主要设施、设备（装备）有哪些？
2. 现行国家标准中，汽车是如何分类的？
3. 简述汽车识别代码（VIN）的组成和含义。
4. 简述汽车的总体构造。
5. 载货汽车的主要性能及技术参数包含哪些内容？
6. 简述载货汽车的选用原则。

第3章 铁路运输装备

本章要点：
(1) 了解铁路运输的概念与特点，掌握铁路运输系统的组成。
(2) 掌握铁路机车的发展阶段和各阶段机车的主要特点。
(3) 掌握铁路车辆的基本构造和各部分主要作用。
(4) 了解铁路货车车种、车型与车号的含义及其编码规则，掌握典型铁路货车的特点和应用场合。

3.1 铁路运输的概念和特点

3.1.1 铁路运输的概念

铁路运输是利用铁路设施设备运送旅客和货物的一种运输方式。它以两条平行的铁轨来引导火车行走，是目前已知的最有效的陆上运输方式。整个铁路系统由铁路车站、线路和信号、机车和车辆设备及铁路行车制度和列车自动控制系统构成。

自1825年英国人乔治·斯蒂芬森（George Stephenson）修建了第一条公共服务铁路以后，到20世纪30、40年代在西方工业国家的铁路运输发展达到了顶峰。第二次世界大战结束后，由于小汽车进入家庭和航空运输方式的蓬勃发展，西方发达国家铁路运输陷入了衰退。20世纪60年代中期，高速铁路的建设进入增长期，同时私人交通的快速发展给各个城市带来很多难题，铁路运输的发展又重现曙光。

中国高铁从2008年京津城际铁路的"从无到有"，到目前高速铁路密集开通，短短十多年我国已建成世界上最现代化的铁路网和最发达的高铁网。到2021年底，我国铁路营业里程突破15万km，其中高铁超过4万km，运营里程位居世界第一。

高铁的开通带来前所未有的时空效应，从根本上改变传统的经济地理格局。列车行驶速度持续提升和行驶时间的缩短，极大缓解了物理距离和其他地理因素在区域经济趋同过程中的限制作用。

此外，高铁的快速兴起催生了多种经济的进阶繁荣，旅游业成为带动地方社会与经济发展的"催化剂"。尤其是在一些贫困地区，因高铁的开通，旅游基础建设和旅游人口大量增加，经济增长速度大大加快。

现行铁路运输的形式主要有整车、零担和集装箱三种。整车适合运输大宗货物，零担适合运输小批量零星货物，铁路集装箱适合运输精密、贵重、易损的货物。

3.1.2 铁路运输的特点

铁路运输最适合承担地面中长距离且运量大的货运任务。铁路运输所具有的一些特性，不是其他现代运输工具所能轻易取代的。这些特性中有些是优点，有些已成为经营上致命的缺点。

1. 铁路运输的优点

（1）运输能力大、运价低廉且运送距离长。铁路运输因采用大功率机车牵引列车运行，可承担长距离、大运输量的运输任务，而且由于列车运行阻力小，能源消耗量低，故铁路运输价格低廉。

（2）安全程度高。铁路运输由于具有专用路权，而且在列车行驶上具高度的导向性，因此可以采用列车自动控制方式控制列车运行，达到车辆自动驾驶的目的。目前最先进的列车已经可以通过计算机控制，使列车的运行达到全面自动化，甚至无人驾驶，从而大大提高运输安全，减轻司机劳动强度。

（3）可以有效使用土地。铁路运输因为以客、货车组成的列车为基本运输单元，故可以在有限的土地上作大量的运输。与公路运输相比，铁路运输可以节省大量的土地，使土地资源达到最有效的利用。

（4）污染性较低且能耗较小。铁路的污染性比公路低。在噪声方面，铁路所带来的噪声污染，不仅比公路低而且是间断性的；在空气落尘污染方面，据美国在1980年所作的测量，铁路运送1t货物在每英里的落尘量，约为公路的75%；在能耗方面，铁路运输的能量消耗只有公路运输的50%~70%，运输成本较低。

（5）受气候限制小，适应性强。铁路运输由于具有高度导向性，所以只要行车设施无损坏，在任何气候条件下，如下雨、冰天雪地，列车均可安全行驶，受气候因素限制很小，故铁路是营运最可靠的运输方式。

2. 铁路运输的缺点

（1）资本密集、固定资产庞大。铁路的投资多数属于固定资产，它的固定资产比其他运输方式高出许多，同时投资风险也比较高。

（2）货物损耗较高。铁路由于列车行驶时的振动与货物装卸不当，容易造成所承载货物的损坏，并且由于铁路运输过程中需要多次中转，也常导致货物遗失。根据统计，美国铁路运输的货物损耗高达3%，远高于公路运输所产生的比例。

（3）灵活性不高、发车频率低，营运缺乏弹性。公路运输一般可以随货源或客源所在地而变更营运路线，而铁路不行，所以铁路运行中容易发生空车回送现象，从而造成营运成本的增加。

3.2 铁路机车

铁路运输的设备和设施主要包括铁路线路、铁路机车、铁路车辆、车站、铁路信号和通信设备。其中，铁路机车和铁路车辆就是铁路运输的主要装备。铁路行业推荐标准《机车车辆车种、车型和车号编码规则》（TB/T3443—2016）规定了机车的车种、车型和车号的编码规则。其中，将机车车种（type of locomotive）定义为"按机车的动力类别和传动方式对机车进行的分类"，下面介绍按照动力类别分类的三种机车。

3.2.1 蒸汽机车

蒸汽机是将蒸汽的能量转换为机械能的往复式动力机械。蒸汽机的发明和应用引起了 18 世纪的工业革命。直到 20 世纪初，它仍然是世界上最重要的原动机，后来才逐渐让位于内燃机和汽轮机等。1814 年斯蒂芬森制作的第一台名为"布鲁克"号的机车并运行。这台机车有两个汽缸、一只 2.5m 长的锅炉，有凸缘车轮防止打滑。它可以拉着 8 节矿车，载重 30t，以每小时 6.4km 的速度前进，这是被认为第一台成功的机车。第一次运行时，煤矿上居民看到蒸汽机车的烟囱直往外喷火，就给它取了一个名字叫"火车"。早期的蒸汽机车结构如图 3-1 所示。1829 年斯蒂芬森父子设计建造的，并在英国的蒸汽机车比赛中获奖的"火箭"号蒸汽机车，已经具有了现代蒸汽机车的基本构造特征。该机车拖带一节载有 30 位乘客的车厢，时速达 46km/h，引起了各国的重视，开创了铁路时代。

图 3-1　早期的蒸汽机车

蒸汽机车由锅炉、汽机、车架和走行部以及煤水车等组成，如图 3-2 所示。

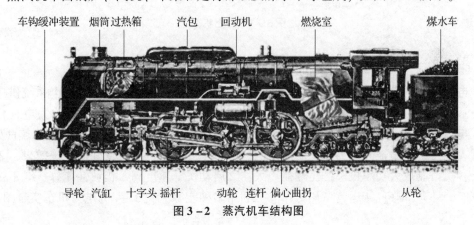

图 3-2　蒸汽机车结构图

3.2.2　内燃机车

内燃机是一种动力机械，它是通过使燃料在机器内部燃烧，并将其放出的热能直接转换为动力的热力发动机。广义上的内燃机不仅包括往复活塞式内燃机、旋转活塞式发动机和自由活塞式发动机，也包括旋转叶轮式的燃气轮机、喷气式发动机等，但通常所说的内燃机是指活塞式内燃机。活塞式内燃机以往复活塞式最为普遍。活塞式内燃机将燃料和空气混合，在其气缸内燃烧，释放出的热能使气缸内产生高温高压的燃气。燃气膨胀推动活塞做功，再通过曲柄连杆机构或其他机构将机械功输出，驱动从动机械工作。常见的有柴油机和汽油机，通过将内能转化为机械能，是通过做功改变内能。人们在使用蒸汽机车的过程中发现，这种机车的一个致命缺点是它的锅炉既大又重，严重影响了它的发展前途。在锅炉里，用煤将水加热成蒸汽，再通入汽缸里，从而推动机车前进。有人设想，如果将这种笨重的锅炉去掉，使燃料直接在汽缸内燃烧，用所产生的气体来推动车轮旋转，就可以克服蒸汽机车的主要缺点。1866年，德国人尼柯劳斯·奥格斯特·奥托（Nikolaus August Otto）首先制成了一种燃烧煤气的新型发动机。这种发动机和蒸汽机在汽缸外面的锅炉里燃烧燃料不同，它是在汽缸内点燃煤气的，然后利用气体的压力推动活塞，使曲轴旋转。因此，就给它起了个形象的名字为"内燃机"。内燃机的出现，为火车的进一步发展带来了生机。

后来到了1894年，德国就制造出世界上第一台内燃机车。这种没有大锅炉的新机车，既不烧煤，也不烧煤气，而是用柴油作燃料。这种柴油机是德国人鲁道夫·狄塞尔（Rudolf Diesel）发明的。从此，内燃机车就成了火车家族中的一位重要成员，并得到了广泛的应用。图3-3为分别为德国V320型客货液力传动内燃机车和我国东风8型内燃机车。

（a）V320型　　　　　　　　　（b）东风8型

图3-3　内燃机车

3.2.3　电力机车

电力机车的牵引力是电能，但机车自身没有原动力，而是依靠外部供电系统供应电力，通过机车上的牵引电动机驱动机车运行。采用电力机车牵引的铁道称为电气化铁道。电气化铁道由牵引供电系统和电力机车两部分组成。从世界各国铁路牵引力的发展来看，电力机车是被公认为有发展前途的一种机车。在运营上有良好的经济效果，表现如下：①可制成大功率机车，运输能力大；②启动快、速度高、爬坡性能好；③不污染空气、劳动条件好；④运营费用低；⑤可利用多种能源。图3-4为电力机车实景图。

图3-4　电力机车

3.3 铁路车辆

铁路车辆,也称为火车车厢,指除了专门提供动力的机车以外,其他各种在铁路上行走的车辆。这些车辆小部分有动力,大部分都没有动力。铁路车辆连接在一起成为列车或火车,由机车牵引行走。铁路车辆是运送旅客和货物的工具。

3.3.1 铁路车辆基本构造

由于不同的目的、用途及运用条件,车辆形成了许多类型,但其构造基本相同。以四轴车为例,铁路车辆的基本构造由车体、车底架、走行部、车钩缓冲装置、制动装置等五部分组成。

1. 车体

车体是供旅客乘坐和装载货物的部分。运送对象的不同,车体的构造也不一样。

2. 车底架

如图3-5所示,车底架由端梁、枕梁、纵梁、侧梁、横梁等组成。其主要作用如下:

(1) 车底架是车体的基础。

(2) 车底架承受车体和货物的重量,并通过上心盘、下心盘将重量传给走行部。

(3) 列车运行时,车底架中梁在纵向承受机车牵引力、制动力和各种冲击力。中梁位于车底架中央,为车底架的骨干。车底架两端是安装车钩缓冲装置的地方,是主要承受垂直载荷和纵向力的重要部件之一。枕梁是车底架与转向架摇枕衔接的地方。在枕梁下部装有上旁承和上心盘,分别与转向架摇枕上的上旁承和下心盘相对,可将重量传给走行部。

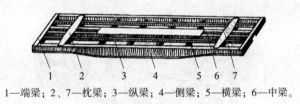

1—端梁;2、7—枕梁;3—纵梁;4—侧梁;5—横梁;6—中梁。

图3-5 货车车底架

3. 走行部

走行部主要由轮对、侧架、摇枕、弹簧减震装置、轴箱油润装置等组成。其作用是引导车辆沿着轨道运行,并把重量传给钢轨。这里主要介绍转向架和轮对,其他部分可以查阅专业书籍。

(1) 转向架。在四轴货车上,走行部由两个相同的转向架组成。车辆采用转向架的形式,能相对于车底架自由转动,并能缩短车辆的固定轴距,使车辆能顺利通过曲线。图3-6为货车铸钢侧架式转向架。

(2) 轮对。如图3-7所示,轮对是由两个车轮紧密压装在一根车轴上组成的。轮对承受车辆的全部重量,并以较高的速度引导车轮在钢轨上行驶。车轮与钢轨头部的接触面,称为踏面。踏面做成一定的斜度,一是可以使转向架顺利通过曲线,二是可以使

图 3-6　货车铸钢侧架式转向架

车辆的中心落在线路的中心线上,减少车辆的蛇行运动。车轮内侧外缘凸起的部分称为轮缘。它的作用是防止轮对脱轨,并使车轮沿着钢轨运行,保证车轮在线路上运行的安全。

1—车轮；2—车辆。

图 3-7　车辆轮对

4. 车钩缓冲装置

如图 3-8 所示,车钩缓冲装置包括车钩、缓冲器两部分,安装在车底架中梁的两端。其作用是使机车和车辆或车辆之间连挂在一起,并且传递牵引力和制动力,缓和列车运行或调车作业时所产生的冲击力。

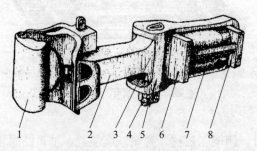

1—钩舌；2—钩身；3—钩尾；4—钩尾销；5—钩尾框；6、8—从板；7—缓冲器。

图 3-8　车钩缓冲装置

车钩包括钩头、钩身和钩尾三部分。钩头里装有钩舌、钩舌销、钩提销、钩舌推铁和钩锁铁等零件。为实现挂钩或摘钩,使车辆连接或分离,车钩具有以下三种位置(又称为车钩三态,如图 3-9 所示)如下：

(1) 锁闭位置,即车钩的钩舌被钩锁铁挡住不能向外转开的位置,称为锁闭位置。两个车辆连接在一起时车钩就处在这种位置。

(2) 开锁位置,即钩锁铁被提起,钩舌只要受到拉力可以向外转开的位置。

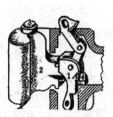 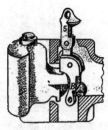 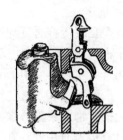

　　（a）锁闭位置　　　　　　（b）开锁位置　　　　　　（c）全开位置

图3-9　车钩三态

（3）全开位置，即钩舌已经完全向外转开的位置。

摘钩时，只要其中一个车钩处在开锁位置，就可以把两辆车分开。挂钩时，只要是其中一个车钩处于全开位置，就可以把两个车辆连挂在一起。

3.3.2　铁路货车车种、车型与车号及其编码规则

（1）货车车种（type of freight car）是指按照货车的形状特征和所装货物的特征或车辆的技术特征划分的货车种类。

货车车种编码原则上按货车车种的汉语拼音的第1个大写字母表示，如表3-1所列。

表3-1　车种编码

车种名称	车种编码	车种名称	车种编码	车种名称	车种编码
敞车	C	保温车	B	集装箱专用车	X
棚车	P	粮食车	L	小汽车专用车	SQ
平车	N	毒品车	W	汽车驼背专用车	QT
罐车	G	水泥车	U	长大货物车	D
漏斗车	K	家畜车	J	特种车	T

（2）货车车型（model of freight car）是表征车种和车辆用途、特征类型、结构特征的字母和数字组合。

货车车型采用大写汉语拼音字母和阿拉伯数字编码，由车种编码、辅助编码1、辅助编码2、载重级别或速度级别或顺序序列、定型序号、转向架编码等组成。具体可查阅《机车车辆车种、车型和车号编码规则》（TB/T3442.3—2016）。

（3）货车车号（number of freight car）是对每一辆货车赋予的序列数字编号。

货车车号编码采用7位阿拉伯数字，每一辆货车应有唯一的车号。

3.3.3　几种典型货车介绍

按货车的形状特征和所装运货物的特征或车辆的技术特征划分的货车种类铁路货车按其用途不同，可分为通用货车和专用货车。

1. 通用货车

通用货车是装运普通货物的车辆,货物类型多不固定,也无特殊要求。在铁路货车中通用货车占的比重较大,一般有敞车、平车、棚车、保温车和罐车等几种。

(1) 敞车。如图 3-10 所示,敞车具有端、侧壁而无车顶的货车,主要供运送煤炭、矿石、矿建物资、木材、钢材等大宗货物用,也可用来运送重量不大的机械设备。若在所装运的货物上蒙盖防水帆布或其他遮篷物后,可代替棚车承运怕雨淋的货物。因此,敞车具有很大通用性,在货车组成中数量最多,约占货车总数的 50% 以上。敞车按卸货方式不同可分为两类:一类是适用于人工或机械装卸作业的通用敞车;另一类是适用于大型工矿企业、站场、码头之间成列固定编组运输,用翻车机卸货的敞车。

图 3-10 C64A 型敞车

(2) 平车。如图 3-11 ~ 图 3-13 所示,平车用于装运原木、钢材、建筑材料等长型货物和集装箱、机械设备等的货车,只有地板而没有侧墙、端墙和车顶,故作用在车上的垂直载荷和纵向载荷完全由底架的各梁承担,是典型的底架承载结构。有些平车装有可以放倒的高 0.5~0.8m 侧板和端板,需要时可以将其立起,以便装运一些通常由敞车运输的货物。

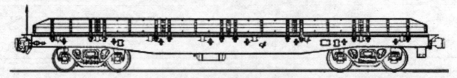

图 3-11 N17 型平车

图 3-12 NX17A 型平车-集装箱两用平车

图 3-13 NX70 型平车

(3) 棚车。棚车有侧壁、端壁、地板和车顶,在侧壁上有门和窗的货车,用于运送怕日晒、雨淋、雪侵的货物,包括各种粮谷、日用工业品及贵重仪器设备等。一部分棚车还可以运送人员和马匹。图3-14为P64A型棚车。

图3-14 P64A型棚车

(4) 保温车。保温车又称为冷藏车,用于运送易腐货物,如图3-15所示。外形似棚车,周身遍装隔热材料,侧墙上有可密闭的外开式车门。车内有降温装置,可使车内保持需要的低温;有的保温车还有加温装置,在寒冷季节可使车内保持高于车外的温度。按制冷方式的不同,保温车有不同类型,如冰箱冷藏车、机械冷藏车、无冷源冷藏车等。

图3-15 保温列车组

(5) 罐车。罐车是车体呈罐形的车辆,用来装运各种液体、液化气体和粉末状货物等,如图3-16所示。这些装运的货物包括汽油、原油、各种黏油、植物油、液氨、酒精、水、各种酸碱类液体、水泥、氧化铅粉等。

图3-16 罐车

2. 专用货车

专用货车一般是指只运送一种或几种货物的车辆。用途比较单一,同一种车辆要求装载的货物重量或外形尺寸比较统一。火车专用货物的运输方式比较特别,如固定编组、专列运行。专用货车一般有集装箱车、长大货物车、毒品车、家畜车、水泥车、粮食车和特种车等。

（1）家畜车。家畜车用于装运家畜或家禽的车辆，结构与普通棚车类似，但侧墙、端墙由固定和活动栅格组成，可以调节开口改变通风。车内分2或3层，并有押运人员休息和放置用具、饲料的小间，以及相互连通的水箱。

（2）漏斗车。漏斗车可装运矿石、砂石、煤块、建筑材料等散粒货物，如图3－17所示。

图3－17　K16A型矿石漏斗车

（3）散装水泥车。散装水泥车是高效经济装运散装水泥的大型专用车辆，如图3－18所示。

图3－18　U61WT型卧式散装水泥罐车

（4）粮食车。粮食车主要用于装运小麦、玉米和大豆等散粒粮食。图3－19为L18型粮食漏斗车。

图3－19　L18型粮食漏斗车

（5）毒品车。毒品车可装运农药等毒品。图3－20为W6型毒品车。

（6）长大货物车。特长和特重货物无法用一般的铁路货车来装运，必须使用专门的长大货物车。图3－21为D38型钳夹式长大货车。

图 3-20　W6 型毒品车

图 3-21　D38 型钳夹式长大货车

思考题

1. 什么是铁路运输，铁路运输有哪些优缺点？
2. 铁路运输系统主要包括哪些部分？
3. 简述铁路机车的发展阶段。
4. 简述铁路车辆的作用、总体构造。
5. 简述主要典型铁路货车的名称和用途。

第4章 水路运输装备

本章要点:
(1) 掌握水路运输的特点、分类和水路运输系统的主要组成部分。
(2) 了解船舶发展史,了解船舶的主要分类方法及其分类,掌握货运船舶的种类及其应用。
(3) 了解并总体掌握船舶的构造。
(4) 掌握货运船舶载货能力的概念,理解其确定方法和合理利用。

4.1 水路运输装备概述

运输是现代物流过程中极为重要的环节,而在国际货物流通过程中,水路运输承担的运量占据国际货运总量的90%以上。水路运输是利用船舶、排筏或其他浮运工具,在江、河、湖泊、人工水道及海洋上运送旅客和货物的一种运输方式。水路运输可因经由水域的不同而细分为内河运输和海上运输。

4.1.1 水路运输的特点

(1) 水路运输运载能力大、单位成本低。水路运输利用天然有利条件,可实现大吨位、长距离的运输,因此载运量大、单位成本低,适合长距离大宗货物运输。

图4-1显示运输工具的大小:卡车、波音737飞机、轮船。

图4-1 不同运输工具尺寸比较

(2) 水路运输具备良好的能耗使用效率,碳排放低、绿色环保。由于船舶浮在水面,阻力小,船舶运输能源效率比任何其他货运工具更高,内燃机推船油耗量为铁路机车的60%左右,具有良好的经济性。同时,航运被认为是最具碳效率的一种运输方式,所排放的有害物质如CO_2也远低于飞机、卡车和货车。据报道,集装箱船舶的平均CO_2排放水平是大型货运飞机的$\frac{1}{40}$,是重型卡车的$\frac{1}{3}$,具体数据如图5-2所示。国际海运业排放的CO_2占全球温室气体排放量的2.7%。

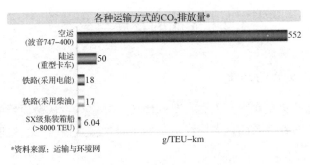

图 4-2　各种运输方式 CO_2 排放量

（3）水路运输主要利用内河、湖泊或海洋的"天然航道"进行运输。虽然水路运输在航道维护、码头建设工程上需要投入资金，但相对其他运输方式而言，水路运输辅助设施建设投资较少，能够迅速形成运输产能。

（4）水路运输具备速度较慢、运输生产环节多、受自然条件影响较大等不利条件。

4.1.2　水路运输的分类

水路运输有多种分类方法，如下：

（1）按贸易种类分类，水路运输可分为外贸运输和内贸运输。外贸运输是指本国同其他国家和地区之间的贸易运输；而内贸运输是指本国各地区之间的贸易运输。

（2）按航行区域分类，水路运输可分为远洋运输、沿海运输、内河运输。远洋运输是指本国港口与外国港口之间，或外国港口与外国港口之间的海上运输，为外贸运输；沿海运输在本国沿海港口间的海上运输是内贸运输；内河运输是指在江、河、湖泊、水库或人工航道上进行的运输。

（3）按运输对象分类，水路运输可分为旅客运输和货物运输。货物运输按货类分类，有散货运输和杂货运输两类，前者是指无包装的大宗货物，如石油、煤炭、矿砂等的运输；后者是指批量小、件数多或较零星的货物运输，现在逐渐被集装箱运输所替代。

（4）按船舶营运组织形式分类，水路运输可分为定期船运输和不定期船运输。定期船运输也称为班轮运输，是指在特定港口之间，对不特定的众多货主，不论船舶满载与否，均按船期表进行固定航线的运输；不定期船运输是指船舶的运行没有固定的航线，而是按照运输任务或按租船合同所组织的运输。不定期船运输是最早形成的船舶营运组织形式。

4.1.3　水路运输的组成及设备

水路运输全过程包含了仓库或堆场、码头、航运、航道等环节。除此之外，还包含大量的辅助支持部门，例如：船舶物料供应企业、业务代理企业、理货企业、保险企业、救援打捞机构、通信导航机构等。因此构成水路运输主要设备包括船舶、航道、港口、导航等设施。

4.2 船舶的发展与分类

4.2.1 船舶发展的历史

人类使用船舶的历史几乎与人类自身的历史一样悠久。从最原始的竹筏、独木舟到现代科技含量很高的各类船舶，大体经历了四个时代：舟筏时代、帆船时代、蒸汽机船时代和内燃机船时代。

1. 舟筏时代

人类用舟筏作为运输工具出现在史前年代，其结构简单、制造便利，现在仍然普遍使用。中国发现的最早的舟筏文物是 1956 年浙江出土的古代木桨，是 4000 年前新石器时代的遗物。

（1）独木舟。原始人类将巨大树干用火烧或用石斧加工成中空的独木舟，是最古老的水上运输工具，如图 4-3 所示。

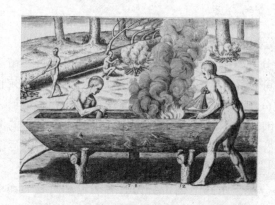

图 4-3 土著美洲人制作独木舟想象图

（2）筏。远古人类就知道将树干、竹竿、芦苇等捆扎成筏，或用兽皮做成皮筏，在水上漂行。世界上有些地区，采用木筏顺水漂行也是一种运输木材的方式。不过筏的吃水较浅，自身的载重也很小，结构不够坚固，不宜长期使用。

（3）木板船。进入青铜器时代以后，人类对木材的加工能力提高了，于是将原木加工成木板来造船。木板船可以造得比独木舟大，性能比筏好。木板平接或搭接成为船壳，内部用隔壁和肋骨以增加强度，形成若干个舱室。早期的木板船，板和板之间、船板和框架构件之间是用纤维绳或皮条绑缚起来的，后来用铜钉或铁钉连接。板和板之间用麻布、油灰捻缝，使其水密。

（4）桨、篙和橹。舟筏时代的船舶靠人力来推进和操纵，所用的工具为桨、篙和橹。桨不受水域深度和广度的限制，在地中海区域应用极为广泛。古罗马的划桨船，用奴隶划桨，一艘船桨的数量多达数十根甚至百余根。篙通常使用长竹竿为材，可以直接触及水底和河岸，使用轻便，主要用于浅水航道。橹是比桨先进的划船工具，效率高而不占水面，兼具推进和操纵航向的功能，在中国内河木船上广泛使用。橹的外形有点像桨，但是比较大，入水一端的剖面呈弓形，另一端则系在船上。用手摇动橹檐绳，使伸入水中的橹板左右摆动。橹摆动时，船跟水接触的前后部分会产生压力差，形成推力，推动船只前进。英国人麦格雷戈（J. McGregor）认为螺旋桨的发明，与欧洲人看到中国人使用橹后受到的启发有关系。船橹的形态如图4-4所示。

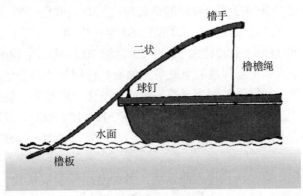

图4-4　船橹结构示意图

2. 帆船时代

古埃及在公元前4000年就制造出了帆船，中国使用帆船的历史也可以追溯到公元前。从15世纪到19世纪中叶是帆船发展的鼎盛时期。15世纪初中国航海家郑和远航东非，15世纪末哥伦布发现新大陆，他们的船队都是由帆船组成的。在帆船发展史中，地中海沿岸地区、北欧西欧地区和中国都曾作出重大贡献。19世纪中叶美国制造的飞剪式快速帆船，是帆船发展史上的最后一个高潮。

中国使用帆船有2000多年的历史。据《史记·秦始皇本纪》记载，秦王朝曾派徐福携带童男童女及工匠人等数千人，乘船出海。三国时期东吴太守万震所著《南洲异物志》中，有关于访问今日的柬埔寨、越南等地所乘大船的记述。唐代时的帆船已能驶侧向逆风，有较好的耐波性。唐贞观年间，从今温州至日本，仅需6天；以后能以3天时间从中国镇海驶抵日本。宋代造船和航海事业均有显著进步，当时所造海船能载500~600人，并已使用指南针罗盘，航程远及波斯湾和东非沿海地区。明朝初年，郑和曾率领庞大的船队于公元1405—1433年七次远航，遍历东南亚、印度洋各地，远达非洲东海岸。据记载，郑和所乘"宝船"长44丈、宽18丈，有12帆，是当时世界上首屈一指的优秀帆船。

3. 蒸汽机船时代

1807年，美国人罗伯特·富尔顿（Robert Fulton）首次用蒸汽机驱动装在两舷的明轮，制造出"克莱蒙托"号轮船，在哈德逊河上航行成功。刚开始蒸汽机都是安装在船的甲板上，驱动装在两舷的巨大明轮。1839年，第一艘装有螺旋桨推进器的"阿基米德"号船建成，船长38m，主机功率80ps（约为59kW）。早期蒸汽机是安装在木帆船上的，1850年以后，逐渐用铁作为造船材料。1880年以后，钢很快代替铁作为造船材料。1876年英国建造的新船只有8%用钢材建造，而到1890年，只有8%是铁船了。19世纪到20世纪30年代属于蒸汽机船时代。

4. 内燃机船时代

柴油机船问世后，发展很快，逐渐取代了蒸汽机船。第二次世界大战结束后，工业化国家经济迅速恢复和发展，国际贸易空前兴旺，中东等地区石油的大量开发，促使运输船舶迅速发展。这段时期船舶普遍采用柴油机推进。为了提高船舶运输的经济效益，船舶出现了大型化、专业化的多种趋势。

(1) 船舶大型化。首先是油船吨位的增长和油船的大型化。20世纪50年代，3~4万t的油船已被认为是"超级油船"。20世纪60年代中期，出现了20万t以上30万t以下的超大油船和30万t以上的特大油船。20世纪70年代，出现了50万t以上的油船。石油危机发生和苏伊士运河恢复通航后，油船吨位增长的趋势已经停止。在油船大型化的同时，也出现了集装箱船舶和干散货船的大型化发展趋势。特别是集装箱船，20世纪50年代的第一代集装箱集装箱船载量平均在300~1000TEU，但第六代集装箱船载箱量已经超过8000TEU，目前地中海航运公司的比阿特丽斯号（MSC Beatrice）装箱量达到14000TEU。

(2) 船舶专业化。第二次世界大战以后，各种专用船发展很快。杂货船用途广泛，适应性强，在杂货船的数量至今仍占首位。典型的杂货船都以低速柴油机为动力，载重量不超过2万t、航速15n mile/h左右。水路集装箱运输是件杂货运输形式的重大变革，这种运输形式在货物包装、装卸工艺、码头管理和水陆联运等方面都有所突破。第二次世界大战后得到发展的重要专用船还包括：装运液化天然气和液化石油气的液化气船；船上设有跳板，能使牵引车、叉车载货自驶上下的滚装船；以驳船作为运输单元，不需要停靠码头进行装卸而能实现江海直达运输的载驳船等。

4.2.2 船舶的分类

由于现代船舶广泛应用于交通运输、国防军事、科考救捞、海洋生产与开发等多个领域，因此现代船舶种类庞杂，并且在不断出现新型船舶。按照不同的分类方法，常用船舶类别也各不一样。按用途分类，船舶可分为军用舰船和民用船舶。用于军事目的船舶称为军用船舶；用于运输、渔业、工程、海洋开发等方面的船舶统称为民用船舶；按航行区域分类，船舶可分为海洋船舶、内河船舶两大类。其中海洋船舶又分为远洋船舶、近洋船舶和沿海船舶三种；按动力装置分类，船舶可分为蒸汽动力装置船、内燃机动力装置船、核动力装置船和电力推进船；按船体材料分类，现代绝大部分船舶以钢制船为主，但是在我国内河及湖泊上，仍有少量的钢丝网水泥为材质的船舶，其他材料制造的船体还包括木材、铝合金、玻璃钢等。

从物流运输工具性质来看，最能体现出货物流通价值的船舶仍以运输船舶为主。下面简要列出运输船的分类。

1. 客船

客船是指专门用于运送旅客及其可携带行李和邮件的船舶（图4-5）。客船多为定期定线航行，故又称为班轮或邮轮。根据《国际海上人命安全公约》（International Convention for the Safety of Life at Sea, SOLAS）规定，凡载客超过12人均视为客船。客船的特点是具有多层甲板的上层建筑，设有完善的餐厅、卫生和娱乐设施，另配有足够的救生设备、消防设备和通信设。有些客船还设置减摇装置以改善航行环境。客船的航速较高，一般为16~20kn，大型高速客船可达24kn。

图 4-5　客船

2. 客货船

客货船是指在运送旅客的同时，还载运相当数量的货物，并以载客为主，载货为辅（图 4-6）。一般有 2 或 3 个货舱，通常设计为"两舱不沉制"，并为定期定线航行，其结构与安全设备均应按客船标准要求配置。在我国用于装载旅客和汽车的客货滚装船也较常见。

图 4-6　客货滚装船

3. 旅游船

旅游船是指供旅游者旅行游览的船（图 4-7）。

图 4-7　豪华游艇

4. 干货船

（1）杂货船（图 4-8）。杂货船一般是指定期航行于货运繁忙的航线，以装运零星杂货为主的船舶。这种船航行速度较快，船上配有足够的起吊设备，船舶构造中有多层甲板把船舱分隔成多层货柜，以适应装载不同货物的需要。

图4-8 杂货船

（2）干散货船（图4-9）。干散货船是用以装载无包装的大宗货物的船舶。依所装货物的种类不同，干散货船可分为粮谷船、煤船和矿砂船。这种船大都为单甲板，舱内不设支柱，但设有隔板，用以防止在风浪中运行的舱内货物错位。

图4-9 干散货船

（3）多用途型船（图4-10）。多用途船是指具备多种用途功能的船舶。广义地说，凡能装运两类以上货物的船舶都可称多用途船。一般多用途船，特指多用途干货船，既可单独用于载运普通件杂货、木材、重大件货或散装货，又可用于载运集装箱或其他干货能力或同时载运多种货的船舶称为多用途船。该类船舶均经过特别设计，能满足载运多种货物的需求。货舱口一般较宽大，有的船舶设有二层甲板结构，具有起重设备。

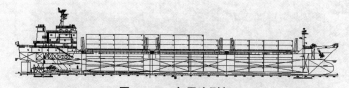

图4-10 多用途型船

5. 液体货船

（1）原油运输船（图4-11）。专门用于载运原油的船舶，简称为油船。油船载重量可达50多万t，是运输货船中载重量最大的货船。原油运输船结构上一般为单底，随着环保要求的提高，结构正向双壳、双底的形式演变。上层建筑设于船尾。甲板上无大的舱口，用泵和管道装卸原油。设有加热设施在低温时对原油加热，防止其凝固而影响装卸。超大型油船的吃水可达25m，往往无法靠岸装卸，而必须借助水底管道来装卸原油。

图 4-11 原油运输船

(2) 成品油船（图 4-12）。成品油船是指专门载运柴油、汽油等石油制品的船舶，结构与原油船相似，但吨位较小。其有很高的防火、防爆要求。

图 4-12 成品油运输船

(3) 液体化学品船（图 4-13）。液体化学品船是指专门用于运输有毒、易挥发、属于危险品的液体化学品，如甲醇、硫酸、苯等的船舶。货舱区域均为双层壳结构，以减小船舶受损时货品溢出的危险。货舱与船员起居处所、饮水和机舱等处用空舱隔离。货舱容积按其装运的货物的危险程度受到一定的限制。

图 4-13 液体化学品船

(4) 液化石油气船（图 4-14）。液化石油气（liquefied petroleum gas，LPG）船主要运输以丙烷和丁烷为主要成分的石油碳氢化合物或两者混合气，包括丙烯和丁烯，还有其他一些化工产品，如乙烯。依据载运各种气体的不同液化条件而分为全压式（装载量较小）、半冷半压式（装载量较大）和全冷式（装载量大）。液化石油气船因其特殊用途而产生了各方面的特殊要求，其技术难度大，代表当今世界的造船技术水平，船价为同吨位常规运输船的 2~3 倍，是一种高技术、高附加值的船舶。

图4-14 液化石油气船

（5）液化天然气船（图4-15）。液化天然气船是指将液化天然气（liquefied natural gas，LNG）从液化厂运往接收站的专用船舶。液化天然气船是一种技术含量很高、设计和制造难度都很大的船型。在常压下，-162℃天然气就会液化，液化后体积压缩比为700∶1左右，这就提供了长途船运液化天然气的经济可行性。世界上从1952年开始船运液化天然气以来，液化天然气船技术已经发展得较为成熟。

图4-15 液化天然气船

6. 冷藏货船（图4-16）

冷藏货船是指专门载运，如水果、蔬菜、肉类和鱼类等需冷藏的货物的船舶。往往设多层甲板，货舱内通常分隔成若干独立的封闭空间。船上具有大功率的制冷装置，可以在比较恶劣的环境中，使各冷藏货舱内保持货物所需的适当的温度。

图4-16 冷藏货船

7. 全集装箱船（图4-17）

全集装箱船是指专门用以装运集装箱的船舶。它与一般杂货船不同，其货舱内有格栅式货架，装有垂直导轨，便于集装箱沿导轨放下，四角有格栅制约，可防倾倒。全集装箱船的舱内可堆放三至九层集装箱，甲板上还可堆放三至四层集装箱。

图 4-17 全集装箱船

8. 汽车滚装船（图 4-18）

汽车滚装船主要用来运送汽车和集装箱（带底盘车）。这种船自身无需装卸设备，一般在船侧或船的首、尾有开口斜坡连接码头，装卸货物时汽车或集装箱（装在拖车上的）直接开进或开出船舱。这种船的优点是不依赖码头上的装卸设备，装卸速度快，可加速船舶周转。

图 4-18 汽车滚装船

4.3 船舶总体结构

4.3.1 总体结构

船舶的航行安全、装载货物特性都与船舶的结构密切相关。船体结构的形式随船舶类型的不同而不同，对于通常用途的钢质船舶而言，全船结构可分为主船体和上层建筑两大部分。船舶各部位名称如图 4-19 所示。船的前端称为船首，后端称为船尾，船首两侧船壳板弯曲处称为首舷，船尾两侧船壳板弯曲处称为尾舷，船两边称为船舷，船舷与船底交接的弯曲部称为舭部。

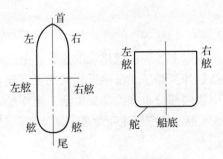

图 4-19 船舶部件名称

4.3.2 主船体

船舶上甲板以下的船体部分为主船体,水密外壳提供使船能漂浮于水面的浮力。主船体内部分布着船上的水密船舱,根据需要用横向舱壁分隔成很多大小不同的舱室,这些舱室都按照各自的用途或所在部位而命名,如图4-20所示,从首到尾分别称为首尖舱、锚链舱、货舱、机舱、尾尖舱和压载舱等。在货舱中两层甲板之间所形成的舱间称为甲板间舱,也称为二层舱或二层柜。

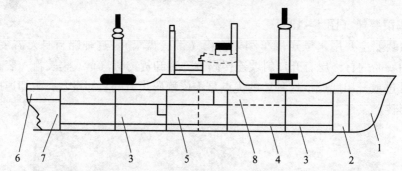

1—首尖舱;2—锚链舱;3—货舱;4—压载舱;5—机舱;6—舵机舱;7—尾尖舱;8—甲板间舱。

图4-20 船舶舱室名称

船体的构件非常多,包括甲板、侧板、底板、龙骨、旁龙骨、龙筋、肋骨、船首柱、船尾柱等。实际船舶的船体结构是十分复杂的,而舰船模型的船体结构简单。舰船模型船体结构如图4-21所示。

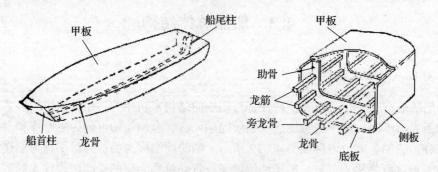

图4-21 船体结构图

4.3.3 上层建筑

上层建筑是指船舶上甲板以上各种围壁建筑的总称。上层建筑分船楼和甲板室两大类型。所谓船楼是指两侧都延伸至船舷或很接近船舷的上层建筑;甲板室是指两侧不接近舷边的上层建筑。上甲板内部分布着大部分生活、工作舱。船楼分为首楼、尾楼和驾驶台。上层建筑的各舱室一般按舱室用途而命名。某集装箱船船上建筑部分如图4-22所示。

图 4-22 船舶上层建筑

主船体与上层建筑结构如图 4-23 所示。

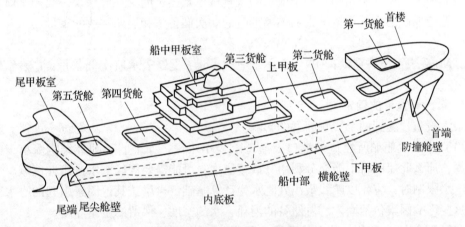

图 4-23 主船体与上层建筑

4.4 货运船舶的载货性能

4.4.1 船舶的载货能力概述

任何一个物流运输企业都期望在市场需求充沛的情况下充分利用运输工具,承揽最大限度的货载,以达到收益最大化的目标。在船舶运输过程中,应当充分利用具体航次的船舶载货能力。因此,必须了解船舶载货能力的含义。

船舶的载货能力的标准是不同的。例如:密度较小的轻泡货需要船舶更大的装载空间;而密度大的重货更需要船舶的装载量;对于危险货物,或者性质相抵的货物则需要一定的空间进行隔离。

船舶的载货能力是指船舶在具体航次中所能承运货物数量的最大限额,以及忌装特殊货物的可能要求和数量限额。

船舶载货能力包括载重能力、容量能力和其他载货能力三个方面,具体如下:

载重能力是指船舶在具体航次中所能承运货物重量的最大限额,使用净载重量表示。

容量能力是指船舶所能容纳货物体积的最大限额。如果是装在舱内的货物,一般用货舱包装容积表示;如果是散装货物,则用货舱散装容积表示;如果是散装液体货或者散装液化气体,用液舱容积表示;如果是集装箱,则用船舶的箱位容量表示。

其他载货能力是指对性质相抵的货物的隔离能力以及对危险货物、重大件货物、冷藏货、散装液体货、贵重货等特殊货物的承运能力,包括船舶的舱内尺寸、结构、舱口尺寸、甲板安全负荷和吊货能力等。需要说明的是,集装箱船的其他载货能力是指对冷藏箱、危险货箱及其他特殊集装箱的承载能力,用相应的箱位容量及舱室条件来表示。

4.4.2 船舶的载货能力的确定

在船舶满载情况下,船舶的载重能力,即航次净载重量是船舶装载货物数量的最重要的限制因素。但一艘船舶每一个航次的载货量不是固定的。一般来说,船舶某航次净载重量等于船舶的总载重量减去船舶离港时的航次储备量和船舶常数的重量。

$$NDW = DW_{max} - \sum G - C$$

式中:NDW 表示净载重量;DW_{max} 表示最大载重量;$\sum G$ 表示航次储备量;C 表示船舶常数。

1. 最大载重量的确定

最大载重量受到两个影响因素的影响:

(1)本航次船舶所经过的港口及航道上最小水深,如果船舶的最大吃水小于此处的水深,那么此船舶将不能充分利用其载货能力,可能需要等候潮水进出此区域。当航线有吃水限制时,应先以航线最浅处吃水为计算基础,再增减其他因素引起的吃水变化量。这些影响因素包括潮汐、总储备的消耗、水的密度、保留的富裕深度等。

(2)船舶的满载吃水受到载重线的限制,远洋运输货船的满载吃水线受到航段海区和时间的影响,需要使用不同的吃水线,包括热带载重线、夏季载重线、冬季载重线、北大西洋冬季载重线等,达到吃水线的总载重量逐渐减少。

2. 航次储备量的确定

航次储备量可分为固定储备量 G_1 和可变储备量 G_2。

(1)固定储备量 G_1 一般指船员、行李、粮食、供应品及船舶备品。它们的数量变化较小甚至不变,重量也相对较小,所以特定船舶不论航次长短,一般都取为定值。

(2)可变储备量 G_2 包括燃料、润料和淡水。

燃料油、发电机使用的柴油、各类润滑油、淡水在航次中变化很大,对航次中船舶的载重量影响很大,不同的补给方案会产生不同的载重量。对这类储备应本着安全、经济的原则首先确定最佳的补给方案,然后进行认真核算。

确定补给方案时需要考虑两个因素:一是航行途中是否有燃料和淡水供应,中途添加次数越多,净载重量就越大;二是中途添加燃料和淡水的成本,即船舶挂靠加油港的港口使费和船期的浪费。这是两个矛盾的因素。确定补给方案就是在这两个矛盾的因素中寻找经济平衡。补给方案有两种情形:一是在装货港一次加满可变储备;二是在中途港添加可变储备。各情形下航次可变储备计算方法如下:

①在装货港一次性加足。船上的可变储备就是添加后船上的存油和存水重量,即可变储备等于船驶离最后装货港时的燃油重量、柴油重量、滑油重量和淡水重量之和。

②在中途港添加。此时,G_2的确定应以最大那段航程消耗量为准。这段航程的可变储备消耗量计算方法是,以航程及待泊时间(天)分别乘以每天耗量,再加上适当的安全储备量。安全储备量视航线情况而定(航线距离和航线天气)。一般地,中国北方港口至东南亚各港的安全储备量应按 5~7 天计算。G_2可按下式求得

$$G_2 = (航行时间 + 安全储备时间) \div 日消耗量 + 待泊时间 \times 日消耗量$$

计算出可变储备量后,再加上近似不变储备量,即总储备量。

3. 船舶常数

船舶常数是指船舶经过一段时间营运后的空船重量与出厂时的空船重量的差值。船舶常数产生的原因大体上有:船体、机械的定期修理和局部改装;货舱和机舱内增加的残余物;舱内排不出的油、水、沉淀污泥及保留的污油等;船上库存的破损机件、器材及其他废旧物料、船体附着物等。

船舶常数实际上也是一个变量,只是它的变化时间较长,在一段时间里可以把它近似地当作固定量处理。船舶常数是可以测量出来,即船舶常数等于实际空船排水量减去出厂空船排水量。在船舶年度修理完工后,一般都需测定船舶常数,它的数量可达几十或几百吨以上。

船舶常数占用了总载重量,因而减少了载货量。为此,应经常清除这些废物,提高船舶载货能力。

4.4.3 船舶载货能力利用

随着船舶专业化的发展,不同种类的货物均有相匹配的船舶。以前较为复杂的杂货运输,现在转变为集装箱化运输的趋势越来越明显,其他的货物,如散装原油、液化天然气、煤炭、铁矿石、化学品都有专用船舶进行运输。因此,在船舶营运过程中,承运人最需要考虑的是如何充分利用船舶的载货能力,不断挖掘船舶载货能力的一个或多个方面的潜力,尽可能多地完成航次货运任务。一般来说,应当从以下 3 个方面来考虑。

1. 提高船舶的载重能力

当货源充足且航次货载以重货为主时,应充分利用船舶的载重能力,在保证船舶和货物安全的前提下增加船舶的总载重量,尽可能减少航次储备量和船舶常数。可以采取以下几项措施来提高船舶的载重能力。

(1) 根据航线上的限制水深或航次所使用的载重线,正确确定船舶的最大转载吃水。

(2) 确定合理的燃料、淡水补给方案,尽可能地减少航次储备量。

(3) 及时清除船上的垃圾、废料、油脚、垫水和杂物,定时进坞清除舷外船体附着的海洋生物,减少船舶常数。

2. 充分利用船舶的容量能力

当货源充足且航次或货载主要是轻货时,通常会出现满舱不满载的情况。此时,可以从以下几个方面出发,充分挖掘船舶容量能力的潜力并加以利用。

(1) 确保货舱及其他载货处所结构及设备完好,保证适货,使所有载货处所处于

可用状态。

（2）杂货船应注意将大包装的货物配置在舱容较大、形状规则的舱室，小包装的货物配置在舱容狭小、形状复杂的舱室，同时留出一些小件货物来填充其他货物无法装载利用的空位。另外，应督促装卸工人提高装货质量，实现紧密堆码，减少货物的亏舱。

（3）散装货物应彻底做好平舱工作，即对成堆装入船舱的散装货物，如煤炭、粮谷等，需要进行调动和平整，避免出现较高的货堆，这样既保证船舶的稳定，又有利于提高舱容利用率。

（4）集装箱船应着重提高积载计划的编制水平，使所有的箱位被充分利用，如全面统筹20ft箱、40ft箱和特殊箱位，使计划装载的所有集装箱都得到合适的箱位。

3. 充分利用船舶的其他装载能力

当航次货载的特殊货物或忌装货物较多时，船舶的其他载货能力就可能不足。为了能在这种情况下较多地承运特殊货物或忌装货物，可以从以下两个方面考虑。

（1）保证与承运的特殊货物有关的船舶结构与设备处于完好状态，如与冷藏货物有关的制冷设备和冷藏舱室结构、与重大件货有关的船舶重型吊杆和船体局部结构、与危险货物有关的舱室防火隔离结构。

（2）忌装货物或相互间有隔离要求的危险货集装箱，除了保证舱室有关结构完好外，提高积载计划的编制水平，千方百计地为更多的忌装货物或危险货物集装箱安排好货位或箱位，也是一个不应忽视的方面。

4. 轻重货物的合理搭配

对于杂货船，如果货源充足且航次货载有较大的选择余地，船舶方往往希望船舶的载重能力与容量能力能同时被充分利用，即舱容和净载重量都不浪费。为此，应该做好以下两个方面的工作。

（1）船舶公司货运部门在为船舶分配航次货载时，应注意轻重货物合理搭配，尽量使船舶满舱满载，即航次货载的总重量等于航次的净载重量，航次的货载的总体积等于船舶的总舱容。

（2）编制航次积载计划时，为了满足吃水差和船舶纵向强度条件的要求，各货舱的装货重量往往已经确定。此时，同样需要按轻重搭配的原则，在满足各舱装货重量要求的同时，使各个货舱都达到满舱。

思考题

1. 水路运输有何特点？水路运输的环保特性主要体现在哪些方面？
2. 货运船舶主要分哪些类型？各自有何用途？
3. 什么是船舶的载货能力？包括哪几个方面？
4. 简述船舶某航次的最大载重量受到哪些影响因素的制约。

第5章 航空运输装备与设施

本章要点：
（1）掌握航空运输与航空物流的概念和货物航空运输的特点，了解航空运输的产生过程。
（2）掌握航空运输设备体系的组成和主要设备与设施的基本知识。
（3）理解并初步掌握飞机的主要性能技术指标。

5.1 航空运输装备与设施概述

5.1.1 航空运输与航空物流的概念

航空运输（air transportation）是使用飞机、直升机及其他航空器运送人员、行李、货物、邮件的一种运输方式。

航空物流是货物以航空运输为主要运输方式，从供应地向接收地进行的有效率、有效益的流通和储存，以满足顾客需求的过程。它将运输、仓储、装卸、加工、整理、配送、信息等方面有机结合，形成完整的供应链，为用户提供多功能、一体化的综合性服务。

5.1.2 航空运输的产生

航空运输的产生历史可以追溯到19世纪70年代。1871年普法战争中，法国人用气球把法国政府官员和物资、邮件等从被普鲁士军队围困的巴黎送出。1903年12月美国莱特兄弟（Wright Brothers）完成了首次飞行，实现了人类梦寐以求的翱翔蓝天的愿望。使用飞机的航空运输则始于1918年5月5日纽约—华盛顿—芝加哥。

世界航空工业随着两次世界大战飞速地发展。第一次世界大战在1914年爆发后，仅在1918年全世界就制造了总共3500架飞机和52000套飞机发动机。尽管这些飞机的结构简单粗糙，但仅仅在4年之内，飞机产量就增加5000倍。更重要的是，在这4年内，飞机的性能不断改进，航空技术持续快速革新。到1918年，单座战斗机的功率已经110~147kW，飞机上配备两挺机关枪，作战高度可以超过15000ft[①]。

第一次世界大战结束后，飞机很快被用于快速递送邮件。当时的飞机带着邮件、货物，还有乘客来往于波涛汹涌的大西洋上空，在北美和欧洲大陆之间架起空中运输通道。1919年6月14日，约翰·阿尔科克（John Alcock）和约瑟·布朗（Joseph Brown）

---

① 1ft≈0.3048m。

随身带着装满邮件的一个小包裹,驾驶飞机从加拿大纽芬兰岛起飞,于第二天在欧洲冰岛落地,被认为是人类历史上第一次国际航空邮件递送。20世纪20年代欧美等国家悬赏鼓励飞行员驾驶飞机飞越大西洋和太平洋,后来又飞越地球北极。1927—1930年曾经先后有31次飞越大西洋的壮举,其中只有10次成功,由此可见当时航空飞行的艰难。但是航空货运的发展却一天也没有停止过。

随着航空邮件递送需求的增加,因此迅速发展为经营收入可观的航空货运业。由于航空货运业的不断发展,美国铁路快件公司成立航空货运公司,并把铁路运输和航空货运结合起来。从1919—1939年,世界各地的航空邮件快递公司的收入超过邮电总额的一半。

第二次世界大战结束后,航空运输不再仅限于一些航空邮件和紧急物资的运送,军用飞机逐渐转向民用航空。尤其是宽体飞机的出现和全货机的不断发展,使航空运输在经济发展中的地位越来越重要。它目前已经成为现代社会的五大交通运输方式之一,航空运输的发达与否已成为衡量一个国家交通运输现代化与信息化的重要标志。

5.1.3 货物航空运输的优点

1. 运送速度快

从航空业诞生之日起,航空运输就以快速而著称。飞机是目前世界上最快捷的交通工具,民用喷气式飞机的巡航速度可达到 $850 \sim 900 \text{km/h}$。就货运而言,快捷的航空运输大大缩短了货物在途时间,特别是那些易腐烂、变质的鲜活商品,时效性强的报刊,节令性、季节性强的商品,抢险、救急品的运输,这一特点显得尤为突出。可以说,因为有快速加上全球密集的航空运输网络,才有可能使从前可望而不可即的鲜活商品开辟远距离市场,使消费者享有更多的利益。运送速度快、在途时间短,也使货物在途风险降低,因此许多贵重物品、精密仪器也往往采用航空运输的形式。当今国际市场竞争激烈,航空运输所提供的快速服务也使得供货商可以对国外市场瞬息万变的行情可以立刻做出反应,迅速推出适销产品占领市场,获得较好的经济效益。

2. 不受地形限制,机动性大

航空运输利用天空这样的自然通道,可以不受地理条件的限制深入内陆地区。对于地面条件恶劣交通不便的内陆地区非常合适,有利于当地资源的出口,促进当地经济的发展,对外的辐射面极广。

3. 占用土地少,建设周期短

据统计,建设一个可供大型运输机起降的一级机场,占地面积仅与建一条100km铁路的占地面积相当,且仅与铺筑一条70km铁路的费用相当,建设周期也比铁路和公路短得多。这对于寸土寸金、地域狭小的地区发展,航空运输无疑是十分适合的。

4. 安全、准确

与其他运输方式相比,航空运输的安全性很高。在1997年,世界各航空公司共执行航班1800万架次,仅发生严重事故11起,风险率约为三百万分之一。同时,各航空公司的运输管理制度也比较完善,货物的破损率较低。如果采用空运集装箱的方式运送货物,则更为安全。

5. 运输环节相关费用少

由于货物在途时间短、周转速度快，企业存货可以相应地减少，有利资金的回收，减少利息支出，同时，企业仓储费用也可以降低。此外，航空货物运输具有安全、准确，货损、货差少，保险费用较低的优点。与其他运输方式相比，航空运输的包装简单，包装成本减少。这些都使得企业隐性成本下降，相应的收益增加。

当然，航空运输也有自己的局限性，主要表现在航空货运的运输费用较其他运输方式更高，不适合低价值货物；航空运载工具舱容有限，对大件货物或大批量货物的运输有一定的限制；飞机飞行安全容易受恶劣气候影响，等等。但总的来讲，随着新兴技术的广泛应用，产品更趋向薄、轻、短、小并具有较高的附加值，航空货运会有更大的发展前景。

5.2 航空运输主要设备与设施

航空运输设备设施是指完成航空运输所必备设备设施总称。以飞机为载运工具的航空运输设备体系主要由飞机、航空港（机场）、空中交通管理系统、飞机航线等部分组成。

5.2.1 飞机

飞机是目前最主要、应用最广泛的航空器。国际民航组织的定义：航空器是指可以从空气的反作用中取得支撑力的机器。除了飞机之外，气球、飞艇、直升机、滑翔机等都是航天器，风筝、儿童玩的竹蜻蜓也可以算航空器。航空器一般可分为固定翼航空器和旋翼航空器。航空器按其用途分为民用航空器和国家航空器。民用航空器主要有民用飞机和民用直升机，可完成货运、客运、农业、渔业、林业、气象、探矿、空中测量和空中摄影等方面的任务。民用飞机主要是指民用的客机、货机和客货两用飞机；国家航空器是指用于执行军事、海关、警察飞行任务的航空器。

航空器和航天器统称为飞行器，前者是大气飞行器，后者是空间飞行器（如火箭、航天飞机、行星探测器等）。

1. 飞机的定义

飞机是有动力驱动的有固定机翼而且重于空气的航空器。飞机具有两个最基本的特征：一是自身的密度比空气大，并且由动力驱动前进；二是有固定的机翼，机翼提供升力使飞机翱翔于天空。不具备以上特征者不能称为飞机，因此这两条缺一不可。例如：飞行器的密度小于空气，那它就是气球或飞艇；如果没有动力装置、只能在空中滑翔，则称为滑翔机；飞行器的机翼如果不固定，靠机翼旋转产生升力，就是直升机或旋翼机。

因此，固定翼航空器、固定翼飞机等名词都不是准确的说法，因为固定翼航空器包括飞机和滑翔机，而固定翼飞机则是一个重复的称呼，因为飞机就已经包含了固定翼的内容。"直升机"也不准确，因为直升机是使用旋翼提供升力的，它和飞机属于完全不同的航空器类型。

2. 飞机的分类

飞机的分类方法很多。按发动机的类型分,飞机有螺旋桨飞机和喷气式飞机之分;按发动机数量分,飞机有单发(动机)飞机、双发(动机)飞机、三发(动机)飞机、四发(动机)飞机之分;按飞机的飞行速度分,飞机有亚声速飞机和超声速飞机之分;按航程远近分,飞机有近程、中程、远程飞机之分,通常把航程在3000~8000km范围的飞机称为中程客机,航程在8000km以上的称为远程客机。有时也把航程在5000km以内的飞机称为中短程客机,5000km以上者称为中远程客机。我国民航是按飞机客座人数划分大、中、小型飞机的。飞机的客座人数在100座以下的为小型客机,100~200座为中型客机,200座以上为大型客机。航程在2400km以下的为短程客机,2400~4800km为中程客机,4800km以上为远程客机。近程飞机一般用于支线,因此又称为支线飞机。中、远程飞机一般用于国内干线和国际航线,又称为干线飞机;按起飞着陆地点不同分类,飞机分为水上飞机、陆上飞机、水陆两用飞机等。

由于飞机的性能、构造和外形基本上由用途来确定,故飞机按用途分类是最主要的分类方法之一。

(1) 客机(客货两用机)。客机用于运载旅客和邮件,联络国内各城市与地区或国际间的城市。客机按大小和航程分为洲际航线上使用的远程(大型)客机、国内干线上使用的中程(中型)客机、地方航线(支线)上使用的近程(轻型)客机。目前各自使用的客机主要是亚声速机。

(2) 货机是指机舱全部用于装载货物的飞机。一般载重较大,有较大的舱门,或机身可转折,便于装卸货物;货机修理维护简易,可在复杂气候下飞行。

(3) 教练机(民用)。用于训练民航飞行人员,教练机一般可分为初级教练机和高级教练机。

(4) 农业飞机、林业飞机。用于农业喷药、施肥、播种、森林巡逻、灭火等。农业飞机、林业飞机大部分属于轻型飞机。

(5) 体育运动飞机。用于发展体育运动,如运动跳伞等,可作机动飞行。

(6) 多用途轻型飞机。这类飞机种类与用途繁多,如用于地质勘探、航空摄影、空中游览、紧急救护、短途运输等。

3. 飞机的结构

飞机是一种典型的多学科复杂产品,且一直在优化之中。但到目前为止,除少数特殊形式的飞机之外,大多数飞机结构相似,一般都包括机翼、机身、尾翼、起落架、推进装置、操纵系统和机载设备等。图5-1是飞机各部分名称示意图。

1) 机翼

机翼的主要功用是产生升力,以支持飞机在空中飞行,也起一定的稳定和操纵作用。在机翼上一般安装有副翼和襟翼。操纵副翼可使飞机滚转,放下襟翼能使机翼升力增大。另外,机翼上还可安装发动机、起落架和油箱等。

机翼有各种形状,数目也有不同。历史上曾出现过双翼机,甚至还出现过三翼机。但现代飞机一般都是单翼机。飞机在平衡飞行时,受到四个力的作用:举力、阻力、拉(推)力与重力。这些外力称为"外载荷",会使飞机的某些部件产生变形,而飞机内部会产生一种抵抗变形的内力。由于机翼是为飞机飞行提供举力的部件,这些载荷加到

第 5 章　航空运输装备与设施

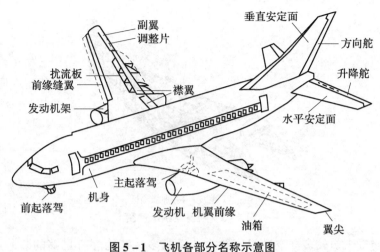

图 5-1　飞机各部分名称示意图

机翼上，会使机翼产生弯曲、扭转、剪切、拉伸和压缩五种变形。因此，要求构件必须有足够的强度、刚度和抗疲劳能力来抵抗这种变形，以保证空气动力外形的精确度。

机翼受力构件包括内部骨架、外部蒙皮以及与机身连接的接头。图 5-2 为机翼结构示意图。

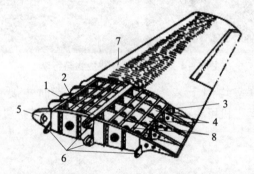

1—翼梁；2—前纵墙；3—后纵墙；4—普通翼肋；5—加强翼肋；
6—对接接头；7—硬铝蒙皮；8—长桁。

图 5-2　机翼结构示意图

2) 机身

机身的主要功能是装载人员、货物、燃油、武器、各种装备和其他物资。除此以外，它还用于连接机翼、尾翼、起落架和发动机等其他有关构件，如图 5-3 所示。根据机身的功能，其构造第一要具有尽可能大的空间使单位体积利用率最高；第二是连接必须安全可靠；第三是要有良好的通风加温、隔音设备，视野广阔，利于飞机起落；第四是在气动方面要求尽可能减少阻力，如迎风面积尽可能小、表面尽可能光滑、形状流线化等；第五是在保证强度、刚度、抗疲劳能力的条件下，重量尽可能轻。

机身的外形与发动机的类型、数目及安装位置有关。一般机身的侧面外形为拉长的流线体，很大程度上受驾驶舱的影响。机身的剖面形状有圆、椭圆、方、梯形等，适合不同用途和速度范围的飞机。例如：低速飞机可用方形，具有气密座舱的高亚声速大型客机多用圆形或椭圆形。

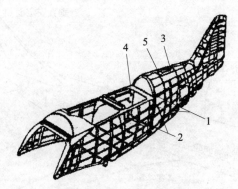

1—桁梁；2—桁条；3—蒙皮；4—加强隔框；5—普通隔框。
图 5-3　机身结构示意图

客机的空勤人员较多，空勤组座舱大、设备多。客舱除有足够的装载旅客的空间外，还必须考虑旅客的安全与舒适。客机中有较小的货舱以便装载旅客随身行李和部分货物。货舱通常放置在机身下腹部，如图 5-4 所示。

图 5-4　客机腹部装载货物与行李

货运飞机的主要舱室均用于装货，因此机身设计时主要考虑货物装卸的方便（图 5-5）。大多数货运飞机可将机首或机尾打开，或拥有转折机身（图 5-6）。

图 5-5　全货运飞机装货

图 5-6　机身可打开折叠的波音 747-400LCF "梦想运输者" 货运飞机

3）尾翼

尾翼是安装在飞机后部、起稳定和操纵作用的部件。尾翼一般包括水平尾翼和垂直尾翼。水平尾翼由固定的水平安定面和可动的升降舵组成。垂直尾翼包括固定的垂直安定面和可动的方向舵。尾翼的主要功用保证飞机能平稳地飞行并操纵飞机俯仰和偏转。

4）起落装置

飞机起落装置的功能是使飞机能在地面或水面上平顺地起飞、着陆、滑行和停放并吸收着陆撞击的能量以改善起落性能。陆上飞机起落装置包括起落架与改善起落性能的装置两部分。起落架的作用是使飞机在地面起落、着陆滑跑，地面滑行和停放时支撑飞机。它由受力结构、减震器、机轮和收放机构组成。改善起落性能的装置包括增举装置、起飞加速器、机轮刹车和阻力伞或减速伞等。

5）动力装置

动力装置主要用来产生拉力或推力，使飞机前进。此外，其还可以为飞机上的用电设备提供电源，为空调设备等用气设备提供气源。

现代飞机的动力装置，应用较广泛的有四种：一是航空活塞式发动机加螺旋桨推进器；二是涡轮喷气发动机；三是涡轮螺旋桨发动机；四是涡轮风扇发动机。随着航空技术的发展，火箭发动机、冲压发动机、原子能航空发动机等，也会逐渐成为飞机的动力装置。飞机的动力装置除发动机外，还包括一系列保证发动机正常工作的系统，如燃油供应系统等。

6）操纵系统

飞机操纵系统可分为主操纵系统和辅助操纵系统。主操纵系统是对升降舵、方向舵和副翼三个主要操纵面的操纵。辅助操纵系统是指对调整片、增举装置和水平安定面等的操纵。

主操纵系统包括中央操纵机构和传动系统两部分。中央操纵机构位于座舱内，由驾驶员直接操纵，包括手操纵和脚操纵两部分。手操纵部分连接升降舵和副翼，脚操纵部分则与方向舵相连。手操纵部分分两类：一是驾驶杆，多由硬铝管制成，多用于小型飞机；二是驾驶盘，也用铝管制成，可使驾驶员省力，但灵敏度低一些。脚操纵部分经驾驶员用脚踩动，经传动机构使方向舵偏转。

辅助操纵系统包括对水平安定面、襟翼、调整片等的操纵。它一般需要采用特殊装置，如液压、冷气、电动或机械等方式将操纵面固定在规定位置上，通过转盘或手柄以及钢索将驾驶员的动作传动到操纵面上去。

为帮助驾驶员节省体力，可采用助力器。助力器是一种以液压、电动或冷气为动力，协助驾驶员带动舵面的机构。其中液压助力器应用最广，电动助力器多用于应急。

飞机除了上述六个主要部分之外，根据飞行操纵和执行任务的需要，还装有各种仪表、通信设备、领航设备、安全设备和其他设备等。

5.2.2　航空港

航空港和机场是近义词，但有所区别，所有可以起降飞机的地方都可以称为机场，而航空港则专指那些可以经营客货运输的机场。

1. 航空港的概念

航空港是指位于航线上的、为保证航空运输和专业飞行作业用的机场及其有关建筑物和设施的总称，是空中交通网的基地。

2. 航空港的组成

航空港由飞行区、客货运服务区和机务维修区三部分组成。其中，飞行区是航空港面积最大的区域，设有指挥台、跑道、滑行道、停机坪、无线电导航系统等设施。航空港的主要任务是完成客货运输服务，保养与维修飞机，保证旅客、货物和邮件正常运送以及飞机安全起降。

（1）飞行区。飞行区是为保证飞机安全起降的区域。区内有跑道、滑行道、停机坪和无线电通信导航系统、目视助航设施及其他保障飞行安全的设施，在航空港内占地面积最大。飞行区上空划有净空区，是规定的障碍物限制面以上的空域，地面物体不得超越限制面伸入。限制面根据机场起降飞机的性能确定。

（2）客货运输服务区。客货运输服务区是为旅客、货主提供地面服务的区域。主体是候机楼，此外还有客机坪、停车场、进出港道路系统等。货运量较大的航空港还专门设有货运站。客机坪附近配有管线加油系统。处理不同的货物需要不同的设施来保障，包括各种货运站、站坪设施、机场地面保障设备通道、停车设施、仓储与监管设施、"一关三检"（海关、检疫、边检、安检）设施及市政交通设施等。一般而言，机场货运区的设施主要是货站与站坪的设施、陆侧停车的设施，普通仓储、国际货物监管的设施，"一关三检"的相关口岸设施和办公、服务设施，以及市政配套的设施。当然，每座机场的货运区都有差异，各有各的特点，规划布置的货运设施也各不相同。

（3）机务维修区。机务维修区是飞机维护修理和航空港正常工作所必需的各种机务设施的区域。区内建有维修厂、维修机库、维修机坪和供水、供电、供热、供冷、下水等设施，以及消防站、急救站、储油库、铁路专用线等。

3. 航空港的分类

航空港按照所处的位置分为干线航空港和支线航空港。航空港按业务范围分为国际航空港和国内航空港，其中国际航空港需经政府核准，可以用来供国际航线的航空器起降营运，航空港内配有海关、移民、检疫和卫生机构；而国内航空港仅供国内航线的航空器使用，除特殊情况外不对外国航空器开放。

5.2.3 通信与导航设备

1. 通信设备

用于地面电台与飞机进行联系的通信设备包括高频通信系统、甚高频通信系统、选择呼叫系统。

2. 导航设备

导航主要依赖于无线电导航系统，主要设备有甚高频全向无线电信标/测距仪系统、无方向性无线电信标系统、仪表着落系统。

3. 监视设备

目前实施空中交通监视的主要设备是雷达，它是利用无线电波发现目标，并测定其位置的设备。雷达系统一般分为两种类型：一次雷达（包括气象雷达、航行雷达、多普勒雷达）和二次雷达。

5.2.4 空中交通运行与管理

1. 航路

航路是按指定的航线由甲地飞行到乙地的空中通道或空域，包括航站区空域和航线空域两部分。航站空域供飞机进出机场用，航线空域用于连接各航站区。我国的航路由空军划定经国务院和中央军委批准，各部门飞机经申请批准后在指定航线上飞行。

2. 航线

航线是航空公司开辟的从甲地航行到乙地的营业路线。对于航空公司来说，设计航线或者安排航班，特别是在能力不足的主要枢纽机场中安排航班是一个复杂问题。

根据飞行的起讫点，航线主要有国际航线和国内航线两大类。国际航线是指飞行的路线连接两个或两个以上国家的航线。在国际航线上进行的运输是国际运输，一个航班如果它的始发站、经停站、终点站有一点在外国领土上都称为国际运输。国内航线是指在一个国家内部的航线，又可以分为干线、支线和地方航线三大类。另外，还有一类航线称为地区航线，指在一国之内，各地区与有特殊地位地区之间的航线，如中国内地与中国香港、中国澳门、中国台湾地区的航线。

3. 空中交通管制

空中交通管制在航空运输中发挥着重要作用，是为避免飞行中飞机相撞，以及飞机与机场内动或静的物体相撞的一套管理设备与规则。它的主要目的：航空器按计划飞行，保障工作有条不紊；维护飞行秩序，合理控制空中交通流量，防止航空器之间、航空器与障碍物之间相撞，保证飞行安全；对违反飞行管制的现象，查明情况，进行处理。空中交通管制可以直接保证空中交通高效畅通。空中交通管制系统由空中交通管制机构、程序管制和雷达管制3个部分组成。

（1）空中交通管制机构。空中交通管制机构包括空中交通服务报告室、塔台管制室、进近管制室、区域管制中心和全国交通管制中心（中国民航局调度室）。

（2）程序管制。程序管制是依照空中交通管制规则、机场和航路的有关规定，依靠通信手段进行管制的方法。程序管制的主要职责是为飞机配备安全间隔（出发机场放行仪表飞行的时间间隔规定、航路仪表穿越航线的时间间隔规定等）。它要求机长报告飞行中的位置和状态，管制员依据飞行时间和机长的报告，通过精确的计算，掌握飞机的位置和航迹。

（3）雷达管制。雷达管制是依照空中交通管制规则，依靠雷达监视的手段进行管制的方法。它对飞行中的飞机进行雷达监视，随时掌握飞机的航迹位置和有关飞行数据，并主动引导飞机飞行。①雷达识别。在向飞机提供雷达管制服务前，管制员必须对飞机进行识别确认。识别的方法为二次雷达识别和一次雷达识别。一次雷达识别是飞机起飞后，其雷达目标也在起飞跑道端2km内被发现，飞机在某定位点或目视飞行报告点的位置显示与机组报告的一致，并且其航迹也与报告的航向和飞行的航线一致，通过识移交。二次雷达识别是从雷达标牌上认出该飞机的识别标志，通过雷达识别的移交，使用应答机识别。②雷达引导。雷达管制员通过指定飞机应飞的航向实施雷达引导。被引导航空器尽可能沿便于驾驶员利用地面设备检查自身位置及恢复自主领航的路线，避开已知的危险天气。③雷达间隔。雷达管制员通过综合考虑航空器的航向、速度雷达限制、工作负荷等各种因素来确定航空器之间的最小安全间隔，并保证不能低于此安全间隔。

5.3 飞机的性能技术指标

不同用途的飞机，对飞机性能的要求有所不同。本节简要介绍现代民用飞机的主要性能指标。

5.3.1 飞机重量

飞机重量是飞机飞行的重要技术指标，关系着跑道长度。飞机重量是由基本重量、商务载重、航段燃油及备用燃油四个变量组成。

(1) 基本重量，指机组人员及为飞行所需的全部必要装备的重量，但不包括商务载重和燃油。它是随机舱座位布置而变化的。

(2) 商务载重，即运输机有收益的运载能力，包括旅客及其行李、邮件、快件和货物的重量。

(3) 航段燃油，指飞机正常飞行中应消耗的燃油，即飞机起飞后准备到第一个目的地之间所需的油料。燃油是飞机重量的重要组成部分。航程越长，基本重量所占比例越小，燃油所占比例越大。

5.3.2 飞机速度

飞机速度主要有地速、空速两种。地速是飞机相对于地面的速度。空速是飞机相对于介质（空气）的速度，常用的术语有真空速和指示空速，前者是指飞机相对于航行介质的实际速度，后者是驾驶员从空速表上读得的速度。

最大平飞速度，指飞机在水平飞行条件下，在一定距离内（一般不小于3km）发动机的拉力最大时所能达到的最大的平衡速度。这时发动机的拉力等于阻力、举力等于重力。飞机处于平衡状态，以等速沿水平直线前进。飞机飞行在不同的高度受到的阻力和发动机的推力是不相同的，因此飞机在不同的高度上有不同的最大平飞速度。在11km左右的高度上，飞机的最大平飞速度最大。最大平飞速度有两点要注意：一是由于发动机拉力与高度有关，最大平飞速度也与高度有关；二是飞机以最大平飞速度飞行不能持续很久，否则会造成发动机损坏，这就像人不能以百米速度进行长跑一样，此外消耗的燃油也太多。

巡航速度，指飞机长途飞行时采用的速度，即发动机每公里消耗燃油最少时的飞行速度。这时飞行最经济，航程最远或航时最长。

5.3.3 爬升性能

爬升性能主要是指飞机的最大爬升速率和升限。最大爬升速率是指单位时间内飞机所上升的最大垂直高度。升限是指飞机能够上升的最大高度。飞机的爬升高度要受到发动机推力的限制，因为高度越高，发动机的推力就越小。升限也有两种：一是理论升限，指爬升速度为零时的高度；二是实用升限也称为静升限，指飞机爬升速度等于

0.5m/s 时的高度。提高升限主要依靠改善发动机性能或减轻飞机重量。

5.3.4 续航性能

续航性能主要是指航程和续航时间（航时），航程是指飞机起飞后，爬升到平飞高度平飞，再由平飞高度下降落地，且中途不加燃油和滑油，也不进行空中加油时所获得的水平距离的总和。飞机的航程既取决于飞机的载油量和飞机单位飞行距离耗油量，也和其业务载重量有关。飞机的最大航程是指飞机在最大载油量和飞机单位飞行距离耗油量最小的情况下飞行所获得的航程。对运输机来说，航程大可以更好地发挥运输效果。航程大的轰炸机易于深入敌后作战。目前，许多飞机航程达到 9000km 以上。

续航时间是指飞机装满燃油起飞后，不进行空中加油，在空中连续飞行的时间（以小时计），简称为"航时"或"续航力"。

5.3.5 起降性能

飞机的起降性能包括飞机起飞离陆速度和起飞离陆距离、飞机着陆速度和着陆滑跑距离。

在地面滑跑的飞机，当其前进速度产生的升力略大于飞机的起飞重量时，飞机就能够离陆了。但在正常飞行时，为了保证安全，离陆速度要稍大于最小平飞速度（飞机能够保持平飞的最小速度）。

离陆距离包括起飞滑跑距离和起飞爬升距离两部分。起飞滑跑距离是指飞机从松开刹车沿跑道向前滑跑至机轮离开地面所经过的距离。起飞爬升距离是指机轮离开地面到升高至规定的安全高度，飞机沿地平线所经过的距离。飞机发动机的推力越大，最小平飞速度越小，离陆距离也就越短。

飞机的着陆速度是指飞机着陆过程中，飞机飘落、机轮触地时的水平速度。这一速度越小越安全。着陆速度分为着陆进场速度和着陆接地速度。着陆进场速度是指飞机下滑至安全高度进入着陆区的速度。着陆接地速度（简称为着陆速度），即飞机在着陆区接触陆地时的速度。

着陆距离是指飞机由 15.2m[①] 高度到完全停止的距离。着陆距离可分成着陆下滑距离和着陆滑跑距离。着陆下滑距离指飞机开始下滑着陆至机轮接触地面时所经过的距离；陆滑组距离指从机轮着地开始滑跑至刹车时止所经过的距离。

思考题

1. 简述航空运输与航空物流的基本概念。
2. 简述货物航空运输的主要优缺点。
3. 简述航空运输系统的主要组成。
4. 简述飞机的主要性能技术指标。
5. 通过本章延伸阅读材料，结合文献检索，综述我国航空运输的发展现状与趋势。

---

① 15.2m≈50ft。

第 6 章 管道运输设备

本章要点：
(1) 掌握管道运输概念、产生与发展、优缺点。
(2) 掌握三种管道运输的组成、主要设备。
(3) 掌握管道运输设备维护管理的基本知识。

6.1 概述

6.1.1 管道运输的概念

管道运输（pipeline transport）是利用管道输送气体、液体和粉末状固体的一种特殊的运输方式。与其他运输的形态（货物随着运输工具的移动被运送到目的地）不同，管道运输中的运输工具——管道，本身是固定不动的，只是货物本身在管道内移动。管道运输是运输通道和运输工具合而为一的专门运输方式。

6.1.2 管道运输的产生与发展

利用管道进行货物运输古而有之，古代为了灌溉农田和冶炼金属，发明了水车和唧筒来提升水或鼓风，输送管道多用竹木管。我国秦汉时期，就已经出现了用打通竹节的竹子连接起来输送卤水的管道；在明末清初还用竹木管输送天然气。

作为运输产业的管道运输，始于 19 世纪石油天然气的开发与利用。1865 年美国在宾夕法尼亚州建造了世界上第一条输油管道，直径 50mm、长度 9km；1874 年又建造了一条直径 100mm、长度 96km 的输油管道。随着石油工业的发展，管道的建设也进入了一个新的阶段，各产油国竞相兴建大量石油及油气的管道。截至 2020 年底，全球油气长输管道总里程约 191.9 万 km，其中天然气长输管道里程数约 124.46 万 km，占油气长输管道总里程的 64.8%，原油、成品油长输管道占油气长输管道总里程的比例分别为 22.04%、13.16%。

按地区排名，北美洲依然是长输管道里程最多的国家。截至 2020 年底，北美洲地区长输管道总里程约 78 万 km。单纯从天然气管道来看，世界排名前五的分别是美国、俄罗斯、加拿大、中国、阿根廷。

1958 年，我国克拉玛依油田开发，建造了两条从克拉玛依至独山子炼油厂的输油管道，管径为 150mm，全长约为 300km。1958 年建造了从四川省永川黄瓜山气田至永川化工厂的第一条天然气管道，管径为 150mm，全长约为 20km。近几十年来，我国管道运输发展迅猛，到 2020 年底，我国油气长输管线包括国内管线和国外管线，总里程达到16.5万km，其中原油管线约为3.1万km，成品油管线约为3.2万km，天然气管道约为10.2万km。国内原油和成品油运输管网已实现西油东送、北油南下、海油上岸，天然气则实现了西气东输、川气出川、北气南下。2023年2月1日，金融导报网发表了一篇题为"能源发展回顾与展望（2022）——油气篇"的文章：至2022年底，我国油气"全国一张网"初步形成，管网规模超过18万km，比10年前翻了一番，西北、东北、西南和海上四大油气进口战略通道进一步巩固。到2025年，预计全国油气管网规模将达到24万km。

6.1.3 管道运输的特点

管道运输方式，特别是长距离管道运输方式，与其他运输方式相比，具有以下优点。

（1）运营费用低、能耗小。管道运输方式是流体和浆体的输送方式，没有其他运输方式所需的牵引机车、车厢、船舶等的非物料额外能耗，只要克服流体或浆体在管道内的摩擦阻力，即可完成运输作业，没有其他运输方式所需的运载工具的维护检修费用。因此管道运输方式的能耗最小、运营费用最低。

（2）基建投资少、建设速度快、施工周期短。由于输送系统简单、因此建设投资少；管道由厂家订货，工程量相对其他运输方式较少，且输送管道多为埋设（主要是土方施工，可采用分段施工方式），因此建设速度快、施工周期短。

（3）受地形条件的限制少。管道运输方式不同于铁路或公路运输方式，对地形没有严格的限制，因而管线线路没有铁路或公路的迂回曲折问题，易于克服地形障碍，输送路径最短，可为节约投资、加快建设进度创造有利条件。

（4）可以实现连续输送、安全可靠、劳动生产率高。管道运输方式几乎可不停顿地进行全年输送，不受气候的影响，不存在其他运输方式运输时物料的损耗，可实现封闭式输送。其他运输方式存在运载工具的空载回程，而管道运输是连续不断地进行输送，不存在空载回程，因而管道运输劳动生产率高、运输量大。管道输送方式隐蔽性强，事故概率小，比较安全可靠。

（5）占地少、有利于环境保护和生态平衡。长输管道绝大部分为埋设，占地少，受气候变化的影响小，不污染环境，有利于生态平衡。

不过，管道运输方式的也有一些局限性，如下：

（1）只能输送特定的物料。管道运输系统只能输送特定的物料，如特定的石油、天然气、特定的粉状或粒状物料（精矿、矿石、煤或其他固体物料），运输功能比较单一。

（2）只能进行定向定点运输。一般只能运输大宗、特定、适宜于管道运输的物料，不如其他运输方式，可以进行双向不定点多种物资的运输。管道输送系统的敏感性强、应变能力低，因此要求严格控制物料的特性，浆体管道运输的物料，只允许输送与水混合后不会产生物理性质和化学性质变化的颗粒状物料。

所谓定向定点运输，是根据用户对物料的质量、品位和需求量要求，按合同要求确定。根据用户的分布情况，确定一个或几个输送系统，每个输送系统可以向一个或几个用户输送物料。根据市场调查，通过数据进行比较，以合理确定。

(3) 管道运输系统的输送能力不易改变。每个管道运输系统的输送能力一经确定，输送系统的设备和管道就是确定的，不能改变。如果要增加输送能力，就必须增加设备和管道的输送能力，通常是很困难的。

按用途分类，管道运输主要有输油管道、输气管道和固体料浆运输管道等。它们采用的设备也各不相同，下面分别介绍这些管道运输的设备。

6.2 管道运输基本设备

6.2.1 输油管道运输设备

1. 输油管道的组成

长距离输油管道由输油站和管线两大部分组成，如图6-1所示。

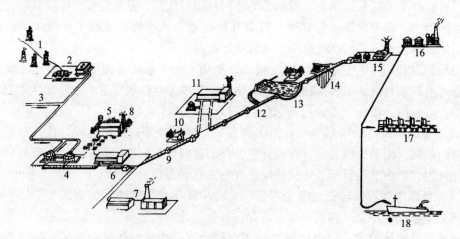

1—井场；2—输油站；3—来自油田的输油管；4—首站罐区和泵房；5—全线调度中心；6—清管器发放室；
7—首站锅炉房；8—微波通信塔；9—线路阀室；10—维修人员住所；11—中间输油站；12—穿越铁路；
13—穿越河流；14—跨越工程；15—车站；16—炼油厂；17—火车装油线桥；18—油轮码头。

图6-1 长距离输油管组成

1) 输油站

输油站包括首站、末站、中间输油站等。

(1) 首站。输油管道的起点称为首站，通常位于油田、炼油厂或港口附近，是长距离输油管道的起点。其主要功能是接收来自油田、油船的原油或来自炼油厂的成品油，并经计量、加压（或加热）后输往下一站。有的起点站兼有油品预处理（如原油稳定、脱盐、脱水、脱杂质；柴油、汽油脱水；顺序输送的成品油着色等）和清管器发送、污油的收集处理等功能。

首站的生产设施主要有泵组、阀门组、油品计量和标定装置、油罐区、油品加热装置，以及水、电、燃料供给和消防等辅助设备。

(2) 中间输油站。输油管道沿途设有中间输油站，任务是对所输送的原油加压、升温，也俗称中间泵站。中间泵站的主要设备有输油泵、加热炉、阀门等设备。

图6-2为我国2007年6月30日投入运营的西部原油管网示意图，可以看出沿线有大量的中间站。

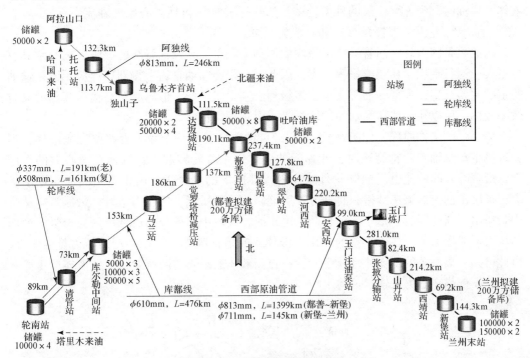

图6-2 西部原油管网示意图

（3）末站。末站是指位于管道末端，接受管道来油，将合格的油品输送给收油单位，或改换运输方式，如铁路、公路或水路运输。其主要任务之一是解决管道运输和其他运输方式之间输量的不均衡问题。为保证管道连续地按经济输量运行，终点站需要设置足够容量的油罐。此外，终点站还设有计量、化验和转输设施，如铁路装油栈桥，水运装油码头等。

2）管线

管线是指输油管道的线路部分，包括管道，沿线阀室，穿越江河、山谷等的设施和管道防腐保护设施设备等。为保证长距离输油管道的正常运营，还设有供电和通信设施。

输送轻质油或低凝点原油的管道不需加热，油品经一定距离后，管内油温等于管线埋深处的地温，这种管道称为等温输油管。它无须考虑管内油流与周围介质的热交换。对易凝、高黏油品，不能采用这种方法输送，因为当油品黏度极高或其凝固点远高于管路周围环境温度时，每公里管道的压强将高达几个甚至几十个大气压，所以加热输送是最有效的办法。因此，热油输送管道不仅要考虑摩阻的损失，还要考虑散热的损失，输送工艺更为复杂。

2. 输油管道设备

输油管道设备主要包括输油泵与输油泵站、输油加热炉、储油罐、管道系统、清管设备、计量及标定装置等六部分。

1）输油泵与输油泵站

（1）输油泵（离心泵）。

泵是一种将机械能（或其他能）转化为液体能的液力机械，主要用来输送水、油、酸碱液、乳化液、悬乳液和液态金属等液体，也可输送液、气混合物及含悬浮固体物的液体，输油时称为油泵。泵的种类较多，如叶片式泵（包括离心泵、轴流泵等）、容积式泵（包括齿轮泵、螺杆泵等）和其他类型泵。

输油泵是国内外输油管线广泛采用的原动力设备，是输油管线的心脏。离心泵具有排量大、运行平稳、易于维修等优点，因此在长距离输油管道上得到广泛应用，是输油管道的主要泵型，大型的油泵会采用多级离心泵串联工作。但离心泵在输送高黏油品时效率较低，所以在一些高黏油品的输送管道上采用螺杆泵。

离心泵的工作原理，如图6-3所示。启动前泵壳和整个吸入管路要充满液体，当原动机带动泵轴和叶轮旋转时，叶片间的液体也跟着旋转起来；液体在离心力的作用下，沿着叶片间的流道甩向叶轮外缘，进入螺旋形的泵壳内，由于流道断面积逐渐扩大，被甩出的流体流速减慢，将部分速度能转化为静压能，使压力上升，最后液体从排出管排出。与此同时，由于液体自叶轮甩出时，叶轮中心部分形成低压区，与吸入液面的压力形成压力差，在压力差的作用下液体不断地被吸入，并以一定的压力排至泵外。由此可知，离心泵的工作原理就是叶轮在充满液体的泵壳内高速旋转，使液体产生离心力，从而依靠离心力来输送液体。

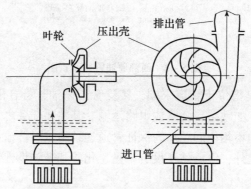

图6-3 离心泵工作原理简图

（2）输油泵站。

输油泵站设于首站和中间输油站，基本任务是供给油流一定的能量（压力能或热能），将油品输送到终点站（末站）。输油泵站包括生产区和生活区两部分，生产区又可分为主要作业区和辅助作业区。主要作业区的设备或设施包括输油泵房、总阀室、清管器收发装置、计量间、油罐区、油品预处理装置（多设于首站）、加热炉或换热器组等；辅助作业区包括供电系统、供热系统、供水系统、排污与净化系统、车间与材料库、机修间、调度及监控中心、油品化验室与微波通信设备等。生活区是供泵站工作人员及家属居住用的设施。

2）输油加热炉

加热装置是热泵站的主要设施之一。在原油输送过程中对原油采用加热输送的目的是使原油温度升高，防止输送过程中原油在输油管道中凝结，减少结蜡，降低动能损耗。图6-4是我国塔河油田使用的原油加热炉。

图 6-4　塔河油田使用的原油加热炉

常用的加热方法包括：①直接加热方法，是使原油在加热炉炉管内直接加热，即低温原油先经过对流室炉管被加热，再经辐射室炉管被加热到所需要的温度。油品在加热炉炉管内受火焰直接加热；当输油中断时，油品在炉管中有结焦的可能，易造成事故。②用蒸汽或其他热媒作中间热载体，在换热器中给油品间接加热。间接加热炉的优点是安全、可靠，但系统复杂、不易操作、造价较高。③利用驱动泵的柴油机或燃气轮机的排气余热或循环冷却水加热油品。

3）储油罐

储油罐（简称油罐）是终点站和起点站的重要设备，主要用于储存石油及其产品，如图 6-5 所示。

图 6-5　大型（立式圆柱形）储油罐

油罐是 19 世纪 60 年代发展起来的，按建造方式可分为地下油罐（罐内油品最高液面比邻近自然地面低 0.2m 以上）、半地下油罐（油罐高度的 2/3 左右在地下）和地上油罐（油罐底部在地面或高于地面者）三种。按建造材料分类，油罐分为金属油罐、非金属油罐。按罐的结构形式分类，油罐分为立式圆柱形油罐、卧式油罐、双曲率形油罐三类。在立式圆柱形油罐中，非金属油罐有砖砌油罐、预应力钢筋混凝土油罐等类型；金属油罐有锥顶油罐、悬链式无力矩顶油罐、拱顶油罐等类型。图 6-6 是两种油罐的结构示意图。

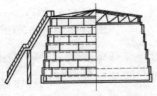
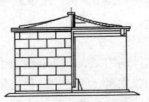

(a) 桁架式锥顶油罐　　(b) 悬链式无力矩顶油罐

图 6-6　两种金属油罐的结构示意图

一般地，应用较广的是钢质金属油罐，安全可靠、经久耐用、施工方便、投资节约，可储存各种油品。非金属油罐大都建造在地下或半地下，用于储存原油或重油，优点是容积较小，易于搬迁，油品蒸发比钢罐低，抗腐蚀能力也比金属罐强；缺点是易渗漏，不适合储存轻质油品，且当罐底发生不均匀沉陷时易产生裂纹，且难以修复。大型管道起讫点的油库还可用地下大型岩穴和盐岩穴等储存大量油品。长距离输油管道普遍采用大容量的金属浮顶油罐或内浮顶油罐。

4）管道系统

输油系统一般采用有缝或无缝钢管，大口径者可采用螺旋焊接钢管。无缝钢管壁薄、质轻、安全可靠，但造价高，多用于工作压力高、作业频繁的主要输油管线上。焊接钢管又称为有缝钢管，是目前输油管路的主要用管，制造材料多为普通碳素钢和合金钢。

无缝钢管壁薄、质轻、安全可靠，但造价高，多用于工作压力高、作业频繁的主要输油管线上。无缝钢管的规格标称方法是外径×壁厚，如 $\phi 108 \times 4$ 表示外径为 108mm、壁厚为 4mm 的无缝钢管。承受压力在 $200 \sim 400 \text{N/cm}^2$。焊接钢管又称为有缝钢管，是目前输油管路的主要用管。制造材料多为普通碳素钢和合金钢，制造工艺有单面焊和双面焊两种，一般可耐压 $300 \sim 500 \text{N/cm}^2$。

图 6-7 为 2009 年开工建设的中俄原油管道。

图 6-7 中俄原油管道施工中采用的管道

5）清管设备

油品在运输过程中，管道结蜡使管径缩小，造成输油阻力增加、能力下降，严重时可使原油丧失流动性，导致凝管事故。处理管道结蜡有效且经济的方法是机械清蜡，即从泵站收发装置处放入清蜡球或其他类型的刮蜡器械，利用泵输送原油在管内顶挤清蜡工具，使蜡清除并随油输走。图 6-8 为机械式管道清管器的结构示意图。

1—前皮碗；2—钢刷；3—刮板；4—后皮碗。
图 6-8 机械式管道清管器的结构

6）计量及标定装置

为保证输油计划的完成，加强输油生产管理，长输管线上必须对油品进行计量，以及时掌握油品的收发量、库存量及耗损量。现代管道运输系统中，流量计不仅是一个油品计量器，还是监测输油管运行的中枢。例如：通过流量计调整全线运行状态、校正输油压力与流速、发现泄漏等。

3. 管道防腐措施

管道和储罐的腐蚀会造成穿孔从而引起油、气、水的跑漏，甚至爆炸。根据金属管道腐蚀的机理，可将其分为两大类：一是化学腐蚀，即金属表面与周围介质发生作用而导致的破坏；二是电化学腐蚀，指在腐蚀过程中由电流产生的腐蚀。

在管道运输中，管道和储罐的防腐主要有下列方法：①选用耐腐蚀材料制造的管道，如一般城市油气管道采用聚氯乙烯管，海洋油气管道采用含钼和钛的合金钢管。②在输送或储存介质中加入缓蚀剂以抑制管道的内壁腐蚀。③在管道内外壁采用防腐绝缘涂层，使钢管与腐蚀介质隔离。例如：在输气管道内壁喷涂环氧树脂，既可防止内腐蚀，也可减少输送时的摩擦阻力。④采用阴极保护方法。对被保护的金属管道通以外接电流，使整个管道成为腐蚀电池的阴极而得到保护，此方法也可用于保护储罐罐底。

6.2.2 输气管道的运输设备

工业上常见的能源气体有天然气、油田伴生气、液化气、煤气、沼气、乙炔等。此外，还有压缩空气、氧气等动力和助燃气体。这些气体一般需要通过输气管道从产地输往用户、通过干线管道和输气管网进行管道运输。

1. 输气管道的组成

输气管道系统主要由矿场集气网、干线输气管道（网）、城市配气管网以及与此相关的站、场等设备组成。这些设备从气田的井口装置开始，先经矿场集气、净化及干线输送，再经配气网送到用户，形成一个统一的、密闭的输气系统（图6-9）。

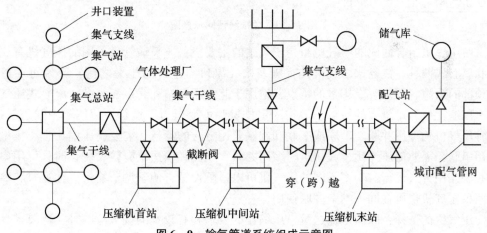

图6-9 输气管道系统组成示意图

2. 输气管道主要设备

输气管道由矿场集气、压气站（输气站）、干线输气、城市配气四部分组成。

1）矿场集气设备

集气过程从井口开始，经分离、计量、调压净化和集中等一系列过程，到向干线输送为止。集气设备包括井场、集气管网、集气站、天然气处理厂、外输总站等。

2）压气站（输气站）

压气站可按作用分为压气站、调压计量站、储气库三类。压气站的核心设备是压气机，任务是对气体进行调压、计量、净化、加压和冷却，使气体按要求沿着管道向前流动。由于长距离输气需要不断供给压力能，故沿途每隔一定距离（一般为110~150km）设置一座中间压气站（或称为压缩机站），首站是第一个压气站，最后一站为干线网的终点——城市配气站。以我国的兰银线为例，其起自涩宁兰线的兰州末站，途经西气东输甘塘分输站，终于银川市。管道全长413.7km，设计压力为10MPa，设计输量为35亿 m³/年，沿线设有多个压气站。兰银线管网如图6-10所示。

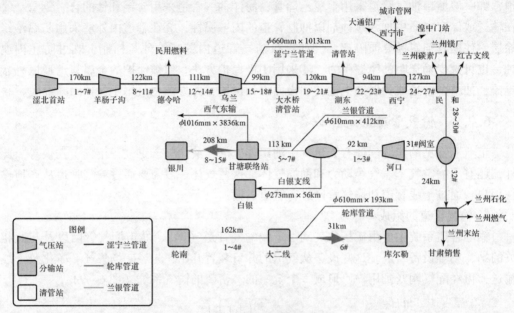

图6-10 兰银线管网示意图

由压气机组合而成的压气机组是压气站的主要设备。长输管道采用的压气机有往复式和离心式两种。往复式压气机具有压缩比（出口与进口的压力之比）高及可通过气缸顶部的余隙容积来改变排量的特点，适用于起点压气站和终点充气站。离心式压气机具有压缩比低、排量大的特点，可在固定排量和可变压力下运行，适用于中间压气站。两种压气机均可用并联、串联或串联和并联兼用方式的运行。需要高压缩比、小排量时多用串联；需要低压缩比、大排量时多用并联；压力和输送量有较大变化时，可用串联和并联兼用方式运行。功率不同的压气机可以搭配设置，便于调节输量。往复式和离心式两种压气机也可在同一站上并联使用。

压气机的选择，除满足输送量、压缩比的要求和有较宽的调节范围外，还要求具有可靠性高、耐久性好，并便于调速和易于自控等。在满足操作要求和运行可靠的前提下，尽量减少机组台数；功率约为735~3677kW 的机组，有3~5台压气机，并有1台备用，大功率机组一般没有备用机。压气机用的原动机有燃气发动机、电动机和燃气轮机等。

调压计量站多设在输气管道的分输处或末站，作用是调节气体压力、测量气体流量，为城市配气系统分配气量并分输到储气库。有的调压计量站还能监测气体的质量。末站主要是给城市配气系统分配天然气和分输给储气库。调压计量站的主要设备有压力调节阀、计量装置和杂质分离器等。为保护调压计量站下游低压系统的安全，常在低压系统的主调压阀后，串联安装一个监控调压阀。当主调压阀失灵造成下游压力升高时，监控调压阀便立即投入运行，以保护低压系统。

储气库设于管道沿线或终点，用于解决管道均衡输气和气体消费的昼夜及季节不均衡问题。为实现均衡输气、提高输气管道利用率和保证安全供气而建立作业站。为确保管道经常处于高效率输量下运行，当管道发生事故时仍能连续向用户供气，在城市配气站或大工业用户附近建造储气库。它能在用气负荷低峰时储存多余的天然气，在用气负荷高峰时补充管道来气量的不足，并能调节因昼夜和季节用气量变化而引起的输气不均衡。

储气库有地下储气库、埋地高压管束储气库等。地下储气库是用枯竭的油、气田构造或用含水层和人工盐岩穴等建成的。地下储气库建设投资少、储气量大，特别是利用枯竭的油、气田构造建造的储气库最为简单。埋地高压管束容量有限，而单位储量造价最高。地下储气库的地面设施分注气和采气两部分。注气时，由充气站的压气机将气体加压注入地下储气库；采气时，天然气从储气库出口采出，进行加热、脱水后进入输气管道。

3）干线输气

干线是指从矿场附近的输气首站开始到终点配气站为止。输气管道输送的介质是可压缩的，输送量与流速、压力有关。压气机站与管路是一个统一的动力系统。输气管线可以有一个或多个压气机站。

4）城市配气

城市配气是指从配气站（干线终点）开始，通过各级配气管网和气体调压所按用户要求直接向用户供气的过程。配气站是干线的终点，也是城市配气的起点与枢纽。气体在配气站内经分离、调压气计量和添味后输入城市配气管网。城市一般均设有储气库，可调节输气与供气之间的不平衡。

3. 增加输气管输气能力

输气管道在生产过程中常需要进行扩建或改造，目的在于提高输气能力并降低能耗。当输气管最高工作压力达到管路强度所允许的最大值时，可采用铺设副管、倍增压气站两种方法来提高输气能力。前者需要扩建原有压气站、增加并联机组；后者是通过在站间增建新的压气站、减少站间管路长度，从而获得输气管通过能力的提高。当其他条件不变，将站间距缩短到原来的一半可使输气能力增加到1.414倍。一般地，一定直径的输气管道有其合理输量范围，超过该范围时，铺设两条管线比一条管线更经济有利。

6.2.3 固体料浆管道运输设备

用管道输送各种固体物质的基本措施是先将待输送固体物质破碎为粉粒状，再与适量的液体配置成可泵送的浆液，通过长输管道输送这些浆液到目的地，最后将固体与液体分离后送给用户。目前浆液管道主要用于输送煤、铁矿石、磷矿石、铜矿石、铝矾土和石灰石等矿物，配制浆液的主要是水，还有少数采用燃料油或甲醇等液体作载体。

1. 固体料浆管道系统的组成

料浆管道的基本组成部分与输气、输油管道大致相同，但还有一些制浆、脱水干燥设备。以煤浆管道为例，整个系统包括煤水供应系统、制浆厂、干线管道、中间加压泵站、终点脱水与干燥装置。它们也可分为三个不同的部分：浆液制备系统、输送管道、浆液后处理系统。

2. 料浆管道的主要设备

1) 浆液制备系统

以煤为例，煤浆制备过程包括洗煤、选煤、破碎、场内运输、浆化、储存等环节。为清除煤所含硫及其他矿物杂质，一般采用淘选法、浮选法对煤进行精选，也可采用化学法或细菌生物法。从煤堆场用皮带运输机将煤输送至储仓后，先经振动筛粗选后进入球磨机进行初步破碎，再经第二级振动筛筛分后进入第二级棒磨机掺水细磨，所得粗浆液进入储浆槽，由提升泵送至安全筛筛分，最后进入稠浆储罐。煤浆管道首站一般与制浆厂合在一起，首站的增压泵从外输罐中抽出浆液，经加压后送入干线。在进行管输前，为保证颗粒级配和浓度符合质量要求，可用试验环管进行检验，不合格煤浆可返罐重新处理。

2) 中间泵站

中间泵站的任务是为煤浆补充压力能，停运时则提供清水冲洗管道。输送煤浆的泵可分容积式与离心式两种，特性差异与输油泵大致相同。泵的选用要结合管径、壁厚、输量、泵站数等因素综合考虑。为了减少浆液对活塞泵缸体、活塞杆、密封圈的磨蚀，国外研制了一种油隔离泵，可避免浆液进入活塞缸内，活塞只对隔离油加压并通过隔离油将压力传给浆液。

3) 后处理系统

煤浆的后处理系统包括脱水、储存等部分。管输煤浆可脱水储存，也可直接储存。图6-11所示为一般的煤浆脱水流程。浆液先进入受浆罐或储存池，再用泵输送到振动筛中区分为粗、细浆液。粗浆液进入离心脱水机，脱水后的煤粒可直接输送给用户，排出的废液输入浓缩池与细粒浆液一起，经浓缩后再经压滤机压滤脱水，最后输送给用户。

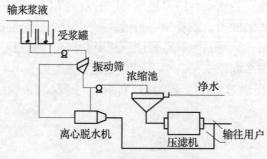

图6-11 浆脱水流程示意图

管道中流动的浆液是固液两相的混合物，其输送过程中除了要保证稳定流动外，还要考虑其沉淀的可能，尤其是在流速降低情况下。不同流速、不同固体粒和不同浓度条件下，浆液管道中可能出现均质流、非均质流、半均质流三种流态。非均质流浓度分布不均，可能会出现沉淀，其摩阻高、输送费用大。

从整个系统来看，要保证系统的经济性需要考虑并确定合理的颗粒大小及浆液浓度。细颗粒含量多时虽然可以降低管输费用，但制浆、脱水费用增加。

6.3 管道运输设备的维护与管理

6.3.1 管道运输设备维护管理的含义

管道输送设备管理是对管道站、库的设备进行维护和修理,以保证管道的正常运行。管理的内容主要包括:对设备状况进行分级、登记;记录各种设备的运行状况;制定设备日常维修和大修计划;改造和更新陈旧、低效能的设备;保养在线设备。

管道线路管理是指对管道线路进行管理,以防止线路受到自然灾害或其他因素的破坏。管理内容主要包括:日常的巡线检查;线路构筑物和穿越、跨越工程设施的维修;管道防腐层的检漏和维修;管道的渗漏检查和维修;清管作业和管道沿线的放气、排液作业;管道线路设备的改造和更换;管道线路的抗震管理;管道紧急抢修工程的组织等。

6.3.2 管道安全管理

安全生产管理是企业管理的重要组成部分,是企业生存的根本。安全生产管理是保证生产正常进行,防止发生伤亡事故,确保安全生产而采取的各种对策、方针和行动的总称。安全生产管理要管理好人、物和环境,同样存在计划、实施、检查、处理循环。

1. 输油管道事故

输油管道由输油站和管道两大部分组成,两者有不同的安全特点。输油站内有机泵、阀门、管汇、加热炉、油罐、通信及电力系统等。而管道则有埋设在地下、隐蔽、单一和野外性等特点。对于输油管道的易发事故,根据其不同的特点,可分成六类。

(1) 管道强度不足。造成输油管道破坏的事故多数是因焊缝或管道材料的缺陷引起的管道破裂。另外,管道的施工温度与输油温度之间存在一定的温差,造成管壁拉伸变薄,也会形成破裂。

(2) 管道腐蚀穿孔。一般管道都有防腐绝缘层,使管材得到保护,不会造成腐蚀破坏,但是由于土壤中含水、盐、碱及地下杂散电流等会造成管道腐蚀,甚至会造成管道穿孔。

(3) 凝管事故。长输热油管道发生凝管事故不仅会造成管线停输,影响油田、炼厂、装油码头的正常生产,还要消耗大量的人力、物力解堵,经济损失相当可观。造成长输热油管道凝管事故主要有以下几种情况:①管道投产初期,既油源不足又无反输能力,造成凝管。②管道输量不足,采用正反输交替运行时,未能及时跟踪监测运行参数的变化,没有采取相应措施而导致凝管。③油源不足而采用降量输送时,因输油温度低造成凝管事故。④停输时间过长造成凝管。⑤长期没清管的管道,清管过程中造成凝管。

(4) 设备事故。输油站内的泵机组、阀门、加热炉、油罐、锅炉等设备都存在发生事故的可能性。

(5) 自然灾害。地震、洪水、地层滑坡、泥石流、雷击等自然灾害都可能破坏管道造成泄漏污染事故,也可能击毁油罐或其他设备,造成意外损失。

(6) 违规事故。因违反操作规程造成跑油、憋压、冒罐等事故。

2. 输油管道的维修和抢修

当输油管道发生穿孔、破裂、蜡堵、凝管或其他设备事故时，都可能伴随跑油或发生火灾事故，后果会很惨重。所以，一旦发生事故，必须组织力量进行抢修，而日常的维护保养更是不可缺少的。如果是管道穿孔、破裂跑油，应选择适当的位置开挖储油池，防止原油泄漏污染农田、河流、湖泊等。对于长输管道的事故，应根据具体情况采取不同的措施和方法进行处理。

1) 管道穿孔的抢修

常见的管道穿孔有腐蚀穿孔、砂眼孔、缝隙孔和裂缝等。其特点是漏油量较小，初始阶段对输油生产影响较小，也不易发现，但随时间的延续，会逐步扩大，以至影响输油生产。这类事故在初始阶段处理较为简单，所以应抓紧时机，及时排除故障。

2) 管道破裂的抢修

管道由于强度不够、韧性不好或焊缝有夹渣、裂纹等缺陷或管道受到意外载荷发生破裂，则会形成原油大量外泄。这种事故的抢修应根据破裂的具体情况，可采取如下措施：

(1) 裂缝较小时使用带有引流口的引流封堵器。

(2) 对于较大裂缝，可用"多顶丝"封堵器进行封堵。

(3) 当管道破裂，不能补焊，需要更换管段，或因输油生产需要更换阀门时，可使用 DN 型管道封堵器进行封堵。

3) 凝管事故的抢修

凝管事故是石油长输管道最严重的恶性事故，可根据具体情况采取以下两种抢救措施：

(1) 在发现凝管的苗头，或处于初凝阶段时，可以采用升温加压的方法进行顶挤。

(2) 当管道经开孔后，管内输量仍继续下降，此时管道已进入凝管阶段时，应采取沿线开孔、分段顶挤的方法。此外，还可采用一种电热解堵方法。

3. 站库安全技术

工作中的粗心大意或违反操作规程，极易发生火灾、爆炸或中毒事故。因此，在油品的收、发、储、运过程中必须加强安全工作，严格遵守操作规程和有关规章制度，最大限度地消除能引起火灾、爆炸和中毒事故的一切因素，保证安全平稳输油。

1) 防火防爆

爆炸、失火是对油库安全最严重的威胁。一旦发生爆炸失火，就会造成生命财产的巨大损失。因此，必须高度重视和切实做好油库的防火防爆工作。

油库发生爆炸和火灾事故的主观原因往往是油库工作人员思想麻痹大意、制度不严、管理不善、违章作业等。

油库发生爆炸和火灾事故的客观原因包括由于电气设备短路、触头分离、泵壳接地等原因引起弧光或火花，金属撞击引起火花，雷电或静电，可燃物自燃，油库周围的意外明火等。油品蒸气在空气中会引起爆炸的最小浓度，称为爆炸下限，最大浓度称为爆炸上限。上限和下限之间称为爆炸区间，油品的爆炸区间越大，发生爆炸的危险性越大。当油品蒸气浓度在爆炸区间时，遇到火源就会引起爆炸。

防火防爆措施包括：消除火源与油品蒸气的接触；在站库内有工业用火作业时，严格执行工业用火审批制度，进行明火作业前，应提出用火施工方案、安全措施，处理好可燃物经批准后，方可用火。针对燃烧三要素和构成燃烧的其他条件；在站库消防中常采用冷却法（目的在于吸收可燃物氧化过程中放出的热量）、窒息法（取消助燃物——氧，使燃烧物在与新鲜空气隔绝的情况下自行熄灭）和隔离法（将火源与可燃物隔离，防止燃烧蔓延）进行灭火。

2）防雷

雷电的危害可分为直接雷电危害和间接雷电危害两大类。避雷针是一种最常用的防雷电保护装置，由受雷器、引下线和接地装置三部分组成。

3）防静电

在长输管道中静电的主要危害是由于静电放电会引起火灾和爆炸。防静电的安全措施，以消除静电引起爆炸火灾的条件为目标，主要采取防止静电产生及积聚的措施，消除火花放电，防止存在爆炸性气体。

4）防毒

油品及其蒸气具有毒性，特别是含硫油品及加铅汽油毒性更大。油品蒸气可经口、鼻进入呼吸系统，使人产生急性中毒或慢性中毒。轻质油品的毒性虽然比重质油品的毒性小些，但其挥发性强，在空气中的浓度也相应较大，因此危害性更大。为保证站库工作人员的身体健康，必须严格控制工作场地空气中有毒气体含量，使其不超过最大允许浓度；保证设备的严密性，加强通风，尽量减少工作场地中油蒸气浓度。

4. 管道网络安全

除设备性能、工艺操作、检修维修、自然灾害等传统因素外，储存规模不断扩张，单体容量增加，多方式联运交叉结合延长，正在给能源储运安全带来新挑战。例如：2021年美国最大燃油运输商克罗尼尔公司遭受网络攻击，导致5500mile（约8851km）输油管道被迫停运，美国宣布进入紧急状态。可以说，数字时代管道网络安全工作是世界管道运输共同面临的新课题。

思考题

1. 什么是管道运输？主要特点是什么？
2. 输油管道系统有哪些组成部分？主要设备有哪些？
3. 输气管道系统有哪些组成部分？主要设备有哪些？
4. 固体料浆管道系统有哪些组成部分？主要设备有哪些？
5. 管道安全管理主要有哪些内容？
6. 通过文献检索，谈谈如何做好管道网络安全？

第7章 物流起重堆垛装备

本章要点：
(1) 了解并掌握物流装卸与搬运及其装备的概念、地位与作用、特点、分类。
(2) 掌握起重堆垛设备的相关术语、作用、特点、分类和基本组成。
(3) 掌握四种轻小起重机械的作用和使用场合。
(4) 掌握桥架型、臂架型和缆索型起重机械的主要特点和应用场合。
(5) 了解并初步掌握物流起重堆垛装备的配置与管理基本知识。

7.1 概述

7.1.1 物流装卸与搬运概述

1. 物流装卸与搬运的概念

装卸搬运是物流的最常见形式之一，伴随物流的始终，渗透到物流各个领域和环节，是连接物流系统中各个物流环节、同一环节不同物流活动之间的纽带和桥梁，是物流顺利进行的关键。

在同一地域范围内进行改变物资存放或支承状态的活动称为装卸，改变物资空间位置的活动称为搬运，两者合称为装卸搬运。换句话说，装卸是以实现物资垂直位移为主的活动，而搬运是以实现物资水平位移为主的活动。

在实际操作中，装卸与搬运往往是伴随在一起发生的，在物流相关学科中并不过分强调两者差别，常常作为一种活动来对待。也就是说，在很多场合，单称为"装卸"或单称为"搬运"也包含"装卸搬运"的完整含义。

2. 装卸与搬运在物流中的地位和作用

(1) 物流的各环节都需要进行装卸搬运作业，它是各环节的联结纽带。
(2) 装卸与搬运活动在物流过程中不断出现并反复进行，装卸与搬运活动往往成为决定物流速度的关键。
(3) 装卸与搬运费用在物流成本中所占的比重较高，是降低物流费用的重要环节之一（铁路运输的整个装卸作业费占运费的20%左右，船运高达40%）。
(4) 装卸与搬运操作是影响物流质量，决定物流技术经济效果的重要环节之一（可能造成货物破损、散失、损耗、混合等损失）。

3. 装卸搬运的特点

(1) 装卸搬运是附属性、伴随性的活动。

(2) 装卸搬运是支持、保障性的活动。
(3) 装卸搬运作业量大。
(4) 装卸搬运方式复杂。
(5) 装卸搬运作业不均衡。
(6) 装卸搬运对安全性的要求较高。

7.1.2 物流装卸搬运装备概述

装卸搬运装备是实现装卸搬运作业的重要技术支撑，它的合理配置和使用管理对于提高物流效率、降低物流成本、保证物流服务质量发挥着关键作用。

1. 物流装卸与搬运装备的概念

物流装卸搬运装备是指用来搬移、升降、装卸和短距离输送物料或货物的机械和设备。例如：起重机、输送机、叉车、单斗车、牵引车、平板车、工业搬运车辆、搬运机器人等。

2. 物流装卸与搬运装备的主要作用

(1) 提高装卸搬运效率，节约劳动力，减轻劳动强度，改善劳动条件。
(2) 缩短作业时间，加速车辆周转，加快货物的送达和发出。
(3) 提高装卸质量，保证货物的完整和运输安全。
(4) 降低装卸搬运成本。

3. 装卸搬运设备分类

装卸搬运设备的种类繁多，分类方法也很多，为便于管理，常按以下方法进行分类。

(1) 按主要用途或结构特征分类。装卸搬运设备可分为起重设备、连续运输设备、装卸搬运车辆、专用装卸搬运设备，其中专用装卸搬运设备是指带专用取物装置的装卸搬运设备，如托盘专用装卸搬运设备、集装箱专用装卸搬运设备、船舶专用装卸搬运设备、分拣专用设备等。

(2) 按作业方向分类。装卸搬运设备包括三类：①水平方向作业的装卸搬运设备，主要特点是沿地面平行方向实现物资的空间转移，如各种机动、手动搬运车辆，各种皮带式、平板式输送机等。②垂直方向作业的装卸搬运设备，其所完成的是物资沿着与地面垂直方向的上下运动，如各种升降机、堆垛机等。③混合方向作业的装卸搬运设备，综合了水平方向和垂直方向两类装卸搬运设备的特长，在完成一定范围的垂直作业的同时，还要完成水平方向的移动，如门式起重机、桥式起重机、叉车、轮胎起重机等。

(3) 按动力类型分类。装卸搬运设备主要有电动式装卸搬运设备和内燃动力式装卸搬运设备。

(4) 按传动类型分类。装卸搬运设备主要有电传动装卸搬运设备、机械传动装卸搬运设备和液压传动装卸搬运设备。

(5) 按被装卸物流的特点分类（按装卸搬运货物的种类分类）。装卸搬运设备包括：①长大笨重货物装卸搬运机械，可分为轨行式起重机（如龙门式起重机、桥式起重机、轨道起重机等，适合于运量较大、货流稳定的货场、仓库等场所）和自行式起重机

(如汽车起重机、轮胎起重机和履带式起重机等,适合于运量不大,作业地点经常变化的场合)。②散装货物装卸搬运机械,一般有抓斗起重机、连续输送机等。③成件包装货物装卸搬运机械,一般包括叉车并配以托盘进行作业,也可用牵引车和挂车、带式输送机等。④集装箱货物装卸搬运机械,包括集装箱叉车、集装箱跨运车、集装箱搬运车、龙门起重机等机械。

4. 物流装卸搬运设备选型

影响装卸搬运机械设备类型选择的因素大体包括货物、运输方式与具体工具、自然条件、港站建筑物和运输组织等方面。下面重点讨论货物对设备选型的影响。

货物方面要考虑的因素包括货物特性、操作量和货物流向等。

(1) 货物特性。货物种类不同,货物性质不同,装卸搬运这些货物的机械设备也有所不同。一般根据货物在运输、装卸搬运时的方式不同,可以将其分为件货、木材、集装箱、干散货、散粮、液体货等不同货类。不同的货类都有适合于各自性质的装卸搬运机械设备。表7-1是不同货类所使用的设备举例。

表7-1 不同货类所使用的设备举例

货类	在装卸搬运工艺中使用的典型设备
杂货	门机、运输工具吊杆
木材	门机、堆场龙门吊、木材抓斗
集装箱	岸壁式装卸搬运桥、堆场轮胎式龙门吊
干散货	移动式装船机、堆场斗轮式堆取料机
散粮	吸粮机、皮带机、斗式提升机
液体货	输送管道

货物类别的不同在以下几个方面影响机械设备的选择:①货物的尺寸、重量、容重、形状和包装形式影响着起重量的选择。②货物品种的多样性要求机械具有通用性和灵活性,能同时从运输工具和车辆装卸搬运多个品种的货物,同时要求库场内有众多的货堆。③货堆的脆弱性和包装的牢固性影响装卸搬运方法和货堆高度,要求港站在装卸搬运货物时选用最少"接头"的输送机系统,避免采用乱运或抛掷的原理来运移货物。④货物的凝结性对设备的有效应用具有重大影响,如果考虑不周,则会使整个设备无法使用。⑤货物的磨损性和腐蚀性会加速机件的损坏,因此需要特别的防护与维修。⑥货物的易燃、易爆、扬尘性要求在选型时从安全、环保的角度采取有效措施。

此外,还需要考虑因货物特性引起的某些辅助作业设备的需要,如干燥、净化、精选、粉碎、分票、选材、称量、计数等设备。

(2) 操作量。操作量大小关系到是否需要采用专业化机械以及需要的数量。

(3) 货物流向。货物流向是影响机械设备选择的又一重要因素。例如:港口的水运货物无论是经铁路转运,还是水路转运;无论是双向货流,还是单向货流;货物无论是全部需要经过库场,还是有很大比重直接换装,这些对机械设备选择都有很大影响。双方向货流要求机械在装船与卸船的两个方向(船-岸和岸-船)都能进行工作,如在这方面起重机系统较输送机系统优越。

除此之外,货物方面还应考虑流量、流向的稳定程度,因为也关系到是否适宜采用专业化装卸搬运设备。

7.1.3 起重堆垛装备概述

1. 起重堆垛装备基本概念

起重机械:以间歇、重复工作方式,通过起重吊钩或其他吊具起升、下降,或升降与运移重物的机械设备(如轻小起重设备、起重机、升降机)。

堆垛起重机:通常采用货叉作为取物装置,在仓库或车间堆取成件物品的起重机。

2. 起重堆垛装备的作用

起重堆垛装备在现代企业得到了广泛的应用,在物流企业运作中更是必不可少的作业装备。它应用于港口、仓储、场站等各种工作环境,是实现物流作业机械化、自动化的基础设备,同时也减轻了物流工作人员的劳动强度,改善了工作环境,极大地提高了运输工具的周转速度和物流作业效率。

3. 起重机械的工作过程

起重机械用吊钩或其他取物装置吊挂重物,在空间进行升降与运移等循环性作业,虽然不同种类的构造和工作原理互有差别,但工作过程基本相同,通常都采用间歇式作业方式。一个完整的作业循环包括吊挂(或抓取)货物,提升后进行一个或数个动作的运移,将货物放到卸载地点后卸载,然后返程做下一次动作准备。以吊钩起重机为例,它的工作程序一般为空钩下降至装货点,挂重钩,吊货起升、变幅、吊货下降、稳钩、摘重钩、空钩起升、反回转、变幅、空钩下降至装货点,进入下一个循环。起重机工作循环如图7-1所示。

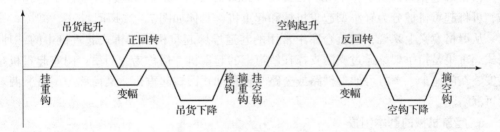

图7-1 起重机工作循环过程

起重机在作业过程中经常处于反复起动、制动的状态,而稳定运动的时间相对于其他机械而言则较为短暂。起重机以装卸为主要功能,水平搬运距离一般很短。大部分起重机械机体移动困难,因而通用性不强,如港口、车站、仓库、物流中心等处的固定设备。同时起重机的作业方式是从货物上部起吊,因而作业需要的空间高度较大。

4. 起重堆垛装备工作的特点

(1) 通常具有庞大的承载金属结构和比较复杂的机构,能完成一个起升运动、一个或几个水平运动。

（2）作业具有间歇重复的特点。

（3）稳定运动时间短，各个机构工作中经常处于反复启动、制动以及正向、反向相互交替的状态。

（4）以装卸为主要功能，搬运功能一般不强，搬运距离较短。

（5）通常是港口、车站、物流中心等场所的固定设备，这是由于它的机体一般不易搬动所决定的。

（6）所吊运的重物是多种多样的，载荷也是变化的。

（7）大多数起重设备，需要在较大的范围内运行，有的要装设轨道和车轮。

（8）有些起重设备，需要直接载运人员并在导轨、平台或钢丝绳上做升降运动（如电梯、升降平台等），其可靠性直接影响人身安全。

（9）暴露的、活动的零部件较多，且常与吊运作业人员直接接触（如吊钩、钢丝绳等），潜在许多偶发的危险因素。

（10）工作环境复杂，常常需要多人配合，共同协作，完成一项作业。因此，要求指挥、捆扎、驾驶等作业人员配合熟练、动作协调、互相照应，作业人员应有处理现场紧急情况的能力。

5. 起重机械的分类

起重机械的种类很多，按起重机械用途分类，起重机械可以分为通用吊钩起重机、堆垛起重机、装卸起重机、专用起重机、多用途起重机、其他用途起重机等；按起重机械使用场合分类，起重机械可分为港口起重机、船上起重机、货场起重机、仓库起重机、随车起重机、车间起重机、建筑起重机、其他场合起重机等；按移动方式分类，起重机械可分为固定式起重机（如桅杆起重机、缆索起重机、固定塔式起重机等）、爬升式起重机（如拖运塔式起重机等）、拖行式起重机（如汽车起重机、轮胎起重机、履带式起重机、桥式起重机、龙门起重机等）等。

根据《起重机械分类》（GB/T 20776—2006），结合物流作业过程中常用的起重机械，可将起重机械分为轻小型起重机械和起重机，具体如图7-2所示。

从严格意义上来说，物流仓库中常用的巷道堆垛起重机属于桥式起重机中的一种。门式起重机是指桥架梁通过支腿支撑在轨道上的起重机，俗称为龙门吊；门座起重机是指安装在门座上，下方可通过铁路或公路车辆移动式回转起重机，又简称为门机，两者不可混淆。

6. 起重机械的基本组成

虽然起重机械的种类繁多，适用场合和装备的种类都有很大的差别，但是起重机械的组成结构具有共同的特点：一般都由驱动装置、工作机构、取物装置、操纵控制系统和金属结构组成（图7-3），但轻小型起重机械和一些固定式起重机的结构则更为简单。起重机械通过对控制系统的操纵，驱动装置将动力能量输入，先转变为机械能（适宜的力或运动速度），再传递给取物装置。取物装置将被搬运物料与起重机联系起来，通过工作机构单独或组合运动，完成物料搬运任务。可移动的金属结构将各组成部分连接成一个整体，并承载起重机的自重和吊重。

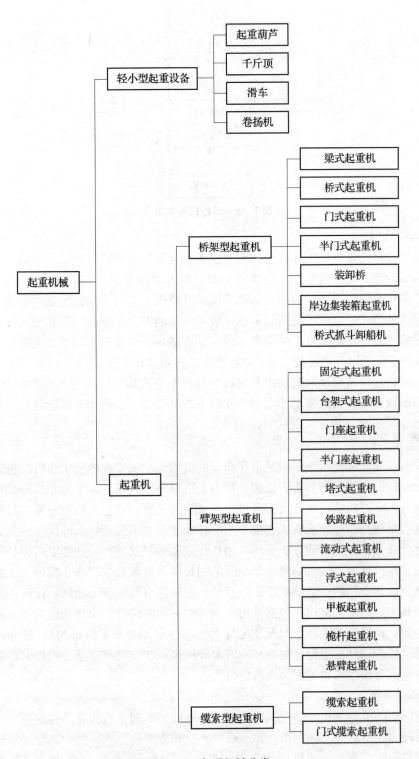

图 7-2 起重机械分类

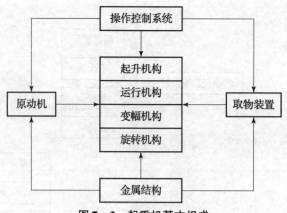

图 7-3 起重机基本组成

1) 驱动装置

驱动装置是用来驱动工作机构的动力设备。常见的驱动装置有电力驱动、内燃机驱动和人力驱动等。电能是清洁、经济的能源,电力驱动是现代起重机的主要驱动方式,几乎所有的在有限范围内运行的有轨起重机、升降机、电梯等都采用电力驱动,而一些大型起重机如桥式起重机,龙门起重机一般采用柴油发动机驱动。随着现代公众、政府对于公司的社会责任的要求不断提高,特别是在减少废气排放,降低能耗等方面,促使越来越多的企业采用"油改电"技术对传统燃油驱动的起重机进行改造,取得很大成效。

对于可以远距离移动的流动式起重机(如汽车起重机、轮胎起重机和履带起重机)多采用内燃机驱动。人力驱动适用于一些轻小起重设备,也用作某些设备的辅助、备用驱动和意外(或事故状态)的临时动力。

2) 工作机构

起重机械地升降及运移货物是依靠相应的机构运动来实现的。工作机构包括起升机构、运行机构、变幅机构和旋转机构,称为起重机的四大机构。①起升机构是用来实现物料的垂直升降的机构,是任何起重机不可缺少的部分,是起重机最主要、最基本的机构。②运行机构是通过起重机或起重小车运行来实现水平搬运物料的机构,有无轨运行和有轨运行之分,按其驱动方式不同分为自行式和牵引式两种。③变幅机构是臂架起重机特有的工作机构。变幅机构通过改变臂架的长度和仰角来改变作业幅度。④旋转机构是使臂架绕着起重机的垂直轴线作回转运动,在环形空间运移动物料。任何一种起重机械,无论其形式如何,机构部分都是由作为基本机构的起升机构与其他三个机构的不同组合。例如:桥式起重机具有起升和运行机构(小车、大车运行机构);轮胎起重机和门座起重机具有起升、运行、变幅和回转四大机构。起重机通过某一机构的单独运动或多机构的组合运动,来达到搬运物料的目的。

3) 取物装置

起重机械的取物装置通常根据物料的形态不同而不同,通常有吊钩、抓斗、电磁吸盘、集装箱专用吊具等,采用吊、抓、吸、夹、托或其他方式,将物料与起重机联系起来进行物料吊运。例如:成件的物品常用吊钩、吊环;散料(如粮食、矿石等)常用抓斗、料斗;液体物料使用盛筒、料罐等;针对特殊物料的特种吊具,如吊运长形物料的起重横梁,吊运导磁性物料的起重电磁吸盘,专门为冶金等部门使用的旋转吊钩;螺旋卸料和斗轮卸料等取物装置，以及集装箱专用吊具等（图7-4～图7-11）。合适的取物装置可以减轻作业人员的劳动强度，大大提高工作效率。防止吊物坠落，保证作业人员的安全和吊物不受损伤是对取物装置安全的基本要求。

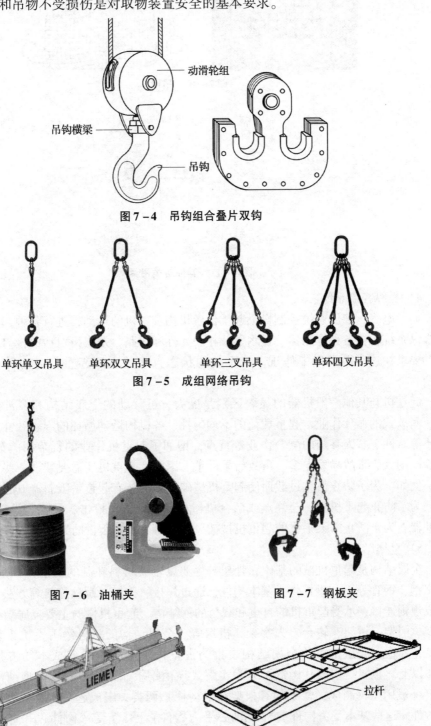

图7-4 吊钩组合叠片双钩

单环单叉吊具　单环双叉吊具　单环三叉吊具　单环四叉吊具

图7-5 成组网络吊钩

图7-6 油桶夹　　图7-7 钢板夹

图7-8 伸缩式集装箱吊具　　图7-9 固定式集装箱吊具

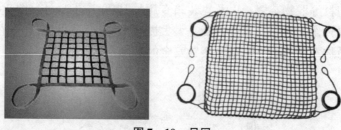

图 7-10 吊网

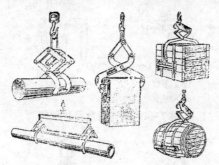

图 7-11 其他各类吊具

4) 操纵控制系统

通过电气、液压系统控制操纵起重机各机构及整机的运动,进行各种起重作业。控制操纵系统包括各种操纵器、显示器及相关元件和线路,是人机对话的接口。安全人机学的要求在这里得到集中体现。该系统的状态直接关系到起重作业的质量、效率和安全。

起重机与其他一般机器的显著区别是庞大、可移动的金属结构和多机构的组合工作。间歇式的循环作业、起重载荷的不均匀性、各机构运动循环的不一致性、机构负载的不等时性、多人参与的配合作业等特点,增加了起重机作业的复杂性,安全隐患多、危险范围大、事故易发点多、事故后果严重。因此,起重机还需要装设一些安全保护装置。例如:为了防止吊重过载而使起重机械破坏,需装有起重量限制器或起重力矩限制器;为了防止起重机械行至终点或两台机械相碰发生剧烈撞击,需要装设行程限位器、缓冲器;为了防止露天工作的起重机械被风吹动滑行,需装设防风抗滑装置等。

5) 金属结构

金属结构是起重机械的基体和骨架,主要以金属材料轧制的型钢(如角钢、槽钢、工字钢、钢管等)和钢板作为基本构件,通过焊接、铆接、螺栓连接等方法,按一定的组成规则连接,承受起重机的自重和载荷的钢结构。起重机械的主要金属结构形态分为臂架、门架、桥架、转台、人字架、机房等。金属结构的重量约占整机重量的40%~70%,如重型起重机可达金属结构重量约占整机重量的90%,成本约占整机成本的30%以上。金属结构按其构造可分为实腹式(由钢板制成,也称为箱型结构)和格构式(一般用型钢制成,常见的有桁架和格构柱)两类,组成起重机金属结构的基本受力构件。这些基本受力构件有柱(轴心受力构件)、梁(受弯构件)和臂架(压弯构件),各种构件的不同组合形成功能各异的起重机。受力复杂、自重大、耗材多和整体可移动性是起重机金属结构的工作特点。

金属结构是起重机械的基体和骨架,主要用来布置和安装起重机械的驱动装置和机构部分,并承受各种载荷并将这些载荷传递给起重机械的支承基础。

起重机的金属结构是起重机的重要组成部分,是整台起重机的骨架,将起重机的机械、电气设备连接组合成一个有机的整体,承受和传递作用在起重机上的各种载荷并形成一定的作业空间,以便使起吊的重物顺利搬运到指定地点。金属结构的垮塌破坏会给起重机带来极其严重,甚至灾难性的后果。

7.2 轻小型起重机械

轻小型起重机械主要包括起重葫芦、千斤顶、起重滑车和卷扬机四种。

7.2.1 起重葫芦

起重葫芦是一种不需要底部铺垫固定,且可将重物升到空中任何一个需要的位置上的一种小型起重工具,具有使用携带方便、结构紧凑、手拉力小等特点。它适用于小型设备和货物的短距离吊运,起重量一般不超过10t。

起重葫芦选用时考虑的主要因素有起重量、工作级别、起升高度、起升速度、运行速度。一般有以下类型:手拉葫芦、手扳葫芦和电动葫芦。

1. 手拉葫芦

手拉葫芦是由人力拉动手拉链条,通过链轮、齿轮带动起重链条而升、降重物。手拉链条和起重链条多半采用圆环链。手拉葫芦带有棘轮、棘爪,以阻止重物自由下落。起重量一般为0.5~30t,起升高度通常为2.5~3m,也可以更大。它可与手动单轨小车配套组成起重小车,用于手动梁式起重机或者架空单轨输送系统。手拉葫芦适合于工厂、矿山、建筑工地、农业生产以及码头、船坞、仓库等用作安装机器、起吊货物和装卸车辆,尤其对于露天及无电源作业安装机器、起吊货物和装卸车辆,选用时考虑的主要因素有起重量、起升高度、两钩间的最小距离、主要尺寸、重量等,如图7-12所示。

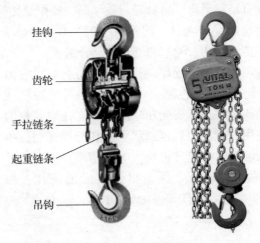

图7-12 手拉葫芦

2. 手扳葫芦

手扳葫芦是由人力通过手柄扳动钢丝绳或链条等运动机构来带动取物装置运动的起重葫芦，可分为环链式和钢丝绳式两种。环链式手扳葫芦靠扳动手柄，通过传动机构带动起重链条升降重物。手扳葫芦齿轮和棘轮棘爪等的结构与手拉葫芦的基本相同，起重量一般不超过3t，起升高度通常为1.5m。人在地面上即可直接扳动手柄，操纵重物的升降。空载时吊钩能快速下降以缩短返程时间。钢丝绳式手扳葫芦靠扳动手柄使钢丝绳移动而升降或牵引重物。有甲、乙两个夹钳，往复扳动手柄时，夹钳甲夹紧钢丝绳往后运动，同时松开的夹钳乙往前运动。夹钳甲松绳往前，夹钳乙夹绳往后，如此交替动作，使钢丝绳牵引的重物随之向操纵者移动或提升。若扳动换向手柄到反向位，再扳动手柄，则夹钳的动作相反，使重物反向沿斜面退去或垂直下降。其起重量或牵引能力一般在3t以下。上述两种手扳葫芦还能斜向和水平牵引重物。

手扳葫芦广泛应用于造船、电力、运输、建筑、矿山等领域的设备安装，物品起吊，机件牵引等，尤其在狭小的工作场所、野外作业时具有独特的优越性。选用手板葫芦时，主要考虑以下几个因素：起重量、起升高度、两钩间的最小距离、满载时的手扳力、重量、手柄长度等，如图7-13所示。

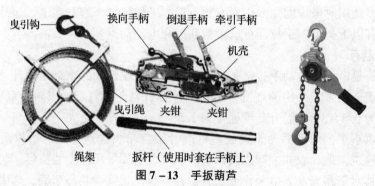

图7-13 手扳葫芦

3. 电动葫芦

电动葫芦又称为电葫芦，由电动机、传动机构和卷筒或链轮组成。电动机为动力源，钢丝绳为承载，具有结构紧凑、自身轻、效率高、操作简便等特点。电动葫芦分为钢丝绳电动葫芦和环链电动葫芦两种，起重量一般为0.1~80t，起升高度为3~30m。电动葫芦一般由电机、传动机构、卷筒和链轮等部分组成。

多数电动葫芦由人用按钮在地面跟随操纵，也可在司机室内操纵或采用有线（无线）远距离控制。电动葫芦除可单独使用外，还可同手动、链动或电动小车装配在一起、悬挂在建筑物的顶棚或起重机的梁上使用，可结合悬挂式起重机和配备在运行小车作为各类梁式、桥式起重机的起升机构。电动葫芦在工厂、矿山、铁路、码头、仓库、货场等场所中得到广泛的应用，如图7-14所示。

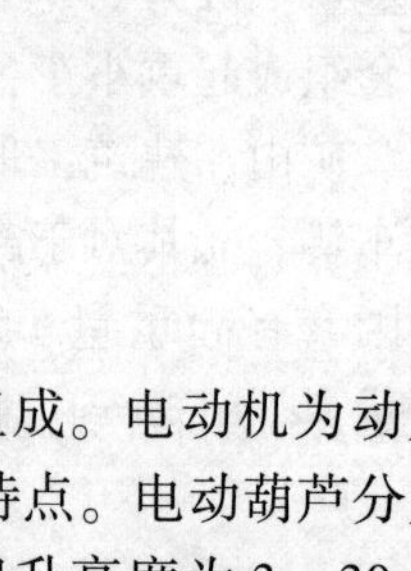

图7-14 电动葫芦

7.2.2 千斤顶

千斤顶是一种利用刚性承重件顶举或提升重物的起重机械。它靠很小的外力，能顶高很重的重物，又可校正设备安装的偏差和构件的变形等。千斤顶的起重高度小，一般为 100~400mm，最大起重量可达 500t，自重大约 10~500kg，是最简单的起重机械，主要用于电力、建筑、矿山、造船等多种行业设备安装及拆卸等作业。

千斤顶按结构特征可分为齿条千斤顶、螺旋（机械）千斤顶和液压（油压）千斤顶三种。

1. 齿条千斤顶

齿条千斤顶又称为齿条顶升器，采用齿条作为刚性顶举件的千斤顶，如图 7-15 所示。齿条式千斤顶由齿条、齿轮、手柄等组成，在承载齿条的上方有一转动头，用来放置被举升的载荷。使用时，只要摇动手柄，齿便带动齿条上升或下降，实现重物的上升或下降。起重量一般不超过 20t，可长期支持重物，主要用在作业条件不方便的地方或需要利用下部的托爪提升重物的场合，如铁路起轨作业。

图 7-15 齿条千斤顶

2. 螺旋千斤顶

螺旋千斤顶由人力通过螺旋副传动，螺杆或螺母套筒作为顶举件。普通螺旋千斤顶靠螺纹自锁作用支持重物，构造简单，但传动效率低、返程慢，如图 7-16 所示。自降螺旋千斤顶的螺纹无自锁作用，但装有制动器。放松制动器，重物可自行快速下降，缩短返程时间，但这种千斤顶构造较复杂。螺旋千斤顶能长期支持重物，最大起重量已达 100t，应用较广。下部装上水平螺杆后，还能使重物做小距离横移，如图 7-17 所示。

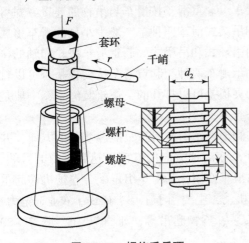

图 7-16 螺旋千斤顶

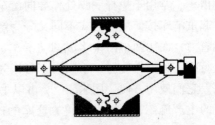

图 7-17 小型汽车使用的螺旋千斤顶

3. 液压千斤顶

液压千斤顶利用帕斯卡定律（Pascal's law），即液体各处的压强是一致的，在平衡的系统中，比较小的活塞上面施加的压力比较小，而大的活塞上施加的压力也比较大，这样能够保持液体的静止。所以通过液体的传递，可以得到不同端上的不同的压力，就可以达到一个变换的目的。液压千斤顶由人力或电力驱动液压泵，通过液压系统传动，用缸体或活塞作为顶举件。液压千斤顶可分为整体式和分离式。整体式的泵与液压缸连成一体；分离式的泵与液压缸分离，中间用高压软管相连。液压千斤顶结构紧凑，能平稳顶升重物，起重量最大达1000t，行程1m，传动效率较高，故应用较广，但易漏油，不宜长期支撑重物，如图7-18所示。

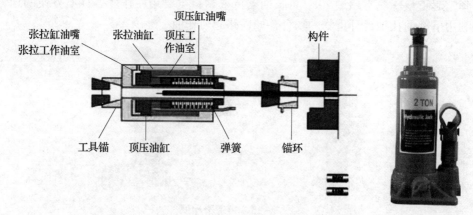

图7-18 液压千斤顶

7.2.3 起重滑车

起重滑车是一种重要的吊装工具，起重滑车结构简单、使用方便，能够多次改变滑车与滑车组牵引钢索的方向和起吊或移动运转物体，特别是由滑车联合组成的滑车组，配合卷扬机，桅杆或其他起重机械。起重滑车广泛应用在建筑安装作业中。起重滑车按轮数的多少分为单门滑车、双门滑车和多门滑车。起重滑车按滑车与吊物的连接方式可分为吊钩式滑车、链环式滑车、吊环式滑车和吊架式滑车四种。一般中小型的滑车多属于吊钩式、链式和吊环式，而大型滑车采用吊环式和吊梁式。起重滑车按轮和轴的接触不同可分为轮轴间装滑动轴承滑车及滚动轴承滑车两种。起重滑车按夹板是否可以打开来分，有开口滑车和闭口滑车。开口滑车的夹板是可以打开的，便于装绳索，一般是单门滑车，常用于扒杆底脚处作导向滑车用。

起重滑车按使用的方式不同又分为定滑车和动滑车。定滑车只能改变力的方向，并不能省力；而用两个滑车组成的动滑车可以在改变离地方向的基础上达到省力的目的。在进行起重运输作业时，单门滑车可作为导向滑车使用；动滑车组可配合卷扬机作起重之用。它们使用方便，用途广泛，可以手动或机动，主要用于工厂、矿山、农业、电力、建筑的生产施工、码头、船坞、仓库的机器安装、货物起吊等，如图7-19、图7-20所示。

第 7 章 物流起重堆垛装备

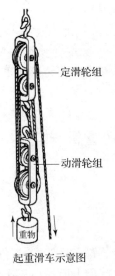

图 7-19 起重滑车示意图

图 7-20 定滑车

7.2.4 卷扬机

卷扬机由人力或机械动力驱动卷筒、卷绕绳索来完成牵引工作的装置。可以进行垂直提升、水平或倾斜曳引重物的简单起重机械，分手动和电动两种。电动卷扬机由电动机、联轴节、制动器、齿轮箱和卷筒组成，共同安装在机架上。电动机为动力来源，经弹性联轴节，三级封闭式齿轮减速箱，压嵌式联轴节驱动卷筒，采用电磁制动，结构如图 7-21 所示。卷扬机把电能经过电动机 1 转换为机械能，即电动机的转子转动输出，经三角带 2、轴 3、齿轮 4、5 减速后再带动卷筒 6 旋转。卷筒卷绕钢丝绳 7 并通过滑轮组 8、9，使起重机吊钩 10 提升或落下载荷，把机械能转变为机械功，完成载荷的垂直运输装卸工作。在起升高度和装卸量大、工作繁忙的情况下，要求调速性能好，特别是空钩时能快速下降。对于进行定位安装的物料，要以微动速度下降。

1—电动机；2—三角皮带；3—传动轴；4、5—齿轮；6—卷筒；7—钢丝绳；8—定滑轮；
9—动滑轮；10—起重机吊钩；11—制动器；12、13—轴承。

图 7-21 卷扬机

根据不同的分类方式，卷扬机可分为电动卷扬机、手动卷扬机、建筑卷扬机、变频卷扬机、调速卷扬机、非标卷扬机等，还可以分为快速卷扬机和慢速卷扬机。

卷扬机的特点是通用性高、结构紧凑、体积小、重量轻、起重大、使用转移方便，广泛应用于物流仓储、码头等的物料升降或平拖，在岸边集装箱起重机、桥式起重机等大型起重机械的内部结构中都能见到卷扬机。

7.3 三大类型起重机

7.3.1 桥架型起重机

1. 梁式起重机

梁式起重机是指起重小车在桥梁上运行的起重装置。桥架主梁是由工字钢或其他型钢和板钢组成的简单截面梁，用手动葫芦或电动葫芦配上简易小车作为起重小车，小车一般在工字梁的下翼缘上运行。梁式起重机有桥架支承式和悬挂式两种，前者桥架沿车梁上的起重机轨道运行，后者的桥架沿悬挂在厂房屋架下的起重机轨道运行。

图 7-22 梁式起重机

2. 桥式起重机

桥式起重机是横架于车间、仓库和料场上空进行物料吊运的起重机械，又称为天车，如图 7-23 所示。它的两端坐落在高大的水泥柱或者金属支架上，形状似桥。桥式起重机的桥架沿铺设在两侧高架上的轨道纵向运行，起重小车沿铺设在桥架上的轨道横向运行，构成一矩形的工作范围，就可以充分利用桥架下面的空间吊运物料，不受地面设备的阻碍。它是使用范围最广、数量最多的一种起重机械，在室内外工厂企业、铁路交通、港口码头及仓储物流等场所均得到广泛的运用。

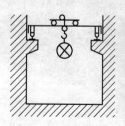 

图 7-23 桥式起重机

桥式起重机可分为普通桥式起重机、简易梁桥式起重机和冶金专用桥式起重机三种。普通桥式起重机一般由起重小车、桥架运行机构、桥架金属结构组成。起重小车由起升机构、小车运行机构和小车架三部分组成。主梁上焊有轨道，供起重小车运行。这种起重机广泛用在室内外仓库、厂房、码头和露天堆场等处。

3. 门式起重机

门式起重机是水平桥架设置在两条支腿上构成门架形状的一种桥架型起重机。这种起重机在地面轨道上运行，主要用在露天贮料场、船坞、电站、港口和铁路货站等进行搬运和安装作业。龙门起重机的起升机构、小车运行机构和桥架结构，与桥式起重机基本相同。随着集装箱运输的快速发展，目前在港口堆场中集装箱门式起重机已经得到普遍使用，目前"堆四过五"式的龙门吊使用较多，表示使用此种机械的堆场可以最高堆存四层集装箱，最上面的空间可供一个集装箱水平搬运，也有"堆五过六"或更大堆存高度的集装箱龙门吊，如图 7-24 所示。

图 7-24　门式起重机

4. 半门式起重机

半门式起重机与门式起重机类似，所不同之处在于半门式起重机桥架一端有支腿，另一端无支腿，直接在高台架上运行，如图 7-25、图 7-26 所示。

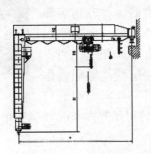
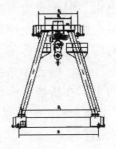

图 7-25　半门式起重机结构图

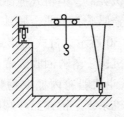

图 7-26　半门式起重机

5. 装卸桥

装卸桥用于露天贮料场、港口和铁路货站等处，如图7-27所示。装卸桥常用的取物装置有抓斗或配置皮带机。运载桥与大型门式起重机的结构相似。它的特点：①搬运对象主要是大批量的散状物料；②跨度大，一般在30m以上，有的达170m；③作业频繁，生产率高，一般为500~1500t/h，工作速度高，起升速度为60~70m/min，小车运行速度为100~350m/min，工作级别较高；④运载桥的运行机构只用以调整工作位置，是非工作性机构。当跨度较大时，运载桥的桥架支承在一条刚性支腿和一条柔性支腿上。桥架与两条支腿可采用螺栓连接；与柔性支腿的连接也可通过球铰或柱铰，使柔性支腿可相对于桥架有一定范围的偏斜。桥架由桁架梁组成，起重小车在它的上弦杆或下弦杆的轨道上运行。有的小车有回转臂架，相当于一台在桥架上运行的臂架型起重机。

图7-27 装卸桥

6. 岸边集装箱起重机

岸边集装箱起重机又称为集装箱装卸桥、岸边吊，如图7-28所示。其原属于装卸桥的一种，由于现在在集装箱港口的使用越来越普遍，在大型集装箱专业码头中逐渐取代了以往的门座式起重机，因此成为重要的一种专用装卸桥。岸边集装箱起重机两侧一般都是刚性支腿，形成坚固的门架，桥架支承在与门架连成一体的上部构架上，两支腿之间的跨距一般超过16m，保证3条接运线能够顺畅作业，带有集装箱吊具的小车在桥架上运行，伸向海面的长

图7-28 装卸桥

悬臂通常是可俯仰的。非作业状态时，悬臂可吊起在80°~85°仰角处，使岸边吊让过船舶上的最高点；作业时悬臂放平。

7. 桥式抓斗卸船机

桥式抓斗卸船机的结构与岸边集装箱起重机类似，但桥式抓斗卸船机采用抓斗进行卸船，通常适用于干散货，包括煤炭、谷物、金属矿石及非金属矿石，因此一般结合皮带机或夹皮带机联合使用，如图7-29、图7-30所示。桥式抓斗卸船机由起升机构/开闭机构、小车牵引机构、俯仰机构、大车行走机构、落料回收装置、臂架挂钩与金属结构、电气与控制系统设备等构成。作业时，抓斗从船舱内抓取物料提升至料斗上方放料，物料经振动给料器送至下方码头带式输送机系统。桥式抓斗卸船机使用历史长，故障率较低、维修方便，但与连续卸船机相比，通常认为不利于环境的保护。

图 7-29 桥式抓斗卸船机

图 7-30 桥式抓斗卸船机

7.3.2 臂架型起重机

臂架型起重机通过外伸的长臂架，可将重物搬运到离机座较远的地方，主要用于车、船的装卸作业。臂架型起重机的种类比较多，根据结构不同分为固定式起重机、台架式起重机、门座起重机、半门座起重机、塔式起重机、铁路起重机、流动式起重机、浮式起重机、甲板起重机、桅杆起重机、悬臂起重机。

臂架有可俯仰的倾斜式和不可俯仰的水平式两种。水平式臂架一般是固定臂架起重机特有的，而普通的臂架都是倾斜式臂架。这种起重机的结构都有一个悬伸、可旋转的臂架作为主要的受力构件，除了起升机构外，通常还有旋转机构和变幅机构，通过起升机构、变幅机构、旋转机构和运行机构等四大机构的组合运动，可以实现在圆形或长圆形空间的装卸作业。臂架式起重机还可装在车辆或其他运输工具上，构成各种运行臂架式起重机。倾斜式臂架起重机的起重能力，以臂架最小幅度时的额定起重重量和额定起重力矩来表示。幅度是吊具离起重机回转中心线的水平距离，起重力矩是起吊物品的重力与幅度的乘积，因此对于倾斜臂架起重机，需了解额定起重量，随着工作幅度变化而发生改变。

在物流作业过程中，使用最多的一般是门座式起重机和流动式起重机。

1. 固定式起重机

固定式起重机是固定在基础或支承基座上，只能原地工作的起重机，如图 7-31 所示。

2. 台架式起重机

台架式起重机通常在港口中使用，其基座下净空高度较低，一般不可通行车辆，如图 7-32 所示。

图 7-31　固定式起重机　　　　　图 7-32　台架式起重机

3. 门座起重机

门座起重机简称为门机，最早由台架式起重机发展而来，在件杂货、散货码头中使用广泛。门机是可转动的起重装置装在门形座架上的一种臂架型起重机，如图 7-33 所示。门形座架的 4 条腿构成 4 个"门洞"，可供铁路车辆和其他车辆通过。门座起重机大多沿地面或建筑物上的起重机轨道运行，进行起重装卸作业。物流操作过程中门机一般用于港口和露天堆料场，用抓斗或吊钩装卸。其起重量一般不超过 25t，不随幅度变化；工作速度较高，故生产率常是重要指标。

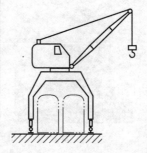 

图 7-33　门座起重机

门座起重机有起升、回转、变幅和运行机构，前三种机构装在转动部分上，每一周期内都参加作业。转动部分上还装有可俯仰的倾斜单臂架或组合臂架及司机室。运行机构装在门座下部，以调整起重机的工作位置带斗门座起重机。门座起重机装有伸缩漏斗、带式输送机等附加设备，以提高用抓斗装卸散状物料时的生产率。除电气保护装置外，门座起重机还装有起重量或起重力矩限制器、起重机夹轨器等安全装置。图 7-34 为门座起重机结构示意图。

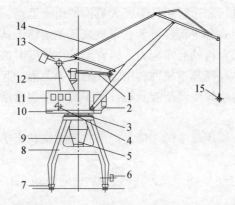

1—变幅机构；2—司机室；3—回转机构；4—起升机构；5—电气系统；6—电缆卷筒；7—运行机构；8—门架；9—转柱；10—转盘；11—机房；12—人字架；13—平衡系统；14—起重臂系统；15—吊钩。

图 7-34　门座起重机结构示意图

1）起升机构

起升机构是起重机必不可少的工作机构，必须依靠起升机构进行升降货物。起升机构主要由驱动装置、传动装置、卷绕系统、取物装置、制动装置和辅助装置组成。

2）变幅机构

变幅机构是用来实现臂架俯仰，以改变工作幅度的机构。它主要有两个方面的作用：一是在满足起重机工作稳定性的条件下改变幅度，以调整起重机有效起重量或调整取物装置工作位置；二是在起重量的最大幅度与最小幅度之间运移货物，以扩大起重机的作业范围。门座起重机大多采用水平变幅系统，一般通过变幅过程中自动收放相应起升绳，以补偿臂架升降造成的吊具垂直位移。此外，采用组合臂架，依靠组合臂架的机构特性保证臂端在变幅过程中接近水平移动。组合臂架补偿是目前采用最多的变幅方式。

3）旋转机构

旋转机构是用来支承旋转部分重量，并驱使旋转部分相对于不旋转部分做旋转运动的工作机构。它的作用是使被起吊的货物围绕起重机的旋转中心做旋转运动，以达到在水平面内运移货物的目的。它只有与其他机构配合作业，才能将货物运送到起重机工作空间范围内的任何地方。

4）运行机构

在装卸作业中，往往要求起重机能够调整工作位置，改变工作地点，以扩大作业范围，提高装卸效率。运行机构的任务是使起重机做水平运动，按照结构特点分为无轨运行机构和有轨运行机构两种。

带斗门座起重机装有伸缩漏斗、带式输送机等附加设备，以提高门座起重机用抓斗装卸散状物料时的生产率。除电气保护装置外，还装有起重量或起重力矩限制器、起重机夹轨器等安全装置。

4. 半门座起重机

半门座起重机属于门座起重机的特殊类型，门座呈"Γ"形的起重机称为半门座起重机，运行轨道的一侧设在地面上，另一侧设在高于地面的建筑物上，如图 7-35 所示。

5. 塔式起重机

塔式起重机是指机身为一个塔架、可自装和具有一个可回转的长臂架的臂架型起重机，如图 7-36 所示。臂架装在

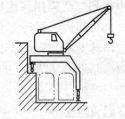

图 7-35 半门座起重机

高耸塔架的上部，特别适宜在建造高的建筑物时进行吊运作业，主要用吊钩吊运重物。塔式起重机按工作方式可分为固定式、运行式和自升式。固定式塔式起重机较多采用水平臂架上的牵引小车进行变幅，主要在靠近平面尺寸较小的高建筑物处工作。运行式塔式起重机可沿地面或建筑物上的轨道运行，要求有较好的转弯性能，以便靠拢外形曲折的高建筑物。自升塔式起重机用于建造特高建筑物。

6. 铁路起重机

铁路起重机是指将起重作业部分安装在列车底盘上的起重机，一般适用于铁路机车车辆颠覆和脱轨事故救援、重大货物装卸、建筑构件与设备安装，如图 7-37 所示。

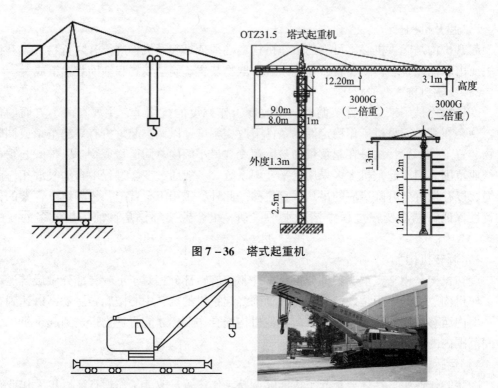

图 7-36 塔式起重机

图 7-37 铁路起重机

7. 流动式起重机

流动式起重机属于旋转臂架式起重机，由于靠自身的动力系统驱动，也称为自行式起重机。流动式起重机可以长距离行驶，灵活转换作业场地，机动性好的起重运输装备，因此在物流业中得到广泛应用。流动式起重机一般由上车和下车两部分组成，回转支承以上的部分可以回转称为上车，回转支承以下的部分称为下车。流动式起重机包括汽车起重机（图7-38）、轮胎起重机（图7-39）、履带起重机（图7-40）、全地面起重机（图7-41）、随车起重运输车（图7-42）、集装箱跨运车（图7-43、图7-44）、集装箱正面吊运起重机（图7-45）等类型。

图 7-38 汽车起重机

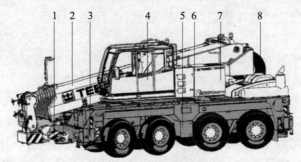

1—吊钩；2—吊臂；3—支腿；4—驾驶室；5—液压油箱；6—车架；7—回转机构；8—配重。

图 7-39 轮胎起重机

图7-40 履带起重机

图7-41 全地面起重机

图7-42 随车起重机

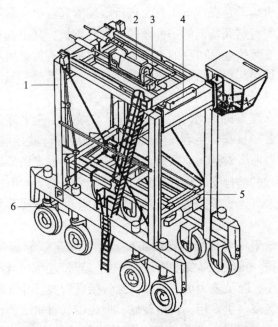

1—车架；2—动力及传动系统；3—液压系统；4—电控系统；
5—吊具与升降系统；6—转向、行驶和制动系统。

图7-43 集装箱跨运车结构示意图

图7-44 集装箱跨运车　　　　图7-45 集装箱正面吊运起重机

1）汽车起重机

汽车起重机是装在普通汽车底盘或特制汽车底盘上的一种起重机，行驶驾驶室与起重操纵室分开设置。这种起重机的优点是机动性好，转移迅速；缺点是工作时须支腿，不能负荷行驶，也不适合在松软或泥泞的场地上工作。

汽车起重机的底盘性能等同于同样整车总重的载重汽车，符合公路车辆的技术要求，因而可在各类公路上通行无阻。此种起重机一般备有上、下车两个操纵室，作业时必须伸出支腿保持稳定。起重量的范围很大，可从 8~1000t；底盘的车轴数，可从 2~10 根。汽车起重机是产量最大、使用最广泛的起重机类型。

2）轮胎式汽车起重机

轮胎式汽车起重机通常是在汽车底盘上进行改装的起重机，是把起重机构安装在加重型轮胎和轮轴组成的特制底盘上的一种全回转式起重机，其上部构造与履带式起重机基本相同。为了保证安装作业时机身的稳定性，起重机设有四个可伸缩的支腿。在平坦地面上可不用支腿进行小起重量吊装及吊物低速行驶。吊重时一般需放下支腿，增大支承面并将机身调平，以保证起重机的稳定。

轮胎起重机与汽车起重机相比，区别有如下：①底盘：前者用汽车底盘，后者用专用底盘。②车身：前者车身长，后者车身短；前者较后者行驶性能好；前者轮距较窄，后者轮距较宽；后者较前者对路面要求高。③支腿：由于底盘的原因，汽车式的前排支腿在车身中部，轮胎式的前排支腿靠近车头。④驾驶室：前者只有一个驾驶室，行驶和操作在一起；后者分上下车，下车是行驶驾驶室，上车是起重操作驾驶室。

3）履带起重机

履带起重机是将起重作业部分装在履带底盘上，行走依靠履带装置的流动式起重机，可以进行物料起重、运输、装卸和安装等作业。履带起重机具有起重能力较强、接地比压小、转弯半径小、爬坡能力大、不需支腿、带载行驶、作业稳定性好以及桁架组合高度可自由更换，实现一机多用、价格较低。但履带起重机不能在公路上行驶，运输比较麻烦，到达工作地点后是需要组装后才能使用的。其在港口堆场等固定场所使用较多。

4）全地面起重机

全地面起重机是一种兼有汽车起重机和越野起重机特点的高性能产品。全地面汽车起重机的底盘是专门为起重机研制的越野底盘，可以全桥转向，吨位通常达到数百吨。它既能像汽车起重机一样快速转移、长距离行驶，又可满足在狭小和崎岖不平或泥泞场地上作业的要求，即行驶速度快、多桥驱动、全轮转向、三种转向方式、离地间隙大、爬坡能力高，可不用支腿吊重等功能但价格较高，对使用和维护水平要求较高。

5）随车起重机

随车起重机是指安装在汽车底盘上，在一定范围内垂直提升和水平搬运重物的多动作起重机械，又称为随车吊，属于物料搬运机械。

6）集装箱跨运车

集装箱跨运车是一种在集装箱码头前沿和库场之间搬运及堆码集装箱的专用装卸机械，简称为"跨运车"，主要由门形车架结构、集装箱吊具与升降系统、动力及传动系统、转向和行驶系统、制动和液压系统、电控系统等构成。集装箱跨运车按功能及高度主要分为堆垛型跨运车和运输型跨运车。堆垛型跨运车主要用于水平运输和堆码垛作业，车架结构较为高大，可堆2~4层集装箱。运输型跨运车主要用于码头与堆场间的水平运输作业，无堆码功能或只能堆1层集装箱。

7）集装箱正面吊运机

集装箱正面吊运机，常简称为正面吊，是一种在一定范围内垂直起升和水平移动集装箱，用以完成20ft[①]、40ft[②]或45ft[③]标准集装箱装卸、堆码和水平运输作业的集装箱装卸搬运机械。其具有作业效率高、整机能带载行驶、工作平稳可靠、安全保护功能强、驾驶舒适、操作简便等优点，是一种比较理想的货场装卸搬运装备。适用于港口码头集装箱堆场、集装箱货场中转站、铁路场站货运集散点的集装箱快速装卸及堆垛。

8. 浮式起重机

起重装置装在专用浮船上的臂架型起重机，又称为起重船。广泛用于港口、造船厂和水上作业现场，进行物料装卸、设备吊装和水上救险等工作。浮船常采用外形近似于长方六面体的平底船，以增大浮游起重机抵抗横倾的能力，有自航和非自航两种。自航浮船备有动力装置、推进器、舵等，可在水上独立航行；若采用桨翼竖装的平旋推进器，还可左右移位和原地转向，故作业时机动性好。非自航浮船移位时用绞缆设备牵引，长距离航行时靠拖轮拖带。浮船上一般备有修理车间、生活设施和救生设备。浮游起重机的构造与陆上同类臂架型起重机基本相同，起重装置常固装在船体中央或靠近船首一端的甲板上，通过伸出船舷外的臂架进行起重装卸作业。其特点是重心低，可提高整机稳定性。香港码头在水域上进行过驳作业通常使用此种机械，如图7-46所示。

9. 甲板起重机

甲板起重机是设置在船舶上甲板上的起重机械。这种起重机结构紧凑，使船舶有较多的甲板面积可利用，对桥楼上视线的影响较小。甲板起重机操作简便，装卸效率高，机动灵活，作业前没有繁琐的准备工作。甲板起重机常用的有固定旋转起重机、移动旋转起重机和龙门起重机，如图7-47所示。

---

① 20ft≈6.096m；② 40ft≈12.192m；③ 45ft≈13.72m。

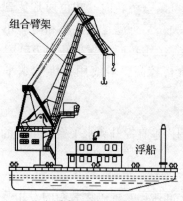
（a）浮式起重机示意图

（b）浮式起重机

图 7-46　浮式起重机

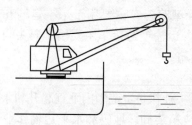

图 7-47　甲板起重机

10. 桅杆起重机

桅杆起重机是以桅杆为机身的动臂旋转起重机，由桅杆、动臂、支撑装置和起升、变幅、回转机构组成。桅杆起重机最早在船上自备使用，用于装卸货物的装置和机械。桅杆起重机一般都利用自身变幅滑轮组和绳索自行架设，具有结构轻便、传动简单、装拆容易等优点。现广泛应用于定点装卸重物和安装大型设备，如图 7-48、图 7-49 所示。

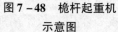

图 7-48　桅杆起重机示意图

11. 悬臂起重机

悬臂起重机的取物装置悬挂在臂端或悬挂在可沿悬臂运行的起重小车上，悬臂可回转，但不能俯仰的臂架型起重机。

图 7-49　桅杆起重机

悬臂起重机有立柱式、壁挂式、平衡起重机三种形式。①柱式悬臂起重机是悬臂可绕固定于基座上的定柱回转，或是悬臂与转柱刚接，在基座支承内一起相对于垂直

— 108 —

中心线转动的由立柱和悬臂组成的悬臂起重机。它适用于起重量不大,作业服务范围为圆形或扇形的场合,一般用于机床等的工件装卡和搬运。②壁上起重机是固定在墙壁上的悬臂起重机,或者可沿墙上或其他支承结构上的高架轨道运行的悬臂起重机。壁行起重机的使用场合为跨度较大、建筑高度较大的车间或仓库,靠近墙壁附近处吊运作业较频繁时最适合。壁行起重机多与上方的梁式或桥式起重机配合使用,在靠近墙壁处服务于一长方体空间,负责吊运轻小物件,大件由梁式或桥式起重机承担。③平衡起重机俗称为平衡吊,是运用四连杆机构原理使载荷与平衡配重构成一平衡系统,可以采用多种吊具灵活而轻松地在三维空间吊运载荷。平衡起重机轻巧灵活,是一种理想的吊运小件物品的起重机械,广泛用于工厂车间的机床上下料,工序间、自动线、生产线的工件、砂箱吊运、零部件装配,以及车站、码头、仓库等各种场合,如图7-50所示。

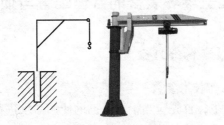

图7-50 悬臂起重机

7.3.3 缆索型起重机

1. 缆索起重机

缆索起重机是起重小车在承载索上运行的一种桥架型起重机,分为塔架固定式、塔架平行移动式和一个塔架固定另一个塔架沿弧形轨道移动的辐射式3种,可适应不同工作场合的要求。缆索起重机的承载索高悬空中,可跨越山谷、河流和其他特殊的地面障碍物。它主要用于大型水电站建坝工地浇灌混凝土和安装设备、架设铁路和公路桥梁、修建工程中吊运建筑材料。缆索起重机也可用于施工作业,如在拱桥合成过程中支持和调整拱架位置,在露天林业贮料场中用来转载和贮存从水路干线运来的木材,还可用于矿山工程,如图7-51所示。

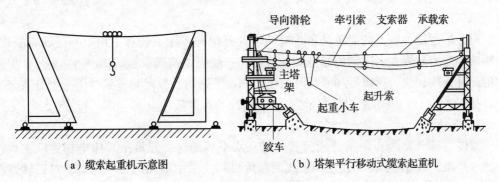

(a) 缆索起重机示意图　　(b) 塔架平行移动式缆索起重机

图7-51 缆索起重机

2. 门式缆索起重机

门式缆索起重机采用类似门式起重机框架结构，运行小车的承载索末端分别固定在桥架两端，桥架通过两侧支腿支承在地面轨道上的缆索型起重机，如图7-52所示。

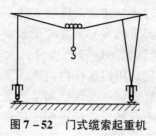

图7-52 门式缆索起重机

7.4 起重堆垛装备的合理配置与使用管理

7.4.1 起重堆垛装备的合理配置

1. 起重堆垛装备的工作技术参数

在物流装备选型过程中，首先应当根据自己的使用需求进行详尽分析，然后在此基础上，了解拟配置的起重堆垛装备的工作技术参数，判断是否匹配作业需求。起重堆垛装备的主要技术参数：起重量、起升高度、跨度、轨距或轮距、幅度、工作速度等。这些技术参数是起重堆垛设备选型和配置中重要的技术依据。

1）起重量

起重量，即起重机的起升质量，是衡量起重机起重能量的参数，指起重机在安全工作情况下所能提升重物的质量。通常用G表示，单位为kg或t。

起重量有额定起重量和最大起重量之分，通常用额定起重量来表示。额定起重量G_n是指起重机在规定幅度条件下允许吊起的重物、连同可分吊具质量的总和。对于轮式臂架型起重机，额定起重量是变值，随臂架长度与幅度而变化，即随幅度的加大而减小。汽车和轮胎起重机的起重量一般不包括吊钩的重量，但换装抓斗或电磁吸盘时，则包括其重量。最大起重量G_{max}是指起重机械正常工作条件下，允许吊起的最大额定起重量。汽车、轮胎和履带式起重机的名义吨位级（铭牌上标定的起重量）通常以最大起重量来表示。

对于吊运能力较大的起重装备均有两套起升机构，除了装有主钩以外还设有副钩，主钩的起升重量较大而副钩的起升重量较小（一般为主钩起重量的20%~40%），但副钩的起升速度较快，可以提高轻载时的生产率。主副钩的额定起重量可用一个分式来表示，如18/4（t），表示主钩起重量为18t，副钩的起重量为4t。

2）幅度

幅度（或外伸距）是指臂架型起重机在水平场地时，起重吊具伸出起重机支点以外的水平距离（单位为m），不同形式的起重机往往采用不同的计算起点。对回转臂起重机，幅度是指回转中心与吊具中心线间的水平距离。非回转臂起重机，幅度是指臂架下铰点至吊具中心线间的水平间距。

3）起重力矩

起重力矩是衡量起重机起重能力的一个技术参数,是指幅度和相应起吊的货物重力的乘积,即 $M=LG_n$,以 N·m 或 kN·m 为单位。有些臂架型起重机,如轮胎起重机、汽车起重机等,常用起重力矩来衡量起重能力。起重力矩综合体现了起重量与幅度,根据其值的大小可全面、确切地了解起重机的起吊能力。

4）起升高度

起升高度是指起重机将额定起重量起升的最大垂直距离,用 H(单位为 m)表示。一般在岸上工作的起重机,起重高度是指自工作场地的地面或运行轨道的轨面升至最高位置的垂直距离。当使用吊钩时,须从吊钩中心计算。使用其他吊具时,算至它们的最低点,按闭合状态最低点计算。

5）轨距(跨度)、基距及轮距(轴距)

跨度是指桥架型起重机或臂架型起重机的大车运行轨道或小车行走轨道中心线之间的水平距离,通常用 S(单位为 m)表示。

基距是指沿轨道方向上起重机两支腿中心线之间的距离。对于无轨运行的起重机则为轮距或轴距。轮距是左右两组行走轮中心线的间距,分为前轮距和后轮距;轴距是前后轮轴之间的距离。

对门座起重机和桥式起重机的轨距,国家已制订了标准。通用桥式起重机的跨度标准参见《通用桥式起重机》(GB/T 14405)的最新版本,通用门式起重机的跨度标准参见《通用门式起重机》(GB/T 14406)的最新版本。总体来说,对于此类起重机,跨度与有无通道和额定载重量 G_n 有密切的关系。

6）工作速度

起重机的工作速度包括起升、运行、变幅和回转的速度,伸臂式起重机还包括吊臂伸缩速度和支腿收放速度。

起升速度是指起重机吊起额定重量的货物时,货物垂直位移的速度,用 v_n 来表示,单位为 m/s 或 m/min。

运行速度是指起重机或起重小车匀速运行时的速度,用 v_k 来表示,单位为 m/s 或 m/min。

变幅速度是指起重机吊具从最大幅度至最小幅度沿水平位移的平均速度,用 v_T 来表示,单位为 m/s 或 m/min。

回转速度是指回转起重机的转动部分匀速转动的回转角速度,用 ω 来表示,单位为 r/min。

起重机械工作速度选择得合理与否,对起重机械的性能有很大的影响。在一定的起重量下,若提高工作速度,就可相应的提高起重机的生产率。但速度过高也会带来一系列不利影响,如使动载荷增大、驱动功率提高等。因此,应根据起重机的工作性质、使用场合、起重量、工作行程等因素综合考虑。

2. 起重堆垛装备的选型及检验

物流仓储企业的起重堆垛装备选型是一项较为复杂、工作量大的重要任务,下面简要介绍。

在选购起重堆垛装备时,应对物流仓储企业的仓储堆存量、货物品种、设备利用率、额定起重量、厂房仓库主要尺寸等因素进行综合考虑，选择适合本企业使用要求工作级别的起重机。根据拟定的技术参数，进行市场调研。需要注意的是，根据国务院令549号《特种设备安全监察条例》规定要求：起重堆垛装备属于特种装备，必须具备由相关质量技术监督机构颁发的特种设备安全许可证。同时考察制造厂家加工设备的配套性，生产的规范性，产品的先进性，进行比较后选择价格合理，质量好，性能优良，安全装置齐全的起重装备。设备到货后，验收时要检查随机技术资料是否齐全，随机配件、工具、附件是否与清单一致，设备及配件是否有损伤、缺陷等，并做好开箱验收记录。

起重装备的安装是应当高度重视的环节，应选择有安装资格的制造厂家，形成制造、安装、调试一条龙的服务模式。除此之外，选择的安装单位必须是具有省级质量技术监督部门颁发的《特种设备安装（维修）安全认可证》的专业队伍，并具有安装相应起重量的安装资格。安装单位确定后，安装前要协助安装单位办理特种设备开工报告，并检查安装队伍的施工组织方案、安装设备、安装程序、技术要求、安装过程中隐蔽工程的验收记录、自检报告等是否符合要求。安装完毕后要监督安装单位进行全面自检和运行试验、载荷试验，确认自检合格后，申报特种设备检验机构进行安装验收。验收合格并取得了《安全使用许可证》后，方可投入使用。验收合格后，物流企业应将起重机随机技术资料、安装资料及检验报告书等有关技术资料存档。以后在使用中发生的定期检验、大修、改造、事故记录等资料也一并存入起重装备安全技术档案。

7.4.2 起重堆垛装备的使用管理制度

物流企业应遵循《特种设备安全监察条例》等法规政策，通过采用技术、经济和组织管理一系列措施，应用先进的科学管理手段与方法，对起重装备实行综合管理，做到周密规划、择优选购、合理配置、精确安装、正确使用、精心维护、科学检修、安全生产、定期检验、适时改造、适时报废等全过程管理。这样使得起重机寿命周期费用经济，综合效率最高，确保安全运行，促进企业生产发展技术进步和高效经营。

1. 建立企业安全技术档案

起重装备使用企业要建立健全装备安全技术档案，起重装备档案包括：

（1）起重装备出厂技术资料、产品合格证、使用维护说明书、易损零件图、电气原理、电器元件布置图、必要的安全附件形式试验报告、监督检验证明文件等有关资料。

（2）安装过程中需要的技术资料，安装位置，启用时间。

（3）特种装备检验机构出具的验收证明或定期《检验报告书》。

（4）日常保养、维护、大修、改造、变更、检查和试验记录。

（5）装备事故、人身事故记录。

（6）上级主管部门的装备安全评价。

（7）特种装备及安全附件、安全保护装置、测量调控装置及有关附属仪器仪表的维保及检测记录。

2. 建立起重装备安全管理制度

起重装备安全管理包括三个方面的管理，如下：

(1) 操作人员的管理。操作人员在上岗前要对所使用的起重装备的结构、工作原理、技术性能、安全操作规程、保养维修制度等相关知识和国家有关法规、规范、标准进行学习和掌握。经当地技术监督部门培训取得理论知识和实际操作技能考核合格后，方能上岗操作。

(2) 起重装备的"三定"管理。"三定"管理是指定人、定机、定岗制度。起重装备的"三定"制度首先是制度的制定和制度形式的确定，其中定人、定机是基础。要求人人有岗有责，起重机台台有人操作管理："定岗"责任是保证。

(3) 定期检查维护管理。起重装备使用单位要经常对在用的起重装备进行检查维保，并制订一项定期检查管理制度，包括日检、周检、月检、年检，对起重机进行动态监测，有异常情况随时发现，及时处理，从而保障起重装备安全运行。

要保证起重装备安全运行就要有完善的管理规章制度，使作业者有章可循，管理者有法可依。健全与落实特种装备组织管理机构，配置强有力的专业管理队伍，并保持相对稳定以适应管理工作要求，管理制度应有如下内容：①起重装备事故应急救援预案；②职能管理部门与司机的岗位责任制；③安全操作技术规程；④维保大修、改造、报废制度；⑤日常检查及定期检查维修保养制度；⑥管理、操作维修人员培训考核制度；⑦操作人员交接班制度；⑧起重装备安全技术档案管理制度。

3. 特种装备事故应急措施和救援预案

根据《特种设备安全监察条例》第31条规定：特种装备使用单位应制定特种装备的事故应急措施和救援预案。特种装备使用单位应设立以单位领导牵头，特种装备安全管理部门为主，相关部门配合的紧急事故救援领导小组，明确职责，责任到人。根据本单位特种装备使用情况，判断可能出现的故障、引发的险情、意外事故的发生，制定适合本单位起重装备特点的应对措施。该措施应包括对起重装备出现事故后的处理原则，紧急情况下所采取的程序、方法、步骤及相关部门人员的职责、分工协作等，并定期组织现场演习。

思考题

1. 简述装卸搬运的概念、作用和特点。
2. 简述装卸搬运装备的概念、作用和特点。
3. 运用思维导图画出本章对装卸搬运装备的分类图。
4. 简述如何选择装卸搬运装备的类型。
5. 简述四种轻小型起重装备的名称和主要应用场合。
6. 简述起重堆垛装备的概念、作用、一般工作过程和基本结构组成。
7. 本章三大类型的起重机械分别是哪些？有哪些主要类型？各自有什么样的用途？
8. 简述起重堆垛装备的工作技术参数。
9. 简述起重堆垛装备的选型及检验要求。
10. 如何建立起重堆垛装备的使用管理制度？

第8章 物流搬运装备

本章要点：
(1) 掌握物流搬运装备的概念与种类。
(2) 熟悉几种典型的物流搬运装备。
(3) 掌握叉车的分类、特点与构造。
(4) 掌握自动导引搬运车的构成与导引原理。
(5) 了解搬运装备进行配置时的使用条件。

8.1 搬运装备概述

搬运是对物料、产品、零件、介质或其他物品进行搬运、运输或改变其位置。物流搬运装备是指用于企业内部对成件货物进行装卸、堆垛、牵引或推顶，以及短距离运输作业的各种搬运装备，还包括非铁路干线使用的各种轨道式搬运装备。搬运装备作业的目的是改变货物的存放状态和空间位置。

物流搬运装备是进行物流搬运作业的物质基础，它的技术水平是物流搬运作业现代化的重要标志之一。由于物流搬运装备往往兼有装卸与运输作业功能，并可装设各种可拆换工作属具，故能机动灵活地适应多变的物料搬运作业场合，经济高效地满足各种短距离物料搬运作业的要求。物流搬运装备已广泛地应用于港口、车站、机场、仓库、货场、工业车间等处，并可进入船舱、车厢和集装箱内进行件货的装卸搬运作业，已成为物流作业环节必不可少的装备之一。它的运作好坏，直接影响到物流系统的效率、效益、效用和效果。

8.2 手推车

手推车是一种以人力为主，在路面上水平输送物料的搬运装备。其特点是轻巧、易操作、回转半径小，适于短距离搬运轻型物料。

由于输送货物的种类、性质、重量、形状、道路条件等不同，手推车的构造形式也多种多样。根据车轮数量的不同，手推车可分为独轮车、双轮车、三轮车和四轮车等；根据手柄的不同，手推车可分为单手柄、双手柄、带挡板手柄、固定手柄式和折叠手柄式等；根据层数不同，手推车可分为单层、双层和三层等；根据车底部的不同，手推车可分为平底式和骨架底式。图8-1所示为常用手推车。

手推车的选择首先应考虑运件的形状以及性质，当搬运多品种运件时应考虑采用具有通用性的手推车；搬运单一品种运件时，则尽量选用专用性的，以提高运输效率。其

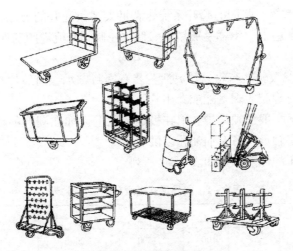

图 8-1 常用手推车

次考虑运输量及运距，由于手推车是以人力为动力的搬运工具，当运距较远时载重量不宜过大。此外，运件的体积、放置方式、通道条件及路面状况等因素，在选择手推车时也都要加以考虑。

8.3 搬运车

8.3.1 简易叉式搬运车

简易叉式搬运车是一种轻小型的利用人力提升货叉装卸、搬运的装备，用于搬运装载托盘上的货物。其货叉可以和滚轮做成一体，也可与滚轮分开。简易叉式搬运车有两个货叉（插腿），可插入托盘底部。插腿的前端有两个小直径的行走轮，用来支撑托盘货的重量。工作时，货叉插入托盘，上下摇动手柄，使液压千斤顶提升货叉，托盘或容器随之离地，然后用手动或电力驱动使之行走，待货物运到目的地后，踩动踏板，货叉落下，放下托盘。这种搬运车广泛应用于仓库、商店、工厂、码头和车间内各工序间不需堆垛的场合。简易叉式搬运车如图 8-2 所示。

图 8-2 简易叉式搬运车

简易叉式搬运车由舵柄、架体与机身、液压起升系统、车轮及承载滚轮组成。
（1）舵柄。舵柄可方便地操纵起升、下降和行走控制杆。
（2）架体与机身。架体与机身是抗扭钢结构。货叉由高抗拉伸槽钢做成，叉尖做成圆形，插入托盘时，使托盘免受损坏，导轮使货叉顺利插进托盘。

(3) 液压起升系统。坚固的起升系统能满足大多数起升的要求,并按照要求镀锌。泵油缸装在重载保护座上,钢桶是镀铬的。低位控制阀和流溢阀确保操作安全并延长使用寿命。

(4) 车轮及承载滚轮。车轮运转灵活,装有密封轴承,前后轮均由耐磨尼龙做成,滚动阻力很小,并有橡胶、聚氨酯或专用轮胎供选。

液压系统和轴承一般无须维护,但在极端情况下(如在潮湿的环境下),可用高压软管进行冲洗,所有轴承均备有加油孔以供加油。

简易叉式搬运车的性能参数如表8-1所列。

表8-1 简易叉式搬运车的性能参数

项目	单位	参数				
额定起重量	kg	1000	1500	2000	2500	3000
货叉起升高度	mm	120				120
货叉下降最低位	mm	80				100
托盘叉口有限高度	mm	100				1120

简易叉式搬运车主要优点是体积小、重量轻、操作维修方便,驱动轮为转向轮,结构紧凑,转弯半径小。转弯半径取决于手柄的转动中心到车头外缘的最大距离,载重量一般为1500~3000kg。当使用双面托盘时,货叉长度应大于托盘长度。

简易叉式搬运车的运行道路要求平整度较好,否则影响安全提升高度、搬运效率和操作性。

8.3.2 牵引车

牵引车(又称为拖头)的特点是没有承载货物的平台,只能作为牵引工具,用来牵引挂车,不能单独运输货物。工作时,牵引车和挂车连在一起,当挂车被拖到指定地点进行装卸货物时,牵引车就可脱开此挂车和别的挂车结合,继续做牵引工作。由于"牵引-挂车"方式提高了牵引车的使用效率,进而能提高经济效益,因此这种方式在装卸工作中得到广泛应用。牵引力是牵引车的主要性能参数,一般蓄电池驱动的牵引车的牵引力可达15t。柴油发动机驱动的牵引车牵引力可达75t。图8-3与8-4所示的分别是蓄电池驱动的三轮牵引车和四轮牵引车。表8-2所示为几款电动牵引车的主要技术特性参数。

图8-3 三轮牵引车

图8-4 四轮牵引车

表8-2 几款电动牵引车的主要技术特性参数

项目			型号					
			QYC20—J	QYCD20—J	QYCD25—J	QYQ20—R	QYQD20—R	QYQD25—R
最大牵引力/N			20000		25000	20000		25000
空载最大行驶速度/km/h			30		28	30		28
最小转弯半径/mm			3250					
牵引车质量(含油水)/kg			3320	3420	4070	3200	3300	3950
发动机	型号		JX493Q1(ISUZU 4JB1 技术)			H25KA(NISSAN)		
	缸径×冲程/mm×mm		Φ93×102			Φ93×93		
	额定功率/(kW/rpm)		49/2800			41.2/2500		
	最大输出扭矩/(N·m/rpm)		172/2000			179/1600		
燃油箱容积/L			60					
外形尺寸	长/mm		3095					
	宽/mm		1370					
	高/mm		1320	1400		1320	1400	
轴距/mm			1850					
轮距	前轮/mm		1160					
	后轮/mm		1180					
最小离地间隙/mm			120					
拖挂高度/mm			450					
电压/电量(V/Q)			12/105			12/60		
制动器	行车制动		真空助力液压式作用于后轮			液压式作用于后轮		
	停车制动		机械式作用于后轮					
轮胎规格	前轮/mm		150.00~228.00					
	后轮/mm		170.00~300.00					

注：1. 标准配置：双座椅、倒车镜、干粉灭火器、前近光灯、远光灯、后工作灯、全液压横置油缸式动力转向、数字化仪表、随机备件箱。

2. 选项配置：全封闭驾驶室、暖风机、冷风机、液压动力制动（汽油牵引车）、多层牵引销、警示灯。

8.3.3 电瓶搬运车

电瓶搬运车与牵引车不同，电瓶搬运车有一个固定的承载平台，可载重运输，也可用作牵引。电瓶搬运车的车体小且轻、动作灵活,使用时清洁卫生,适宜室内工作。但由于它无防爆装置,故不宜在易燃、易爆的场所下工作。由于蓄电池不能接受强烈振动,故要求在平坦的路面上行驶,行驶速度一般为10km/h。图8-5所示的是电瓶搬运车。

图8-5 电瓶搬运车

8.4 叉车

叉车,即叉式装卸车(图8-6),又称为铲车。它在企业的物流系统中扮演非常重要的角色,是物料搬运设备中的主力军。广泛应用于车站、港口、机场、工厂、仓库等国民经济各部门,是机械化装卸、堆垛和短距离运输的高效设备。它由自行的轮胎底盘和能垂直升降、前后倾斜的货叉、门架等组成,主要用于成件货物和集装货物的装卸搬运,是一种既可作短距离水平运输,又可进行拆堆垛和对卡车、铁路平板车进行装卸作业的机械。在配备相应的取物装置以后,还能用于散货和多种规格品种货物的装卸作业。

图8-6 叉车

中国叉车制造开始于20世纪50年代初。随着中国经济的快速发展,大部分企业的物料搬运已经脱离了原始的人工搬运,取而代之的是以叉车为主的机械化搬运。因此,在过去的几年中,中国叉车市场的需求量每年都以两位数的速度增长。我国叉车已形成系列化、标准化批量生产的规模。

8.4.1 叉车的特点

叉车在物流装卸作业中除了和港口的其他起重运输机械一样,能够减轻装卸工人繁重的体力劳动,提高装卸效率,缩短船舶与车辆在港停留时间,降低装卸成本以外,还具有它自身的一些特点,如下:

(1) 机械化程度高。在使用各种自动取物装置或在货叉与货板配合使用的情况下,可以实现装卸工作的完全机械化,不需要工人的辅助体力劳动。

(2) 机动灵活性好。叉车外形尺寸小、重量轻,能在作业区域内任意调动,可机动地与其他起重运输机械配合工作,提高机械的使用率。

(3) 可以实现"一机多用"。在配备与使用各种工作属具（图8-7）（如货叉、铲斗、臂架、串杆、货夹、抓取器、倾翻叉等）的条件下，可以适应各种品种、形状和大小货物的装卸作业，扩大对特定物料的装卸范围，并提高其装卸效率。

(4) 库容利用率高。叉车能提高仓库存积的利用率，堆码高度一般可达3~5m。

(5) 有利于开展托盘成组运输和集装箱运输。

(6) 成本低、投资少。与其他搬运装备相比，叉车的购置费用和使用费用均较低，企业可以获得较好的经济效益。

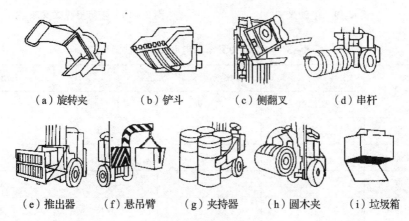

(a) 旋转夹　　(b) 铲斗　　(c) 侧翻叉　　(d) 串杆

(e) 推出器　(f) 悬吊臂　(g) 夹持器　(h) 圆木夹　(i) 垃圾箱

图8-7　叉车的取物工具

8.4.2　叉车的分类

叉车种类繁多，分类方法也很多，通常可按动力装置、结构特点和用途分类。

1. 按动力装置分类

叉车按动力装置不同可分为内燃动力叉车（图8-8）、电动叉车（图8-9）、双动力叉车、步行操纵式叉车（图8-10）。内燃动力叉车可分为柴油动力叉车、汽油动力叉车和液化石油气式叉车。内燃动力叉车的特点是机动性好、功率大，用途广泛，一般情况下，重、大吨位的叉车采用内燃机作为动力。电动叉车，又称为电瓶叉车，以蓄电池为动力，用直流电机驱动，特点是操作容易，无废气污染，适合在室内作业，随着环保要求的提高，电动叉车的使用需求越来越高。表8-3为内燃动力叉车和电动叉车的性能比较。

图8-8　内燃动力叉车

图8-9 电动叉车

图8-10 步行操纵式叉车

表8-3 内燃动力叉车和电动叉车的性能比较

动力形式	内燃动力叉车			电动叉车
	柴油机	汽油机	液化石油气	蓄电池
作业效率	高	高	较高	较低
启动性能	差	较好	较好	好
行驶速度	高	高	高	低
合理作业距离	长	长	较长	短
运营费用	低	较高	较低	高
环保性能	最差	较差	较好	好
噪音	大	较大	较大	小
使用范围	大中搬运量 室外作业	中小搬运量 室内外作业	中小搬运量 室内外作业	中小搬运量 室内外作业

2. 按照叉车的使用环境分类

叉车按使用环境不同可分为室内用叉车、室外用叉车。

3. 按结构特点分类

叉车按结构和用途的不同可分为平衡重式叉车、插腿式叉车、前移式叉车、侧叉式以及其他特种叉车等。

1）平衡重式叉车

平衡重式叉车如图8-11所示，是叉车中应用最广泛的构造形式，约占叉车总数的80%以上。特点是货叉伸出在车身的正前方，货物重心落在车轮轮廓之外。为了平衡货物重量产生的倾覆力矩，保持叉车的纵向稳定性，在车体尾部配有平衡重。平衡重式叉车要依靠叉车前后移动才能叉卸货物。由于装有平衡重，平衡重式叉车的重量和尺寸一般较大，且它的作业空间要求也相对较高。平衡重式叉车的动力较大、底盘较高，具有较强的地面适应能力和爬坡能力，多适用于室外作业。

电动平衡重叉车可分为三轮式与四轮式，前轮驱动式与后轮驱动式。后轮驱动的优点是成本较低，与前轮驱动比较，后轮驱动较容易定位，缺点是当在光滑的地板及斜坡

图 8-11 平衡重式叉车

行走时，荷载提升时驱动压力会减轻，驱动轮可能打滑。所以，现在大多数的电动平衡重叉车都采用双电动机前轮驱动。三轮平衡重叉车与四轮平衡重叉车相比，三轮平衡重叉车转弯半径小，比较灵活，最适用于集装箱内部掏箱作业。

2）插腿式叉车

插腿式叉车（图 8-12）的作业特点是叉车前方带有小轮子的支腿与货叉一起伸入货物的底部叉取货物后，由货叉将货物提升到一定高度，并适当后倾以带货安全搬运。由于货物重心位于前后车轮所决定的平面内，因此能保证叉车的稳定性，不必再设平衡重。该类型叉车在叉取货物时，支腿和货叉都必须插入货物底部，因此要求叉取的货物底部一般要高出地面 200mm 左右。插腿式叉车的两前轮直径很小，承载能力不大，因此该类叉车起升质量较小，一般小于 2t。它的优点是比平衡重式叉车结构简单，自重和外形尺寸小，转弯半径小，宜于在狭窄通道和船舱、仓库等室内堆垛、搬运作业。其运行速度较低，行走轮直径小，对地面要求较高，且多用电力驱动和人力推动。

图 8-12 插腿式叉车

3）前移式叉车

前移式叉车有两条前伸的支腿，不过两前支轮较大，支腿较高，货叉可沿叉车纵向前后移动。取货卸货时，货叉伸出，叉卸货物以后或带货搬运时，货叉退回到接近车体的位置，因此此类叉车行驶时的稳定性较好。前移式叉车可分为门架前移式（图 8-13）和货叉前移式两种（图 8-14）。门架前移式叉车的货叉和门架一起移进货垛时，门架可能前伸的距离要受到外界空间对门架高度的限制，因此只能对货垛的前排货物进行作业。货叉前移式叉车的门架不动，货叉借助于伸缩机构单独前伸。如果地面上具有一定的空间允许叉腿式插入，叉车能够超越前排货架，对后一排货物进行作业。

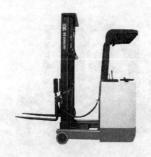 

图8-13 门架前移式叉车　　　　图8-14 货叉前移式叉车

前移式叉车一般由蓄电池作动力,起重量在3t以下。它的优点是车身外形小,重量轻,转弯半径小,机动性好,不需在货堆间留出空处,前轮可做得较大。但行驶速度低,主要用于室内搬运作业,但也能在室外工作。

4）侧叉式叉车

侧叉式叉车的门架和货叉在车体的侧面,侧面还有一货物平台,如图8-15所示。侧叉式叉车的特点是,由于货物沿纵向放置,适于搬运条形长尺寸货物;货叉位于侧面,使得叉车在出入库作业的过程中,车体进入通道,货叉面向货架或货垛,这样在进行装卸时不必先转向后作业;货物放置在货物平台上,叉车行驶时稳定性好;司机视野相对较好。缺点是门架和货叉只能向一侧伸出,当需要在对另一侧作业时,须将叉车掉头后方能继续作业。侧叉式叉车多以柴油机驱动,起重量为2.5~54.5t。

图8-15 侧叉式叉车

5）低货位拣选式叉车

低货位拣选式叉车如图8-16所示,操作低货位拣选式叉车时,操作者可站立在上下车便利的平台上,操作按钮进行相关的拣选作业。一般乘立平台离地高度仅200mm左右,由于支撑脚轮直径较小,这类叉车对地面的平整度要求较高,一般应用在物流中心或配送中心仓库内,用于完成不同作业工序之间货物的拣选作业。

图8-16 低货位拣选式叉车

6）高货位拣选式叉车

高货位拣选式叉车又称为VNA（very narrow aisle）叉车,如图8-17所示,主要作用是高位拣货。该类叉车主要在物流中心或配送中心的高架仓库内完成货物的存取作业。高位拣选叉车通常是在高层货架区的窄通道内进行货物的存取作业，在通道内不必转弯就可以直接从两侧货架上存取货物，因此所需的作业空间较小，使得仓库的空间能够高效利用，较适用于多品种少量出入库的特选式高层货架仓库。

7) 跨车

跨车，即跨运车如图8-18所示，是由门形车架和带抱叉的提升架组成的搬运装备。一般用内燃机驱动，起重量为 10~50t。作业时，门形车架跨在货架上由抱叉托起货物，进行搬运和码垛。在港口，跨车可用来搬运和堆码钢材、木材和集装箱等。

图8-17 高货位拣选式叉车

跨车起重量大、运行速度较高、装卸快，甚至可做到不停车装载，但跨车本身重量集中在上部，重心高，空车行走时稳定性较差，要求有良好的地面行驶条件。

图8-18 跨车

8) 集装箱叉车

集装箱叉车（图8-19）是集装箱码头和堆场上常用的一种集装箱专用装卸机械，主要用于堆垛空集装箱等辅助性作业，也可在集装箱吞吐量不大（年低于3万标准箱）的综合性码头和堆场进行装卸与短距离搬运。装卸10t以下的小型集装箱时，叉车的货叉直接插入集装箱底板的叉孔内即可装卸。装卸大型集装箱时，叉车的滑架上装有专用的集装箱顶吊架，滑架起升时，靠顶吊架装卸集装箱。

图8-19 集装箱叉车

集装箱叉车按照货叉工作位置的不同，分为正面集装箱叉车和侧面集装箱叉车。正面集装箱叉车结构与平衡重式叉车相似，操作方便，是常用的形式，其中可分为重载集装箱叉车、轻载集装箱叉车、空箱集装箱叉车、滚上滚下集装箱叉车等。侧面集装箱叉车结构与侧叉式叉车相似，门架和货叉向侧面移出，叉取集装箱后回缩，将集装箱放置在货台上，再进行搬运，其行走时横向尺寸小，需要的通道宽度较窄。侧面集装箱叉车构造及操作较复杂,尤其操作视线差,装卸效率低。

9) 伸缩臂式叉车

伸缩臂式叉车如图8-20所示,与其他类型叉车相比,伸缩臂式叉车具有如下优点:①适用的作业范围广。伸缩臂式叉车可以跨越障碍进行货物的堆垛作业,并可通过变换叉车属具进行多种作业。②稳定性相对较好。伸缩臂式叉车整车重心后移,利于提高运行的稳定性,通过臂杆的移动而不需要车辆的移动来对准货位,利于提高堆垛的稳定性。③驾驶员的前方视野较好。

图8-20 伸缩臂式叉车

8.4.3 叉车属具

叉车属具是一种安装在叉车上以满足各种物料搬运和装卸作业特殊要求的辅助机构。它使叉车成为具有叉、夹、升、旋转、侧移、推拉、倾翻等多用途和高效能的物料搬运工具。由于货物形状和尺寸的差异,需要配备多种叉车属具以提高叉车的通用性。叉车属具可以扩大叉车的使用范围,保证作业安全,减少工人的劳动强度,提高叉车的作业效率。常用的叉车属具有货叉、吊架、侧夹器、推货器和集装箱吊具等。

1. 叉车属具的分类

(1) 按操作方式的不同,叉车属具的分类如表8-4所列。

(2) 按工作部分形状的不同,叉车属具的分类如表8-5所列。

表8-4 叉车属具按操作方式分类表

叉车属具								
液压操纵属具					非液压操纵属具			
直线移动			旋转属具		重力作用式		固定式	
横向移动属具	垂直移动属具	操纵移动属具	垂直平面内旋转	纵向垂直平面内	推出器	吊桶钩	起重器具	插入器具
夹抱器、侧移器	稳定器	推出器	回转叉、旋转叉	铲斗、铰接叉			吊钩	串杆

表 8-5 叉车属具按形状分类表

叉车属具						
叉类			夹抱类		容器类	其他
加长叉	铰接叉	特种叉	平板叉	弧形叉	铲斗	串杆	吊钩
				圆筒夹、纸卷夹			

(注：上表最后一行"加长叉/铰接叉/特种叉/平板叉"与"弧形叉、圆筒夹纸卷夹"为并列夹抱类子项，"铲斗"属容器类，"串杆""吊钩"属其他类)

2. 常用叉车属具简介

1）货叉

货叉是叉车最常用的属具，是叉车重要的承载构件。它呈 L 形，水平段用来叉取并承载货物。水平段的上表面平直、光滑，下表面前端略有斜度；叉尖较薄较窄，两侧带有圆弧。货叉水平段的长度一般是载荷中心距的两倍左右。如果需要搬运体积大、质量轻的大件货物，则需换用加长货叉或在货叉上套装加长套。

货叉的垂直段与滑架连接，根据连接方式的不同，货叉有挂钩型和铰接型两种。中小型叉车一般采用挂钩型货叉，大型叉车一般采用铰接型货叉。

在物流领域，为了提高叉车的作业效率，货叉经常与托盘配合使用，以便于货叉插入托盘底部，如图 8-21 所示。

图 8-21 货叉

2）侧移叉

侧移叉是一种横向移动属具，结构和在车上的工作状况如图 8-22 所示。带侧移叉的叉车与标准叉车相比，侧移叉车的结构中主要增加了侧移叉架导轨与油缸。工作时驾驶员操纵侧移叉阀杆的控制手柄，侧叉油缸就产生收缩运动，带动装有货叉的侧移叉左右移动，以使货叉对准或者叉取侧面紧靠障碍物的货物。

图 8-22 侧移叉

侧移叉取货物时，能使货叉处于最有利的位置，按照指定地点正确卸放，以减少叉车的倒车次数，提高叉车的作业效率。侧移叉的侧向行程为 250mm 左右。

3）夹持器

夹持器是一种以夹持方式搬运货物的属具。对于搬运装卸比重较小、外形规则（圆柱体、立方体、长方体）、不怕挤压的货物常用这种属具。

夹持器形式很多，常用的有移动式夹持器（图8-23）和旋转式夹持器（图8-24）。旋转式夹持器一般为在平行货叉架的平面内旋转，横向移动式夹持器主要由夹板、导轨副、油缸等部件组成。当油缸举动夹板相向移动时，夹板就对货物产生夹持力，这样依靠货物与夹板的摩擦力就能搬运货物。夹板可以两块同时进行等距离运动，也可以一块固定不动，另一块作左右移动。

旋转夹持器是在移动式夹持器结构中增加旋转机构，由液压马达、蜗轮副、回转齿轮副等组成。

图8-23　移动式夹持器

图8-24　旋转式夹持器

4）悬臂吊

叉车上使用的臂吊的结构形式很多，常见的为单臂式和双臂式（图8-25）。吊钩可根据需要在臂上移动以调节卸载距离，但是为了保证叉车的纵向稳定性，使用时必须根据制造厂提供的载荷特性曲线，使吊运货重不超过吊钩所在位置的额定重量。

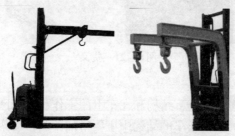
图8-25　单悬臂式和双悬臂式叉车

5）串杆

串杆主要用来装卸环状货物，如钢丝卷、空心的筒状货物等。图8-26所示为分别装有单串杆和双串杆的叉车。

图8-26　装有单串杆和双串杆的叉车

6）推出器

推出器是可以将货物从货叉上推出的属具，如图 8-27 所示。推出器有液压作用式和重力作用式两种。液压推出器的推出动作由多路换向阀控制。重力作用式推出器依靠货物本身的重量产生推力。

图 8-27 推出器

8.4.4 叉车的总体构造

不同类型的叉车在结构上存在一定的差异，但总体结构中应该都具备动力系统、传动系统、转向系统、制动系统、液压系统、起重系统、行驶系统和电气设备八大部分。

（1）动力系统。动力系统是叉车行驶和工作的动力来源。目前在叉车上采用的发动机 80% 为往复式。内燃机按燃料不同分为汽油机、柴油机。动力从两端输出，后端通过飞轮与离合器连接，将动力传递给传动系统，前端通过钢球联轴节，经分动箱传递给液压齿轮油泵。

（2）传动系统。传动系统的作用是将发动机传过来的动力有效地传递到车轮，满足叉车实际工况的需要。传动系统由离合器、变速器、驱动桥等组成。传动系统的传动方式有机械式传动、液压式传动和静压传动。

（3）转向系统。转向系统是在驾驶员操纵下控制叉车的行驶方向，由转向机、转向联动机构两部分组成。转向方式有机械转向器、具有液压助力器的机械转向器和全液压转向器。

（4）制动系统。制动系统使叉车能迅速地减速或停车，并使叉车能稳妥地停放，以保证安全。制动系统通常由脚制动和手制动两个独立部分组成，由制动器和制动驱动机构组成。制动驱动方式有机械驱动机构和液压驱动机构两种。

（5）起重系统。起重系统的作用是通过起重装置实现对货物的装卸、堆垛。起重系统由内外门架、货叉架、货叉组成。

（6）液压系统。液压系统是利用工作油传递能量的机构，通过液压油把能量传给各执行元件，以达到装卸货物的目的。通常把液压系统的工作过程称为液压传动。

（7）行驶系统。行驶系统承受叉车的全部重量，传递牵引力及其他力和力矩，并缓冲对叉车的冲击，以保证叉车平稳地行驶。它由车架、悬挂装置、车轮等组成。

（8）电气设备。电气设备包括发电机、起动机、照明、蓄电池、扬声器和仪表等。

图 8-28 为一叉车的基本结构示意图。

从图 8-28 可以看出，驾驶员正上方的结构为安全架，用于保护操作员免于被掉落的对象击中的护架。只要举升的物品超过操作员头部的高度，就必须具备安全架。驾驶员正前方的结构为升降架，由一直立的槽型钢组合而成的升降装置，大部分由液压缸来

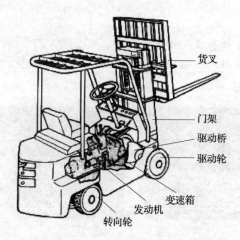

图 8-28 叉车的基本结构示意图

动作,只有少部分是利用电动的举升装置。升降架多段式的设计可使堆高机升降架缩回时,整体高度较低。复杂的多段式升降架,在举升作业时则较一般的升降架需要更多的能量及更复杂的设计。一般升降架可分一段式、二段式、三段式及四段式。一段式的升降架,滑动及移动的组件最少,因此负载的举升最平稳,但是对于相同扬程而言,升降架收回后的整体高度最高。四段式的升降架收回后整体高度最低,较适合于天花板高度较低的场合。货叉是搬运负载最必用的配件,一般长为 1000~1200mm、宽为 100~150mm,厚约为 40mm。最常使用货叉的配备是货叉侧移装置,利用手动或液压驱动,可调整货叉的间距,以搬运不同规格的托盘负载。固定货叉和有关附件为货叉架。货叉架组合通常会使用一个后挡板,以防止负载物品倾倒。叉车的轮胎可分为硬胎及气胎。硬胎多用于室内,气胎多用于室外,这样行走速度较快。

8.4.5 叉车的主要技术参数

叉车的技术参数主要说明叉车的结构特征和工作性能,主要有起重量 Q,载荷中心距 C,起升高度 H,起升速度 $v_{起}$ 和运行速度 $v_{行}$,门架倾角 α,转弯半径 R 及离地间隙 X 等。部分参数,如图 8-29 所示。

1. 额定起重量 Q 和载荷中心距 C

额定起重量是指门架处于垂直位置,货物重心位于载荷中心距范围以内时,允许叉车举起的最大货物质量。载荷中心距是指设计规定的额定起重量的标准货物重心到货叉垂直段前壁的水平距离。

额定起重量和载荷中心距是叉车的两个相关指标。载荷中心距是根据叉车稳定性设计决定的,起重量不同的叉车,载荷中心距是不一样的。作业时,如果由于货物体积庞大,或货物在托盘上的位置不当,而使货叉上的货物实际重心超出了规定的载荷中心距,或者当最大起升高度超过一定数值时,由于受叉车纵向稳定性的限制,起重量应相应减小,否则叉车将有倾翻的危险。若货物实际重心超出载荷中心距越远,则允许的起重量越小。

2. 最大起升高度 H 和自由起升高度

最大起升高度是指门架处于垂直位置,货叉满载起升至最高位置,从叉面至地面的

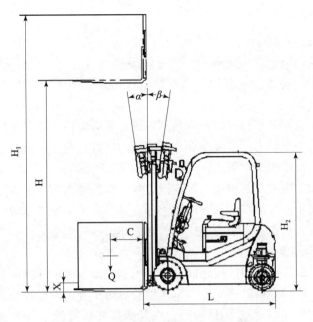

图 8-29 叉车的主要技术参数示意图

垂直距离。港口叉车最大起升高度一般为 3~4m，若要求再升高，则要增加门架和起升油缸的高度，或者采用三节门架和多级作用的油缸，这样不仅会使叉车的自重和外形尺寸增大，而且由于叉车的总重心位置提高，叉车工作时的纵向和横向稳定性都会变坏。因此，当最大起升高度超过一定数值时，必须相应减少叉车的允许起重量。

自由起升高度是指不改变叉车的总高时，货叉可能起升的最大高度。具有自由起升性能的叉车可在净空不小于叉车总高的库门通过或在低矮的船舱、车厢内作业。

3. 门架的倾角 α

门架倾角是指门架自垂直位置向前或向后倾斜的最大角度。门架前倾是为了便于叉取和卸放货物；门架后倾的作用是当叉车带货行驶时，防止货物从货叉上滑落，增加叉车行驶时的纵向稳定性。一般前倾角 α 取 3°~5°，后倾角 β 取 10°~12°。

4. 起升速度 $v_{起}$ 和运行速度 $v_{行}$

起升速度是指门架处于垂直位置，货叉满载上升的平均速度。起升速度对叉车作业效率有直接的影响。提高起升速度是叉车发展的趋势，主要取决于叉车的液压系统。过大的起升速度容易发生货损和机损事故，给叉车作业带来困难。电瓶叉车由于受蓄电池容量和电动功率的限制，起升速度低于起重量相同的内燃叉车。大起重量的叉车，由于作业安全的要求和液压系统的限制，起升速度比中小吨位的叉车低。当叉车的最大起升高度较小时，过大的起升速度难以充分利用。根据港口装卸作业要求，叉车起升速度以 15~20m/min 为宜。

行驶速度是指在平坦的硬路面上，叉车满载前进的最大速度。据统计，叉车作业时，行驶时间一般约占全部作业时间的 2/3。因此，提高行驶速度、缩短行驶时间对提高叉车作业生产率有很大意义。但是叉车的作业特点是运距短、停车和起步的次数多，过分提高行驶速度，不仅使原动机功率增大、经济性降低，而且在作业时，过高的行驶速度难以经常利用。在港口露天货场上工作的内燃叉车，行驶速度可取 15~20km/h。

5. 最大牵引力

最大牵引力分为轮周牵引力和脱钩牵引力。原动机发出的扭矩，经过减速传动装置，最后在驱动轮轮周上产生切向力，称为轮周牵引力。当原动机输出功率为定值时，轮周牵引力与叉车行驶速度成反比。当原动机输出最大扭矩，叉车以最低挡速度行驶时，轮周牵引力最大。

轮周牵引力在克服叉车行驶时自身遇到的外部阻力以后，在叉车局部的拖钩上剩余的牵引力，称为拖钩牵引力。当叉车在水平坚硬的良好路面上以低挡速度行驶时，叉车的外阻力仅为数值很小的滚动阻力，此时的拖钩牵引力最大。

轮周牵引力大，则叉车起步快、加速能力强、爬坡能力大、牵引性能好。由于叉车的运距短，停车起步的次数多，加速能力十分重要。在叉车的技术规格中，通常标出的是拖钩牵引力，当叉车作为牵引力使用时，必须知道拖钩牵引力。

6. 最小转弯半径 R

最小转弯半径是指在平坦的硬路面上，叉车空载低速前进并以最大转向角旋转时车体最外侧所划出轨迹的半径。三支点叉车采用较短的车身、外径较小的车轮、增大车轮转向时的最大偏转角（接近或等于90°），在其他条件相同的情况下，最小转弯半径比四支点叉车小。

7. 直角堆垛的最小通道宽度和直角交叉的最小通道宽度

直角堆垛的最小通道宽度是指叉车在路边垂直道路方向堆垛时所需的最小通道宽度；直角交叉的最小通道宽度是指叉车能在直角交叉处顺利转弯所需的最小通道宽度。转弯半径小、机动性能好的叉车要求的通道宽度小。

8. 最小离地间隙 X

最小离地间隙是指除车轮以外，车体上固定的最低点至车轮接地表面的距离，表示叉车无碰撞地越过地面凸起障碍物的能力。增大车轮直径可以使最小离地间隙增加，但这会使叉车的重心提高，转弯半径增大。

9. 最大爬坡度

叉车的最大爬坡度是指叉车在正常路面情况下，以低速挡等速度行驶时所能爬越的最大坡度，以度或百分数表示，分为空载和满载两种情况。叉车满载的最大爬坡度一般由原动机的最大扭矩和低速挡的总传动比决定。空载的最大爬坡度通常取决于驱动轮与地面的黏着力。由于港口路面场地比较平坦，港口叉车最大爬坡度可在10°以内。

10. 自重和自重利用系数

自重是指包括油、水在内的叉车总重量。叉车自重利用系数通常有两种表示方法：一是指起重量与叉车自重之比；二是指起重量和载荷中心距的乘积与叉车自重之比。显然，自重利用系数数值较大，表示在起重量和载荷中心距相同的条件下，叉车自重较轻，即材料利用较经济，结构设计较合理。由于叉车的载荷中心距并不相同，故第二种表示方法更为合理。

除上述参数外，还有外形尺寸、前后桥负荷、轮压、轴距和轮距等参数。

8.4.6 叉车的主要使用性能

叉车的各种技术参数反映了叉车的性能，主要性能有以下几个方面。

(1) 装卸性。它是指叉车起重能力和装卸快慢的性能，装卸性能的好坏对叉车的生产率有直接的影响。叉车的起重量大、载荷中心距大、工作速度高则装卸性能好。

(2) 牵引性。它表示叉车行驶和加速快慢、牵引力和爬坡能力等方面的性能。行驶和加速快、牵引力和爬坡度大则牵引性好。

(3) 制动性。它表示叉车在行驶中根据要求降低车速及停车的性能。通常以在一定行驶速度下制动时的距离大小来衡量。制动距离小则制动性能好。

(4) 机动性。它表示叉车机动灵活的性能。若最小转弯半径小、直角交叉通道宽度和直角堆垛通道宽度小，则机动性好。

(5) 通过性。叉车的通过性是指叉车克服道路障碍而通过各种不良路面的能力。若叉车的外形尺寸小、轮压小、离地间隙大、驱动轮牵引力大，则叉车的通过性好。

(6) 操纵性。叉车的操纵性是指叉车操作的轻便性和舒适性。如果各操作件之间的位置布置得当，需要对各操作件（如手柄、踏板及转向盘等）施加的力较小，则操纵性好。

(7) 稳定性。叉车的稳定性是指叉车抵抗倾覆的能力。叉车的稳定性分为纵向稳定性和横向稳定性两类。例如：对于正叉平衡重式叉车，由于货叉上的货物重心位于叉车纵向的车轮支承底面之外，当叉车满载码垛，即货物举高、货叉前倾时或叉车在满载全速运行途中紧急制动，叉车受制动惯性力和重力作用的情况下，叉车都有可能在纵向丧失稳定，向前倾翻。当叉车高速转弯，或在斜坡上转弯，受到离心力、侧向风力、坡道分力等的作用，叉车有可能丧失横向稳定，向一侧翻倒。

叉车的纵向稳定性又分为两种工况：叉车满载堆垛工况和叉车满载行驶工况。叉车满载堆垛工况是指叉车在水平路面上静止不动，门架直立，货叉满载并被起升到最大高度而言。为检验叉车满载堆垛时的纵向稳定性，可通过平台实验测定。我国叉车标准规定，对起升质量在5t以下的叉车满载堆垛纵向稳定性的要求是，在倾斜度为4%时不倾翻。叉车满载行驶工况是指叉车门架后倾，货叉满载并高出地面300mm，在平坦的道路上以全速行驶突然制动，叉车受到制动惯性力和重力作用的工况。一般通过在平台上进行静态实验进行测定，我国叉车标准规定，对叉车满载行驶纵向稳定性的要求是，在倾斜度为18%的倾斜平台上不倾翻。

稳定性是保证让叉车安全作业的必要条件。在使用中，必须遵守操作规程，不得超重、超载荷中心距、超速作业。货物举得越高，受到水平力（如制动惯性力、风力、离心力等）作用时叉车越易倾覆；因转弯时离心力与车速的平方成正比，所以不得超速转弯，以免翻倒。此外，稳定性还和叉车的支承形式有关，三支点叉车的横向稳定性比四支点叉车差。这些都应在操作使用中注意。

(8) 经济性。叉车的经济性主要是指它的造价和营运费用，包括动力消耗、生产率、使用方便和耐用的程度等。

8.5 自动导引搬运车

8.5.1 自动导引搬运车的概念

根据美国物流协会的定义，自动导引搬运车（AGV）是指具有电磁或光学导引装置,能够按照预定的导引路线行走,具有小车运行和停车装置、安全保护装置以及具有各种移载功能的运输小车。我国国家标准《物流术语》(GB/T 18354—2021)中,AGV的定义为装有自动导引装置,能够沿规定的路径行驶,在车体上具有编程和停车选择装置、安全保护装置以及各种物料移栽功能的搬运车辆。

世界上第一台 AGV 是由美国 Barrett 电子公司于 20 世纪 50 年代初开发成功的,是一种牵引式小车系统,可十分方便地与其他物流系统自动连接,显著地提高了劳动生产率,极大地提高了装卸搬运的自动化程度。自动导引搬运车是物流系统的重要搬运设备,也是一种先进的物料搬运技术装备。随着工厂自动化、计算机集成系统技术和柔性制造系统的广泛应用以及物流业的快速发展,自动导引搬运车得到了广泛的应用。

8.5.2 自动导引搬运车的分类

1. 按照导引原理的不同分类

按照导引原理的不同,可将自动导引搬运车分为固定路径导引和自由路径导引。

1) 固定路径导引

固定路径导引是指在车辆的固定运行线路上设置导向信息媒体,如导线、磁带、色带等,先由车上的导向传感器检测接收导向信息(如频率、磁场强度、光强度等),再将此信息经实时处理后用以控制车辆沿路线正确地运行。这种固定路径导引方式主要有电磁导引、光学导引、磁带导引等。

(1) 电磁导引原理。电磁导引(图 8 – 30)是利用电磁感应的原理,在沿运行线路的地面上设置一条宽约为 5mm、深约为 15mm 的地沟,在地沟中敷设导线,另加有 2 ~ 35kHz 的交变电,以形成沿导线扩展的交变电磁场,车辆上的传感器接收此信号,并根据信号场的强度判断使车辆沿埋线跟踪导向运行的正确方向。电磁导向有单频制导向和多频制导向两种方式。单频制导向方式是在整个线路上均提供单一频率振荡电磁信号,通过接通或断开各线路段的馈送电流来规定运行线路,引导车辆运行。这种导向方式要求有集中的控制站,并在各线路交叉和分支处装设传感标志(如磁铁等)及分支线段的通断接口。多频制导向方式是线路中每个环线或分支线都设置自己的线路频率,分别由不同频率的振荡器来馈电,而每台车辆按运行的需要设定其运行频率。只有当车上的设定频率与某一线段的频率一致时,车辆才能沿该线段导向前进。导引电源选择的原则是将抗干扰性能放在首位,灵敏度放在是第二位。目前导引电源一般采用功率输出的正弦波振荡器产生的交变电,低频的振荡频率较为有利,可大大提高抗干扰能力,对无线电通信不会产生不良影响,固有频率范围一般选择在 2 ~ 35kHz。电磁导引方式具有不怕污染,电线不会遭到破坏、便于通信和控制、停位精度较高的优点。另外,还可以在同一沟槽内敷设通信电缆,以节省开挖沟槽的投资。电磁导引方式的缺点是,虽然开挖沟槽,敷设导引线并不困难,但是还是具有一定的工作量,改变和扩充路径也较麻烦,路径附近的铁磁体可能会干扰导引功能。

(2) 光学导引原理。光学导引是一种采用涂漆的条带来确定行驶路径的导引方法。AGV 上有一个光学检测系统用以跟踪涂漆的条带,有两种导引原理。一是所谓的识别式原理。由于地面颜色与漆带颜色的不同,漆带在明亮的地面上为黑色;在黑暗的地面上为白色。经小车上的紫外光源照射后,漆带会呈现不同的颜色。AGV 上的光学检测器上装有两套光敏元件，分别处于漆带的两侧。当 AGV 偏离导引路径时，光敏元件检测到的亮度将不等，由此形成信号差值，利用这个信号差值，AGV 的控制系统就可以控制小车的运动方向，使其回到导引路径上来。由于周围环境的光线可能影响光电元件的检测效果，故常在此种反射光检测系统上加上滤光镜以保证 AGV 不会发生误测。二是所谓反射式原理，图 8-31 是光学带反射方式的原理图。利用反射式原理导向，路径为 25mm 宽含荧光粒子的漆带，经车上检测系统的紫外光照射、这些荧光粒子会发射出引发光线，而这种引发光线的光谱在周围环境中是不存在的，所以不会受到干扰。AGV 上的一个扫描镜对导引路径进行扫描并把引发光反射到光感受器，从而将信号转发给计算机。根据漆带中心光强最大，两侧边光强最小的原理，很容易找出 AGV 偏离的方向从而修正方向保证跟踪导引路径。光学导引方式的优点是路径长度不限，且易于更改与扩充。漆带可在任何类型地面上涂置。但漆带须保持清洁和完整，并需定期重涂与更新。与电磁导引相比，光学导引方式的漆带本身不具有能量，故称为无源导引方式。电磁导引方式称为有源导引方式。

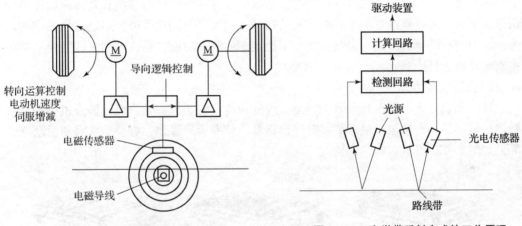

图 8-30　电磁导向控制原理　　　　图 8-31　光学带反射方式的工作原理

2) 自由路径导引

自由路径导引是指自动导引搬运车根据要求随意改变行驶路线。这种导引方式的原理是在自动导引搬运车上储存好作业环境的信息，通过识别车体当前的方位，与环境信息相对照，自主地决定路径的导引方式，如推算导引、惯性导引、环境映射法导引、激光导引。

(1) 推算导引。行驶路径轨迹推算导引是采用该导引方式的 AGV 的计算机中储存有距离表，通过与测距法所得的方位信息比较，AGV 就能推算出从某一参数点出发的移动方向。这种导引方式最大的优点在于路径布局具有极好的柔性，只需改变软件即可更改路径。此种导引方式的缺点在于精度较低，主要原因是各种测距法所得到的方位信息精度不高。

(2) 惯性导引。惯性导引是指采用该导引方式的 AGV 的导向系统中有一个陀螺仪，用以测量加速度。陀螺仪的坐标调整成平行于 AGV 的行驶方向，当小车偏离规定路径时，则会产生一个垂直于其运动方向的加速度，该加速度可立即被陀螺仪所测得。惯性导引系统的计算机对加速度进行二次积分处理可算得位置偏差从而纠正小车的行驶方向。由于该导引系统只是从陀螺仪的测试值推导出 AGV 的位置信息，因此容易产生偏差，需用另一套绝对导航系统定期进行重新校准。此导引方法价格昂贵，较难推广使用。

（3）环境映射法导引。环境映射法导引通过对周围环境的光学或超声波映射，AGV 上周期性地产生周围环境的当前映像，并将其与存储器内的映像进行比较，以此来判断 AGV 自身方位。极好的柔性是此种导引方法的优点，缺点是映射传感器的价格昂贵和精度不高。

（4）激光导引。目前流行的 AGV 导向装置是激光导向装置。其基本原理是通过安装在车身上的高速旋转的激光发射装置，检测安装在地面、墙体表面的反射板，利用 GPS 原理进行位置及方位的确定。从而调整自身姿态，达到控制的目的。激光导引装置由于安装简单，定位精度高，调试方便等特性，逐渐成为主要的导引方式。

2. 按照控制形式的不同分类

按照控制形式的不同，自动导引搬运车可分为智能型和普通型两种。智能型自动导引搬运车是指每台小车车载计算机的控制系统中都存有全部运行路线和路线区段控制的信息，小车只需要知道目的地和要完成的任务，就可以自动选择最佳路线完成规定的任务。普通型自动导引搬运车是指自动导引搬运车的所有功能、路线规划和区段控制都由主控计算机进行控制。

3. 按照移载方式的不同分类

按照移载方式不同，自动导引搬运车可分为链式输送机移载、辊道输送机移载、胶带输送机移载、推拉输送机移载、升降台移载、伸缩货叉移载、机械手移载和手动移载等，如图 8－32 所示。

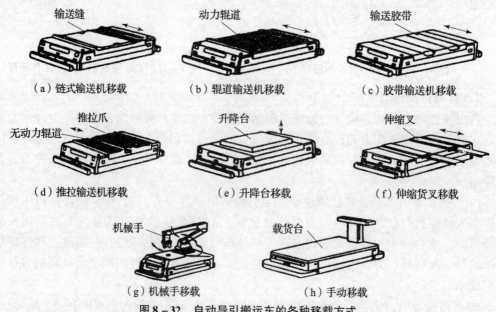

图 8－32　自动导引搬运车的各种移载方式

4. 根据充电方式的不同分类

按照充电方式不同，自动导引搬运车可分为交换电池式和自动充电式。交换电池式自动导引搬运车是指当电池的电荷降到指定的范围后，要求自动导引搬运车退出服务，进入指定的充电区进行充电。自动充电式自动导引搬运车是在自动导引搬运车的各个停泊位无时间显示地随时充电。

5. 根据转向方式的不同分类

按照转向方式不同，自动导引搬运车可分为前轮转向、差速转向和独立多轮转向。

8.5.3 自动导引搬运车的基本结构和工作原理

自动导引搬运车主要由机械系统、动力系统、控制系统所组成。机械系统主要包括车体、车轮、移载装置、安全装置、转向装置等；动力系统包括运行电动机、转向电动机、移载电动机、蓄电池及充电装置等；控制系统包括信息传输及处理装置、驱动控制装置、转向控制装置、移载控制装置、安全控制装置等。

下面简要介绍自动导引搬运车的主要结构，如图8-33所示。

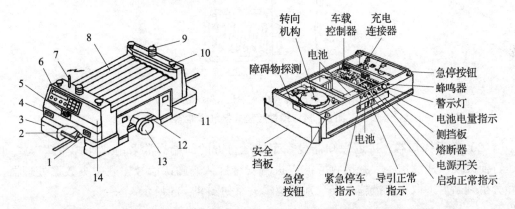

1—随动轮；2—导向传感器；3—接触缓冲器；4—接近探知器；5—警示声响；6—操作面板；
7—外部通信装置；8—自动移载机构；9—警示灯；10—急停按钮；11—蓄电池组；
12—车体；13—速差驱动轮；14—电控装置箱。

图 8-33 自动导引搬运车的总体结构

1. 车体

车体，即自动引导搬运车的基本骨架，车架要求有足够的强度和刚度，以满足车体运行和加速的需要。一般情况下，车架由钢管焊接而成，上面由1~3mm厚的钢板或硬铝板覆盖，以安装移载装置、液压装置、电控系统、按键和显示屏，板下空间安装驱动装置、转向装置和蓄电池，以降低车体的重心。

2. 车轮

车轮根据自动导引搬运车结构的不同，分为卧式结构的驱动轮和立式结构的驱动轮。

3. 移载装置

移载装置是与所搬运货物接触的装置，根据搬运货物的不同，所采用的移载装置也不同。

4. 安全装置

安全装置的主要作用是为自动导引搬运车运行或故障急停时提供一定的安全保证。

自动引导搬运车有接触缓冲器、接近探知器、导向传感器、警示灯和报警声响等多种安全保障装置。在 AGV 系统运行作业中，往往要采取三级安全防碰撞保护手段，即地面系统的防碰撞区段保护、AGV 上的接近障碍物探知保护（接近探知器）和触碰障碍物缓冲保护（接触缓冲器）。

（1）接触缓冲器。接触缓冲器设在车体运行方前端曲下部，有多种结构类型，如弹性胶垫式、杠杆机构式、弹性薄板式和摆动的杆式等。常用的弹性胶垫式接触缓冲器如图 8-34 所示。当触及障碍物时，感压导电橡胶薄板呈低阻抗导通状态，可发出触碰障碍信号使车辆急停。支撑弹簧保证车辆制动过程的缓冲行程。

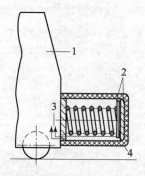

1—车体；2—极板；3—触碰信号；4—压敏导电橡胶。

图 8-34　弹性胶垫式接触缓冲器

（2）接近探知器。接近探知器设在车体运行方的前端，常采用红外式或超声式向运行前方发出遥测信号，并接收回波以进行安全确认。确认信号输入中央数据处理器，经分析判断后采取相应措施。安全判断逻辑关系如图 8-35 所示。

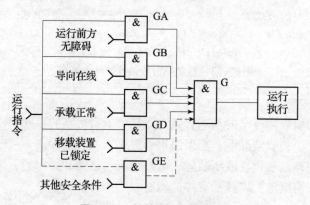

图 8-35　安全判断逻辑关系

探知器的发射部分定时地发出探测脉冲信号，随之将接收部分的"停车回波选通"接收门和"减速回波选通"接收门依次打开，用以判断车辆运行前方有无障碍物。若有障碍物其距离如何、车辆应采取减速还是停车的措施。整个探测周期和相应的车速与时间（距离）自动调适关系如图 8-36 所示。

此外，在自动导引搬运车的四角设有急停开关，任何时候按下开关，自动导引搬运车立即停止动作。

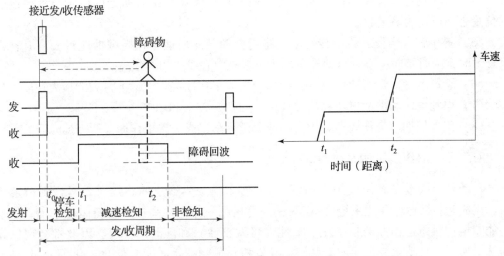

图 8-36　探测周期和相应的车速与时间（距离）自动调适关系

5. 蓄电池和充电系统

自动导引搬运车由电机驱动，采用直流工业蓄电池作为动力，电压为 24V 或 48V。蓄电池在额定的电流下，一般应保证 8h 以上的工作需要，对于二班制工作环境，要求蓄电池有 17h 以上的工作能力。自动导引搬运车根据电池容量表的数据，在需要充电时报告控制台，控制台根据自动导引搬运车运行情况，及时调度需要充电的自动导引搬运车执行充电任务。

6. 驱动控制装置

驱动控制装置的功能是驱动 AGV 运行并进行速度控制和制动控制。它由车轮、减速器、制动器、电机和速度控制器所组成。驱动装置及制动装置的控制命令由计算机或人工控制器发出。

7. 转向控制装置

AGV 的方向控制是接收导引系统的方向信息通过转向装置来实现的。一般情况下，AGV 被设计成 3 种运动方式：只能向前、向前与向后、方向运行。

8. 信息传输及处理装置

信息传输及处理装置主要的功能是对 AGV 进行监控，监控 AGV 所处的地面状态，包括手动控制、安全装置启动、蓄电池状态、转向和驱动电机的控制情况，然后将车上控制器的监控信息与地面控制器所发出的信息进行传递，以达到控制 AGV 运行的目的。

8.5.4　自动导引搬运车的主要技术参数

自动导引搬运车的技术参数是反映其技术性能的基本参数，是选择自动导引搬运车的主要依据。自动导引搬运车的主要技术参数如下：

（1）额定载重量。额定载重量是指自动导向搬运车所能承载的最大重量。

（2）自重。自重是指自动导向搬运车与电池加起来的总重量。

（3）车体尺寸。车体尺寸，即车体的外形尺寸，应与所承载货物的尺寸和作业场地相适应。

（4）停位精度。停位精度是指自动导向搬运车作业结束时所处的位置与程序设定的位置之间所差的毫米数。

（5）最小转弯半径。最小转弯半径是指自动导向搬运车在空载低速行驶、偏转程度最大时，瞬时转向中心和自动导向搬运车纵向中心线之间的距离。

（6）运行速度。运行速度是指自动导向搬运车在额定载重量下行驶的最大速度。

（7）电池电压。电池电压有两种规格，分别为24V和48V。

（8）工作周期。工作周期是指自动导向搬运车完成一次工作循环所需的时间。

8.5.5 AGVS的构成与管理控制

自动导引搬运车系统（AGVS）是一种使车辆按照给定的路线自动运行到指定场所，完成物料搬运作业的系统。AGVS是一种机电一体化的高技术物料搬运系统。由于它能满足物料搬运作业的自动化、柔性（可调整性）和准时的要求，因此常与现代高新技术如工厂自动化、柔性加工系统、计算机集成制造系统及仓储自动化等一起应用，在汽车制造、机械、电子、钢铁、化工、医药、印刷、运输业、商业、仓储等领域促进了生产与流通的现代化发展。

AGVS具有服务面广、运输线路长、运输线路灵活、运行费用少、系统安全可靠及无人操作等特点。因此AGVS广泛使用于厂内运输、装配生产线、仓库、车站等场所，特别适用于有噪声、有污染、有放射性等有害人体健康的地方及通道狭窄、光线较暗等不适合驾驶车辆的场所。在货运量大时，因为没有机械轨道的限制，可方便地重新布置或扩大预定运行路径和运行范围以及增减运行的车辆数量。所以AGVS已成为一种高效、灵活、先进的搬运系统。

AGVS主要由导向系统（由内导向线路、地面地址器、工作站设定器等组成）、自动输送系统、数据传输系统（由电控制柜、通信电缆等组成）、管理系统、安全保护系统及周边设备等组成，如图8-37所示。

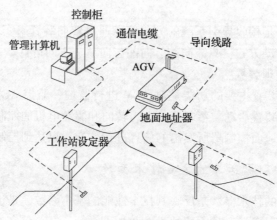

图8-37 AGVS的构成

AGVS的控制系统采用多级控制模式（主要为三级，即计划管理级、过程处置级和作业执行级，如图8-38所示），由管理计算机、总控制柜、地面工作站和AGV车上控制器组成。由于一个AGVS中有多个AGV是同时工作的，为使各个AGV的工作不发生冲突（包括任务冲突、线路冲突等），所有的 AGV 及系统中的其他自动化物流设备都由总控制柜统一控制，自动导引搬运车的控制模块如图 8-39 所示。在 AGVS 实际运行中，总控制柜接受管理计算机的指令后，根据系统中各 AGV 的状态信息，通过地面工作站向相关的 AGV 发送作业指令，AGV 的车上控制器接受作业指令后，控制 AGV 完成相应的搬运任务，并通过地面工作站向总控制柜报告小车的状态信息，总控制柜向管理计算机实时报告各 AGV 的状态信息及运行线路情况，形成一个闭环的控制系统。

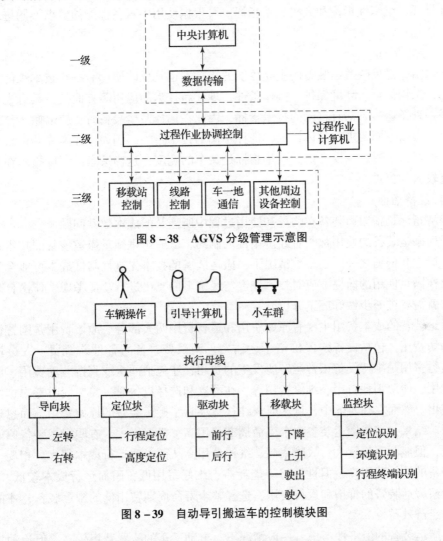

图 8-38　AGVS 分级管理示意图

图 8-39　自动导引搬运车的控制模块图

8.6　搬运装备的合理配置与使用管理

在物流系统中，搬运作业的工作量和所花费的时间、耗费的人力和物力占有很大的比重。为了高效、及时、安全地完成搬运作业，必须合理地配备和管理好搬运装备。随着对物流活动中搬运作业要求的进一步提高，搬运作业中所使用的搬运装备也相应地往多样化、高效化方向发展。怎样在使用环境和作业要求各异的搬运装备中配置适合企业发展的搬运装备，是企业经营决策中的一项重要工作，直接关系到企业物流系统能否高效地运行。

在选择和配置过程中,都希望选择技术可靠、经济合理、操作方便的搬运装备。然而,在实际当中,常会存在着一些矛盾,如技术上先进的机械价格却很高。因此,在实际选用和配置过程中,必须根据企业的实际情况和侧重点进行合理的选择和配置。

1. 根据指标体系进行配置、选择

搬运装备配置、选择的指标体系主要由5个部分所组成,即技术指标、经济指标、适用性指标、组织性指标和人机关系指标。可根据使用中对各性能的要求不同进行科学合理的选择。

1)技术指标

技术指标是反映搬运装备的主要性能的指标,也是反映搬运装备在技术性能、自动化程度、结构优化、环境保护、操作条件、现代新技术的应用等方面是否具有先进性指标。每一种搬运装备都有自己的技术指标,因此在选择搬运装备时,应以搬运作用适用为前提,根据不同要求和具体情况,选择不同的技术指标。例如:在堆垛巷道较窄的仓库中,选择叉车时,主要考虑的技术指标是叉车的宽度,这样叉车的宽度指标在选择中就占有较大的权重。

2)经济指标

经济指标是指搬运装备在购置和使用过程中所涉及的成本效益问题。

任何搬运装备的使用都受着经济条件的制约,低成本是衡量搬运装备的技术可行性的重要标志和依据之一。在多数情况下,搬运装备的技术先进性与低成本可能会发生矛盾。但在满足使用的前提下应对技术先进与经济上的支出进行全面考虑,作出合理的判断,这就需要进一步做好成本分析。

搬运装备的成本费用主要有原始费用和运行费用两大部分。原始费用是购置设备发生的一切费用,包括设备购置价格、运输费、调试费、备品备件购置费、人员培训费等。运行费用是维持设备正常运转所发生的费用,还包括间接或直接劳动费用、服务与保养费用、能源消耗费用、维修费用等。在配置和选择设备时,需要同时考虑这两部分费用支出。然而,在实际中,许多时候往往只注意了搬运装备的原始费用,而忽略了运行费用。结果,造成搬运装备整个寿命周期费用高、投资增大。有些搬运装备原始费用比较低,但能源消耗量大、故障率高、维修费用高从而导致运行成本很高。相反,有些搬运装备的原始费用高,但性能好、能耗小、维修费用低,因而运行成本较低。因此,全面考察搬运装备的价格和运行费用,选择整个寿命周期费用低的搬运装备,才能取得良好的经济效益。

从搬运装备的经济性考虑,一般情况下,电动叉车的购置费用较高,但流动费用较低,经济寿命较长,所以总的经济性能良好。

3)组织性指标

组织性指标是指搬运装备作业和供货的及时性和可靠性。为了保证搬运装备正常工作,在配置、选择搬运装备时,必须考虑搬运装备以及配件备件的供应及时性和可靠性、维修网点、供应商服务内容等情况,以便最大限度地发挥搬运装备的效能。

4)适用性指标

适用性指标是搬运装备满足使用要求的能力,包括适应性和实用性。在配置与选择搬运装备时，应充分注意与搬运作业的实际需要，应符合货物的特性，适应货物量的需要，适应不同的工作条件和多种作业性能要求，操作使用灵活方便。因此，首先应明确搬运装备的必要功能是什么。根据具体的作业任务来确定需要什么样的搬运装备，做到搬运装备作业配套，发挥各搬运装备的效能。所以，在配置与选择搬运装备时应根据物流作业特点，找到必要功能，选择相应的搬运装备。这样的搬运装备才有针对性，才能充分发挥其功能。只有充分考虑使用要求，选择搬运装备的功能时，才能充分体现搬运装备的适用性，获得较大的投资效益。

5）人机关系指标

人机关系指标也越来越受到人们的重视，人机关系问题目前已经发展成为一个重要的科学分支——人机工程学。人机关系指标主要反映搬运装备操作的舒适性。为此，在配置和选择搬运装备时，要看搬运装备外观是否符合现代美学观念，是否视野宽阔，是否给人以美的感受，是否容易操作，是否无噪声或较小的噪声等因素，从而选择具有较好舒适性的搬运装备。

2. 根据使用条件进行配置，可选择更合适的搬运装备

一般考虑以下使用条件：

（1）作业场合。要明确所配置的搬运装备是在室内、室外，还是在室内外作业；作业环境的温度、湿度、大气压力如何，是否易燃易爆；地面状况，有无坡道，地面、楼层或货梯的承载能力；通过空间情况，如门的最小尺寸（高×宽）、最低楼层的净空高度等。一般情况下，以室内作业为主且对路面要求较高的搬运作业，常选择电动车辆；以室外作业为主的搬运作业，常选择内燃机车辆。

（2）作业性质。要明确是搬运作业，还是码垛作业，或者两者都有；是货架存放还是堆叠码垛；最低层和最高层的堆放支承高度；通道的最大和最小宽度，等等。一般来说，高层货架可选择高架叉车或起升高度较高的叉车。

（3）作业的配套性。在搬运过程中，为了保证搬运高效、经济，要特别注意搬运装备与整个搬运装卸系统的配套性，尽量做到在作业能力、作业时间等方面上的配套。

（4）搬运距离。每一种搬运装备都有经济搬运距离，因此要明确搬运距离的大小。一般情况下，当搬运距离小于50m时，应该选择堆垛用起升车辆，如巷道堆垛机和叉车；当搬运距离在50～300m时，一般应选择堆垛用起升车辆和非堆垛用搬运装备相搭配，如叉车和平台搬运车的搭配使用；当搬运距离超过300m时，应选用牵引车或平台搬运车来进行搬运作业。

（5）搬运作业量。搬运作业量大小关系到搬运装备应具有的作业能力，从而影响到所需配备的机械设备的类型和数量。作业量大时，应配备作业能力较高的大型搬运装备；作业量小时，最好采用构造简单、造价低廉而又能保持相当生产能力的中小型通用搬运装备；对于作业量很小的货物的搬运，可选用人力搬运装备。

在考虑上述搬运装备的配置、选择方法的同时，要根据企业的自身情况，综合各方面因素，进行经济和技术的可行性评估，最终选定适合的搬运装备。

思考题

1. 常见的物流搬运装备主要有哪些？

2. 简述手推车的作用和主要种类。
3. 简述简易搬运车的种类和主要适用场合。
4. 简述叉车的概念和主要种类及使用场合。
5. 简述叉车主要属具及其用途。
6. 简述叉车的总体构造和各部分主要功能。
7. 简述叉车的主要技术参数及含义。
8. 简述叉车的主要使用性能及含义。
9. 简述 AGV 与 AGVS 的含义及作用。
10. 选择合适的搬运装备时一般考虑哪些使用因素?

第9章 输送及分拣设备

本章要点：
(1) 掌握输送机械的定义、分类和主要参数。
(2) 掌握常用输送机的特点、适用范围。
(3) 掌握自动分拣系统的组成与工作过程，掌握分拣系统的类型和主要设备。

9.1 输送机械概述

9.1.1 输送机械定义

运输机械是指将物料或物品在一定的输送线路上，从装载点到卸载点以一定或变化的速度、连续或间断地进行输送的机械设备。运输机械可分为三大类：输送机械、装卸机械和给料机械。

作为标准的术语，运输机械不同于一般的运输工具（车辆、船舶等），专门指用来"输送"而非"运输"的一类机械设备。

输送机械是运输机械中应用最广的设备是指可连续或间断地沿着给定线路输送物料或物品的机械设备。输送机械是生产、加工过程中组成机械化、连续化、自动化的流水作业输送线中不可缺少的组成部分，在物流业应用广泛，是自动化立体仓库、配送中心、大型货场的生命线。

在国内外大量自动化立体仓库、物流中心、配送中心、大型货场中，除起重机械以外，其他设备大部分都是由输送机组成的搬运系统，如进库出库输送机系统、自动分拣输送机系统、自动装卸输送机系统等。整个搬运系统均由中央计算机控制，形成了一整套复杂完整的货物输送、搬运系统，大量货物的进库、出库、装卸、分类、分拣、识别、计量等工作均由输送机系统来完成。因此，在现代化货场和物料搬运系统中，输送机械担负着重要的作用。可以说，到目前为止，还没有找到一种具有输送运费低廉，能大量搬运货物和物料，易于实现自动化、无人化的设备来代替它。

9.1.2 输送机械分类

从不同的认识、观察或区分的角度，可以对输送机械进行不同的分类。

1. 按输送形式分类

输送机械按照承载构件类型、动力传递方式、输送运动特征，可以进行详细的分类，如下：

(1) 带式输送机：以输送带作为承载和牵引件或只作承载件的输送机。

(2) 牵引链（绳）输送机：在无级牵引链或钢丝绳上不带承载件，物品或盛物的容器直接安装在无级牵引链条或钢丝绳上进行输送的输送机。

(3) 刮板输送机：物料在料槽中借助牵引构件上的刮板拽运的输送机。

(4) 埋刮板输送机：物料在封闭的料槽中靠刮板链条和物料之间的摩擦力，以及物料的内摩擦力输送物料输送机。

(5) 板式输送机：在牵引链上安装承载物料（物品）的平板或一定形状底板的输送机。

(6) 斗式输送机：在牵引链上安装盛物料斗的输送机。

(7) 托架输送机：盛物托架可以绕销轴摆动的输送机。

(8) 螺旋输送机：借助旋转的螺旋叶片，或者依靠内部螺旋使自身旋转的料槽输送物料的输送机。

(9) 振动输送机：以料槽振动而达到输送物料目的的输送机。

(10) 辊子输送机：用多个并排安装在机架上的辊子输送物品盛物输送机。

(11) 步进式输送机：具有往复运行机构，以推动物料运移的输送机。

(12) 流体输送机：借助具有一定能量的流体在输送管内输送物料（品）的输送机。

(13) 液力输送机：借助具有一定能量的液体输送物料（品）的输送机。

(14) 悬挂输送机：物品通过固结在牵引链上的吊具，可进行空间输送，并能自动地装载和卸载的输送机。

(15) 提升机：在大倾角或垂直状态下输送物料（品）的输送机。

(16) 架空索道：一种能够跨越江河、山谷和地面障碍物的架空运输设备，靠钢丝绳牵引运载工具进行物料或人员输送。

(17) 自动扶梯：在建筑物不同高度层之间运送人员的连续输送设备。

(18) 自动人行道：在水平或小倾角情况下运输人员的连续输送设备。

带式输送机在物流业应用最为普遍，自动扶梯、自动人行道用于输送人员。

2. 按安装方式分类

输送机械根据安装不同，可分为固定式和移动式两大类。固定式输送机械是指整个设备安装在一个地方，不能再移动，主要用于固定输送场合，具有输送量大、单位能耗低、效率高等特点。移动式输送机械是指整个设备安装在车轮上，可以移动，具有机动性好，利用率高，能及时布置输送作业达到装卸要求的特点。这类设备输送量不能太高，输送距离不能太长。

3. 按结构特点分类

输送机械按结构特点，可分为具有挠性牵引构件的输送机械和无挠性牵引构件的输送机械。具有挠性构件的输送机械的工作特点是物料在牵引构件的作用下，利用牵引构件的连续运动使货物向一定方向输送。牵引构件是往复、循环的一个封闭系统，通常是一部分输送物料，另一部分牵引构件返回。常见的有带式输送机、斗式提升机等。无挠性构件的输送机的工作特点是利用工作构件的旋转运动或振动，使物料向一定方向输送，它的输送构件不具有往复循环形式。常见的有螺旋输送机、振动输送机等。

4. 按物料（品）流动特征分类

输送机械依照物料（品）输送时不同的流动特征分为两大类：间歇性输送机械和连续性输送机械。间歇性输送机械主要用于集装单元货物（成件包装货物）的输送，所以又称为单元负载式输送机；连续性输送机械主要用于散装货物的输送装卸，也可以用来输送单元货物。

9.1.3 输送机械主要参数

输送机械的主要参数包括三类：性能参数、尺寸参数、载荷与质量参数，其中载荷与质量参数主要用于机械设计，本书不做详述。

1. 性能参数

(1) 输送量：单位时间（小时）内输送的物料（品）量。
(2) 输送速度：被运物料沿输送方向的运行速度。
(3) 充填系数：输送机承载件被物料填满程度的系数。
(4) 速度系数：牵引构件速度对输送机输送量影响的系数。
(5) 倾角系数：倾角对输送机输送量影响的系数。
(6) 物料断面系数：物料横断面积的实际值与理论计算值之比。

此外，还有安全系数、启动时间、制动时间、轴功率、电动机功率等性能参数。

2. 尺寸参数

(1) 输送长度：输送机装载点与卸载点之间的展开距离。
(2) 提升高度：物料在垂直方向的输送距离。
(3) 倾角：输送机纵向中心线与水平面间的夹角。
(4) 滚筒直径：通过滚筒通体中心的景象轮廓尺寸。
(5) 链轮直径：链轮的节圆尺寸。
(6) 辊子直径：通过辊子中心的径向轮廓尺寸。
(7) 拉紧行程：拉紧装置的工作行程。
(8) 围包角：牵引构件在其卷绕构件上的包角。

9.2 连续性输送机

一些散装货物，如煤、化肥、粮食、矿砂等，采用包装流通还是采用散料流通，成本相差巨大。以粮食为例，采用包装流通，每吨费用约为13.12元，而采用散料流通，每吨费用仅为0.93元。此外，在作业时间与人数方面，也相差甚远。所以粮食采用散装流通，可以加快流通，提高各个环节的生产率，减少作业人员的劳动强度，大幅度降低流通费用，从而降低粮食的成本与价格，增强市场竞争力。

连续性输送机械是以连续的方式沿着一定的线路从装货点到卸货点均匀输送散装货物的机械。连续性输送机械工作时，货物的装载和卸载都在运动过程中进行，无须停车，启动、制动少。被输送的散货是以连续形式分布于承载构件上，输送的成件货物按一定的次序以连续的方式移动。

连续输送机能够在一个区间内连续搬运大量货物，搬运成本非常低廉，搬运时间比较准确，料流稳定，广泛用于现代物流系统中，如生产企业的供料系统、港口散料的装卸系统、自动化立体仓库、物流配送中心、大型货场等。

连续输送机具有速度高且稳定、生产率高、冲击小、动作单一、便于实现自动控制、工作过程中负载均匀等优点，缺点是只能按照一定的路线输送，而无机动性、通用性差，一般不适用于运输质量很大的单件物品，不能自行取货而需采用一定的供料设备。

输送机械配置是否合理，参数选择是否符合实际，自动化性能的优劣，将直接决定物料搬运作业的运行和成本。连续运输机械一般用生产率来反映其工作能力：

$$Q = 3.6 \times g \times v$$

式中　　Q——输送机生产率，指输送机在单位时间内输送货物的质量；

　　　　g——单位长度承载构件上货物或物料的质量（kg/m）；

　　　　v——输送速度（m/s）。

9.2.1　带式输送机

图 9-1 为工厂用带式输送机，图 9-2 为矿山用带式输送机。

图 9-1　工厂用带式输送机

图 9-2　矿山用带式输送机

带式输送机是以胶带、钢带、钢纤维带、塑料带和化纤带作为传送物料和牵引工件的输送机械。特点是承载物料的输送带也是传递动力的牵引件，与其他输送机械有显著的区别。承载带在托辊上运行，也可用气垫、磁垫代替托辊作为无阻力支撑承载带运行。它在连续式输送机械中是应用最广泛的一种，且以胶带为主。

带式输送机按承载断面分类，可分为平形、槽形、双槽形（压带式）、波纹挡边斗式、波纹挡边袋式、吊挂式圆管形、固定式和移动式圆管形等。

带式输送机一般用电动机作为动力，胶带为输送带，利用摩擦力连续输送货物的机械。输送带的种类很多，常见的有橡胶带、帆布带、塑料带和钢芯带四大类，其中以橡胶输送带应用最广。采用橡胶带的输送机一般称为胶带输送机。

1. 带式输送机的结构和工作过程

带式输送机由金属结构机架，装在头部的驱动滚筒和装在尾部的张紧滚筒，绕过头滚筒、尾滚筒和沿输送机全长安置的上支承托辊、下支承托辊、输送带，以及电动机、减速器等驱动装置，卸载装置和清扫装置等组成。图 9-3 为普通带式输送机的主要结构。

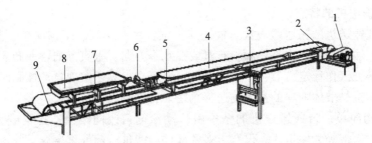

1—驱动装置；2—传动滚筒；3—张紧装置；4—输送带；5—平形托辊；
6—槽形托辊；7—机架；8—导料槽；9—改向滚筒。

图 9-3　普通带式输送机结构

带式输送机的布置形式有水平式、倾斜式、带凸弧曲线式、带凹弧曲线式、带凹凸弧曲线式五种基本型式。在具体使用时，应根据输送工艺的需要进行选择。

根据工作需要，带式输送机可做成工作位置不变的固定式和位置可变的固定式，可做成输送方向能改变的可逆式输送机，还可做成机架伸缩以改变距离的可伸缩式输送机。带式输送机主要用于水平方向或坡度不大的倾斜方向连续输送散粒货物，也可用于输送重量较轻的成件货物。固定式托辊胶带输送机和移动式胶带输送机分别如图 9-4、图 9-5 所示。

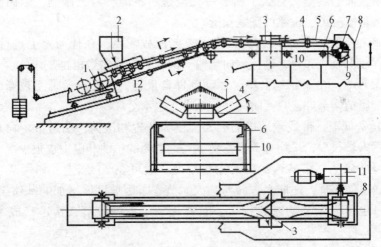

1—张紧滚筒；2—装载装置；3—犁形卸载挡板；4—槽形拖带；5—输送带；6—机架；7—驱动滚筒；
8—卸载罩壳；9—清扫装置；10—平托盘；11—减速箱；12—空段清扫器。

图 9-4　固定式托辊胶带输送机的一般结构

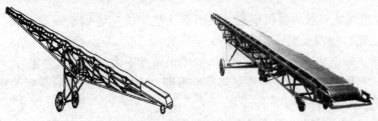

图 9-5　移动式胶带输送机

2. 带式输送机的特点

由于带式输送机的输送距离大、输送能力强、生产率高、结构简单、基建投资少、营运费用低，输送线路呈水平、倾斜布置或在水平方向、垂直方向弯曲布置，因而受地形条件限制小，工作稳定可靠、操作简单、安全可靠，易于实现自动控制。

带式输送机是散体物料的主要输送工具之一，具有以下特点：

（1）结构简单。带式输送机的结构由传动滚筒、改向滚筒、托辊或无辊式部件、驱动装置、输送带等大件组成，仅有十多种部件，能进行标准化生产，并可按需要进行组合装配，结构十分简单。

（2）输送物料范围广泛。带式输送机的输送带具有抗磨、耐酸碱、耐油、阻燃等各种性能，并耐高、低温，可按需要进行制造，因而能输送各种散料、块料、化学品、生熟料和混凝土。

（3）输送量大。运量可从每小时几千克到几千吨，而且是连续不间断运送。这是其他输送工具所达不到的。

（4）输送距离长。单机长度可达十几千米一条，中间无须任何转载点。越野的带式输送机常使用中间摩擦驱动方式，使输送长度不受输送带强度的限制。

（5）线路适应性强。现代的带式输送机在越野敷设时，已从槽形发展到圆管形，可在水平及垂直面上转弯，打破了槽形带式输送机不能转弯的限制，因而能沿地形而走，可节省大量修隧道、桥梁的基建投资。

（6）装卸料方便。带式输送机可根据工艺流程需要，在任何点上进行装、卸料，还可以在回程段上装、卸料，进行反向运输。圆管式带式输送机也是如此。

（7）可靠性高。由于结构简单，运动部件自重轻，只要输送带不被撕破，寿命可达十年，而金属结构部件，只要防锈好，几十年也不会坏。

（8）营运费低廉。带式输送机的磨损件仅为托辊和滚筒，输送带寿命长，自动化程度高，使用人员很少，平均每千米不到1人，消耗的机油和电力也很少。

（9）基建投资省。带式输送机的输送角度一般可在20°以上，如用圆管带式输送机，垂直输送也能实现，还能水平转弯，大大节省了因坡度而增加的基建投资。另外，通过合理设计也可大量节约基建投资。随着化学工业的发展，输送带成本将进一步下降。

（10）能耗低、效率高。由于运动部件自重轻，无效运量少，在所有连续式和非连续式运输中，带式输送机耗能最低、效率最高。

（11）维修费少。带式输送机运动部件仅有滚筒和托辊，输送带十分耐磨，因此维修费少。

（12）应用领域广阔。根据报道，我国带式输送机广泛用于锅炉上煤、煤矿生产、火力发电厂、建材厂和水泥厂、港口码头等场景。

但是，带式输送机不能自动取货，一般输送角度不大。当料流变化时，需要重新布置输送线路。当输送距离长时，若安装精度不够，则输送带运行时很容易跑偏成蛇形，使输送带的使用寿命降低。

综上所述，带式输送机的优越性已十分明显，是国民经济中不可缺少的关键设备。由于国际互联网络化的发展，大大缩短了带式输送机的设计、开发、制造、销售的周期，使它更加具有竞争力。

3. 带式输送机使用的注意事项

使用过程中，应该对带式输送机进行检查，重点注意以下事项。

（1）要经常检查胶带的松紧程度，并进行空载启动以降低启动阻力。

（2）应经常检查所有托辊的回转情况，如托辊不转，则造成胶带运动阻力增大、功率消耗增大，还将造成胶带和托辊的严重磨损。

（3）带式输送机进料必须保持均匀。

（4）带式输送机必须在停止进料且待机上的物料卸完后才能停机。如果中途突然停车，在事故排除后，卸下输送带上的物料，再启动。

（5）多台带式输送机联合工作时，开机时从卸料端那台输送机开始启动，停机时先停止进料，从进料端开始停止输送机工作，然后逐一向前停机。如中间某台机器发生故障，则应先停止供料，停止进料端的输送机，进行维修，否则会造成物料的堵塞。

（6）带式输送机不工作时，应盖上苫布，防止日晒夜露和雨淋，致使输送机腐蚀和生锈。若较长时间不使用，应调松输送带，入库保存。

4. 气垫带式输送机

因为普通带式输送机在启动、高速、跑偏、摩擦发热等方面存在不足或缺陷，所以设计的重点回到结构更简单而使用更可靠的无托辊带式输送机。无托辊带式输送机主要包括气垫带式输送机、液垫带式输送机、磁垫带式输送机，本书只介绍气垫带式输送机。

气垫带式输送机的研究工作始于荷兰。德国、美国、英国、日本也相继进行研制，结构得到进一步完善。由于它的技术经济效果显著，因此近年来发展很快。

气垫带式输送机是将普通带式输送机的承载托辊去掉，改用设有气室的盘槽，由盘槽上的气孔喷出的气流在盘槽和输送带之间形成气膜，使普通带式输送机的接触支承变为形成气膜状态下的非接触支承，从而显著地减少了摩擦损耗。

当输送带的承载、空载分支都用气垫支承时，称为全气垫型；仅承载分支用气垫支承、空载分支仍用托辊支承时，称为半气垫型。图9-6为半气垫带式输送机的结构。

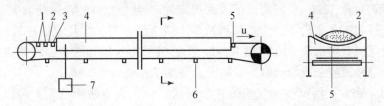

1—缓冲托辊；2—输送带；3—成型托辊；4—气室；5—盘槽；6—平托辊；7—鼓风机。

图 9-6 半气垫式输送机的结构

半气垫带式输送机的基本工作过程为当鼓风机7向气室4供气后，有压空气从盘槽5上的气孔溢出，推起输送带2，在输送带与盘槽之间形成厚度在1mm以下的气垫。为防止加料时冲击输送带而破坏气垫，在受料段仍用缓冲托辊1支承输送带。为避免输送带的弯曲形状与盘槽的形状不吻合而产生摩擦，在气室两端设有成型托辊3，输送带的空载分支仍由平托辊6支承。

气垫带式输送机的主要特点是高速长距离输送时可大量节能，运行中物料极为平稳，输送带很少跑偏，如果将鼓风机隔离，则运行时噪声很小，可省去大量的托辊更换、维修工作。尤适用于水平输送、按工艺要求比例配制的混合料，在输送线路的凸弧段，应改用托辊支承。

气垫带式输送机具有以下显著的特性。

（1）耗能少。气垫带式输送机以气垫代替托辊支承，变滚动摩擦为流体摩擦，大大减少了牵引力和运行阻力。在输送量和工艺条件相同的情况下，功率消耗比托辊输送机节约10%~25%，输送量越大，输送距离越长，节能效果越显著。

（2）重量轻。由于气箱采用箱形断面，气垫带式输送机的纵向支架可承受较大弯矩和扭矩；又因托辊数量极少（仅在输送机两端各设几套过渡托辊），胶带层数和厚度较少，自重较轻，单位自重的强度系数与刚度系数比较大，从而大大提高了设备的超载能力。

（3）寿命长。气垫带式输送机便于实现全线防护式密封，同时由于胶带张力小，磨损少、不跑偏、不撕带，加之气垫对胶带有冷却作用，故而胶带寿命可延长2倍左右，设备使用寿命也比托辊输送机长得多。

（4）维修费用低。气垫带式输送机用气垫代替了托辊支承，转动部件少、事故点少、可靠性强、磨损小，从而大大减少了维修工作量和维修费用。实践证明，气垫输送机比托辊输送机节约维修费用60%~75%。

（5）输送平稳，工作可靠。托辊输送机运行中，输送带是波浪式向前运行，物料颠簸、撒料严重、胶带跑偏、磨损大。气垫输送机完全克服了上述缺点，运行十分平稳、不颠簸、不撒料、不跑偏、不扬尘，不会把散料的粒度自动分级，特别适宜输送按工艺比例配制好的混合散料。

（6）启动功率低，可以直接满载启动。托辊输送机的启动功率大，一般约为运行功率的1.5~2.5倍，并且难以实现全线满载启动。气垫带式输送机只要形成稳定的气垫层之后，驱动电机的启动功率与运行功率相差甚微，并且在全线满载时，无须采取任何辅助措施便可轻易直接启动。

（7）输送能力高。气垫带式输送机最佳运行速度为3~4m/s，最低运行速度为0.8m/s，最高可达12m/s。因此，可大大提高输送能力。加之装料断面大、平稳性好，在同一输送量和工艺条件下，气垫机可减少1或2级型号，即托辊输送机需采用B1200时，气垫输送机只需采用B1000或B800。托辊机采用6层强力带，气垫带式输送机只需用3或4层普通胶带或轻型带，从而大大节约了投资。

（8）宜于密封，污染少。气垫带式输送机沿机长设有密闭气箱，可以进行全线密封，易于安装防护罩及安全设施，宜于密闭输送和安装吸尘装置，污染少、噪声小，实现了文明生产。

9.2.2 螺旋输送机

螺旋输送机是一种利用螺旋叶片的旋转运动推动散粒物料沿着料槽运动的输送机械。它可以固定使用，也可以制成移动式；可以水平或倾斜输送，也可以垂直输送物料。

螺旋输送机在整个输送长度上都能装料或卸料，一般制成全封闭形式，以防灰尘外扬。适宜于输送粉状、颗粒状和小块物料，不宜输送大块的、磨损性很强、易破碎的或易黏结成块的纤维性物料，输送量一般为 20～40m³/h，最大可达 100 m³/h。它在生产中常用在长度为 50m 范围内的水平输送，也可用在倾斜方向或高度在 10m 范围内垂直输送。广泛用于粮食、油脂、饲料、食品、化工、轻工、建筑材料、交通运输业等行业，用作输送谷物、豆类、面粉、饲料、化工原料、水泥、黄沙、煤、焦炭、矿石等物料。

螺旋输送机按机体结构分类，可分为头节、中间节和尾节三部分，除头、尾两节外，中间节数量可根据输送长度需要而确定。

利用螺旋叶片的旋转和推动，螺旋输送机在输送物料时能起到掺合、搅拌和松散物料的作用。但由于整个螺旋叶片在物料中旋转，因此输送粗糙物料，螺旋叶片容易磨损，输送易碎物料，物料容易被螺旋叶片破碎。此外，由于螺旋叶片在物料中旋转摩擦阻力增大，故功率消耗也较大。

螺旋输送机依照输送线路的走向，分为水平螺旋输送机、立式螺旋输送机、曲线螺旋输送机、弹簧螺旋输送机。

1. 水平螺旋输送机

水平螺旋输送机一般由驱动装置、盖板、出料口、料槽、轴承、螺旋体、进料口等部件组成，如图 9-7 所示。

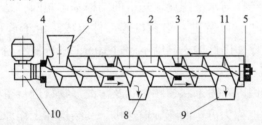

1—转动轴；2—料槽；3—中间轴承；4—首端轴承；5—末端轴承；6—转载漏斗；7—中间转载口；
8—中间卸载口；9—末端卸载口；10—驱动装置；11—螺旋片

图 9-7 移动式水平螺旋输送机的结构

输送散货的水平螺旋输送机的工作原理：当螺旋在料槽内旋转时，装入料槽的物料由于受到自身重力和物料与料槽间摩擦力的作用，不随螺旋一起旋转，而沿着料槽轴线方向移动，物料输送的过程类似于螺母与螺杆的运动，即当螺母不转而螺杆旋转时，螺母就沿着螺杆轴线方向向前移动。

水平螺旋输送机可在水平或 20°以内的倾斜方向上输送物料，广泛应用于粮食、建材、化工、机械、交通运输等部门。输送长度一般为 30～40m，最长可达 60～70m，生产率一般不超过 100t/h。目前国内的定型产品是 GX 型螺旋输送机，螺旋直径为 150～600mm，螺旋转速为 20～190r/min，输送机长度从 3～70m，每 0.5m 一个级差，可在环境温度为 -20～50℃的条件下工作，输送物料温度可达 200℃。该系列螺旋输送机根据螺旋直径、转速和输送物料品种不同，生产率范围大约为 4～140t/h。

2. 立式螺旋输送机

立式螺旋输送机（也称为垂直螺旋输送机）如图 9-8 所示，是一种高速旋转的螺旋输送机，转速可达 450～850r/min。由于螺旋轴的高速旋转，使物料在机壳内形成若干同心圆层,最外层物料压向机壳,物料与机壳所产生的摩擦力大到足以克服螺旋叶片表面与物料之间的摩擦力和物料自身重量的合力,这样物料与螺旋表面之间发生滑动,以低于螺旋轴转速沿着与螺旋旋转方向相反的螺旋轨迹上升。

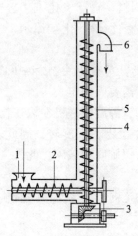

1—进料口;2—水平喂料螺旋;3—驱动装置;4—垂直螺旋;5—外壳;6—卸料口。

图 9-8 立式螺旋输送机

立式螺旋输送机的结构与水平螺旋输送机的结构基本相同,是由驱动装置、上轴承和底座轴承、螺旋体和机壳以及进、出料口等部件组成。由于这种输送机没有中间轴承,靠上下两端轴承支撑,因此输送高度不超过 10m,输送量不超过 50t/h。

3. 曲线螺旋输送机

曲线螺旋输送机是用以对粉末状、颗粒状及污泥等物料进行空间多维可弯曲输送的连续作用装卸机械,故也称为可弯曲螺旋输送机。其结构和工作原理与直线螺旋输送机相同,只是螺旋不是由钢板冲压、焊接而成或铸造而成,而是将具有一定机械性能,如强度高、硬度大、耐磨性好/耐腐蚀性强,由合成橡胶制成的螺旋片黏结在高强度的挠性螺旋心轴上而形成的。因而,螺旋是可弯曲的,曲率半径最小可达 800mm。工作时,只要配以不同形状的料槽,同一根螺旋就可以按要求弯曲成任意形状,达到在空间任意方位输送物料的目的。

由于螺旋是挠性的,工作时常与槽体接触,因此可以不加中间支撑。为了使其可靠地工作,螺旋长度一般不超过 15m。

需要指出的是,由于可弯曲螺旋有右旋(R 形)拉曳型和左旋(L 形)挤压型,而且挠性螺旋轴的卷绕方向也不同,所以使用时不要反转。

与普通螺旋输送机相比,可弯曲螺旋输送机的优点,如下:

(1)由于取消了中间支撑,所以结构简单,安装维修方便,减少了物料的中间堵塞现象。

(2)由于螺旋是用特殊的合成橡胶制造,并黏结在转轴上,故耐腐蚀、无噪声。

(3)由于螺旋是挠性的,当螺旋在 U 形料槽内工作时,一旦装载物料过多,螺旋可自动浮起来;当物料被运走后,螺旋又恢复正常,因此不易造成输送机的超载现象。

(4)可以实现多向输送。

4. 弹簧螺旋输送机

弹簧弯曲螺旋输送机与水平、垂直螺旋输送机的主要不同之处是螺旋与料槽具有挠性,用挠性的螺旋形弹簧截面可以是方形或圆形,叶片黏在高强度的挠性心轴上作为运送构件,再配以不同形状的弹性料槽,螺旋与料槽接触,用电动机直接带动旋转而输送物料。传动电机可安装在头部或尾部,效果是一样的。一根螺旋可以按不同要求弯成任意形状,从而达到空间多方位输送物料的目的。这种输送机通常用于粉状、颗粒状的散料以及黏性较小的散料等的输送。

另外,弹簧不可弯曲螺旋输送机在工业和物流上的应用也较为广泛,如图 9-9 所示。弹簧弯曲螺旋输送机如图 9-10 所示。

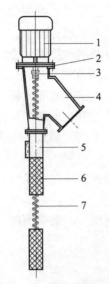

1—电动机;2—密封圈;3—连接轴;4—卸料口;5—连接管;6—输送管;7—弹簧螺旋。

图 9-9 弹簧不可弯曲弹簧螺旋输送机

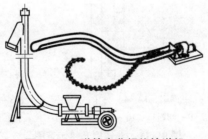

图 9-10 弹簧弯曲螺旋输送机

一般试验条件下弹簧的转速不应小于 1000r/min,与普通的螺旋输送机相比,弹簧弯曲螺旋输送机具有许多优点,如下:

(1) 外形尺寸小,结构简单,制造安装设备的费用低。

(2) 电动机直接带动,无须中间支撑轴承,故而结构简单,安装维修方便。

(3) 由于螺旋和料槽都为挠性非金属,所以工作时噪声较小,且耐腐蚀。

(4) 可以实现空间任意弯曲,实现多向输送。

(4) 密闭性好。

其主要缺点,如下:

(1) 输送量小,输送距离短,通常不超过15m。
(2) 若输送管为塑料管或橡胶管,物料温度须小于50℃。
(3) 不宜输送黏性大的物料。
(4) 空转和喂料不均时有一定噪声。

9.2.3 斗式提升机

1. 斗式提升机应用范围及特点

斗式提升机用于垂直或倾斜时输送粉状、颗粒状及小块状物料。

斗式提升机的优点:横断面上的外形尺寸较小,可使输送系统布置紧凑,提升高度大,有良好的密封性等;缺点:对过载的敏感性大,料斗和牵引构件易损坏。斗式提升机提升物料的高度可达80m,一般常用范围小于40m,输送能力在1600m³/h以下。一般情况下多采用垂直式斗式提升机,当垂直式斗式提升机不能满足特殊工艺要求时,才采用倾斜式并提机。由于倾斜式斗式提升机的牵引构件在垂度过大时需增设支承牵引构件的装置,而使结构复杂,因此很少采用倾斜式斗式提升机。

2. 斗式提升机结构

斗式提升机属于具有挠性牵引构件的连续输送设备,由牵引带上每隔一定的距离固定着承载物料的料斗运动来实现输送。

图9-11是斗式提升机的一般结构,由牵引构件、料斗、机头、机座、机筒、驱动装置和张紧装置组成。

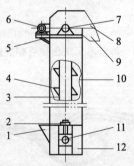

1—进料口;2—张紧装置;3—牵引机构;4—料斗;5—驱动平台;6—驱动装置;7—转动轮;
8—头部罩壳;9—卸料口;10—中间罩口;11—拉紧轮;12—底座。

图9-11 斗式提升机示意图

斗式提升机为了防止灰尘的飞扬和物料的抛撒,全部构件通常用外壳封闭,外壳上端称为机头,下端称为机座,中间称为机筒。机筒的长短可根据提升高度由若干节组成;提升机的驱动装置与驱动轮轴相连,提供给提升机必要的动力;张紧装置与底轮相连,提供了牵引必要的张力,以保证提升机正常运转;机头上装有止逆器,为防头轮逆转,机筒中装有牵引构件跑偏报警器,牵引构件跑偏时即会报警,机头端设有防爆孔,以便排泄爆炸性气体,防止粉尘爆炸。

斗式提升机结构简单,横向尺寸小,占地面积小,提升高度大,输送能力好。在全封闭的机身内工作,对环境的污染小,耗用动力小约为 0.00059~0.0006(kW·h)/(t·m)。但过载时容易堵塞,料斗易磨损,只适用于输送粉粒状和中小块状的散货,如粮食、煤、沙等。

斗式提升机有固定式和移动式两种:固定式斗式提升机安装于工厂生产车间、仓库等处,生产能力较大;移动式斗提机使用方便灵活,多作为粮仓的装卸设备。按牵引构件的不同,斗式提升机可分为带式和链式两种,物料温度低于60℃,适用于带式斗式提升机,反之用链式斗式提升机。

斗式提升机一般采用专用胶带,采用特殊加强耐撕聚酯帆布或钢丝绳作骨架材料,另加防撕裂层。

3. 斗式提升机的工作过程

斗式提升机的整个工作过程分为三个阶段:装料、提升、卸料。其中,装料与卸料尤为重要,对斗式提升机的生产率起决定性作用;提升相对较为简单,只要胶带或链条强度有保证,输送过程中无打滑或抖动现象,基本上就可以保证提升平稳、不撒料。一般在尾部装载,头部卸载。下面主要讨论装料与卸料两个过程。

1) 装料

斗式提升机在尾部装料,装料方式有两种:顺向进料和逆向进料,或称为掏取法和流入法,如图9-12所示。

(1) 顺向进料。这种方式主要用于粉末状、颗粒状、小块的无磨琢性的散状物料,料斗分布相对稀疏。由于掏取时阻力较小,料斗的运行速度较大,可达 0.8~2m/s。料斗运动方向与进料方向一致,料斗对物料是掏挖取的方式,挖得越深,装得越满。但机座内的物料高度应低于张紧轮(或链轮)的水平轴线位置,以免料斗装得过满而超载,在提升过程中洒落。

(2) 逆向进料。这种方式主要用于块状较大或磨琢性强的物料,其料斗分布较密,以防止物料在料斗之间散落。这种料斗的运行速度较小,一般不超过1m/s。料斗运动方向与进料方向相反,料斗对物料是装入的方式。这种方式适用于块度大且比重大的物料,如用顺向进料法,则很难将料斗装满;装料时料斗的运行速度应该较小,否则物料不易装满。

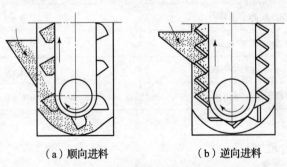

(a) 顺向进料　　　　(b) 逆向进料

图 9-12　斗式提升机的两种装料法

2) 卸料

斗式提升机的卸料过程,就是料斗进入头轮之后,随头轮作旋转运动而将物料倒出的过程,根据其方式不同,可以分为三种:重力式、离心式、离心-重力混合式。

料斗内的物料在旋转过程中受到重力和离心力的作用,如图9-13所示。

(1) 当头轮的旋转速度较小、H 大于 R_1 时,重力大于离心力,物料沿着料斗的内壁运动,料斗作重力倾卸。重力卸料适用于半磨琢性、磨琢性大的块状物料或湿度高、黏性大、散落性差的物料,如煤块、矿石等,料斗宜采用浅斗。常用链条作牵引构件,料斗的运行速度在 0.4~0.8m/s。

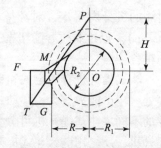

图9-13 料斗回转时斗内物料的力学分析

(2) 当头轮的运动速度较大时,H 小于 R_2,物料的离心力大于重力,料斗中的物料紧贴料斗的外壁,作离心卸料。该方式适用于流动性好的粉末状、粒状及小块状物料,且多用胶带作牵引构件。料斗的运行速度可达 1~2m/s,粉末状物料,料斗通常选用深斗。

(3) 第三种状况介于两者之间,H 大于 R_2 小于 R_1,物料中一部分紧贴料斗外壁被离心抛出,另一部分沿内壁作重力倾卸,也就是说,物料作离心-重力混合倾卸。该方式适合于湿度大、流动性不良的粉状或小颗粒物料。常用链条作牵引构件,料斗的运行速度在 0.6~0.8m/s。

斗式提升机输送能力可以运用如下公式计算:

$$Q = \frac{3.6ivMS}{a}$$

式中:Q 为输送能力(t/h);i 为料斗容积(L);a 为料斗间距(m);v 为提升速度(m/s);S 为物料容重(t/m³);M 为充填系数(根据输送物料的块度选定,如表9-1所列)。

表9-1 斗式提升机输送物料充填系数

输送物料	充填系数
粉末状物料	0.75~0.95
块度在20mm以下的颗粒物料	0.7~0.9
块度在20~50mm的小块物料	0.6~0.8
块度在50~100mm的中块物料	0.5~0.7
块度大于100mm的大块物料	0.4~0.6
潮湿的粉末状和颗粒状物料	0.6~0.7

9.2.4 刮板输送机

1. 刮板输送机的应用范围

用刮板链牵引,在槽内运送散料的输送机称为刮板输送机。

刮板输送机适用于温度在250℃以下的粉状、粒状、小块状及混合物料的密闭输送,以水平运输为主,也可倾斜输送,最大输送倾斜角为20°。主要适用于各种原料的输送，可适用于矿山、冶金、煤矿、化工等对含水率无过高要求的物料输送，系统中粒度在300mm以下。当水平运输时可分为单、双层运输，安装维修方便，可多点进料及出料；不宜输送黏性大的、要求破碎率低的易碎性物料。

2. 刮板输送机的组成部件

各种类型的刮板输送机的主要结构和组成的部件基本是相同的，由机头、中间部和机尾部三个部分组成。此外，还有供推移输送机用的液压千斤顶装置和紧链时用的紧链器等附属部件。机头部由机头架、电动机、液力偶合器、减速器及链轮等件组成。中部由过渡槽、中部槽、链条和刮板等件组成。机尾部是供刮板链返回的装置。重型刮板输送机的机尾与机头一样，也设有动力传动装置，从装设的位置分为上机头与下机头。

3. 刮板输送机的工作原理

刮板输送机的刮板是以特定间隔固定在链条上。在刮板输送机工作时，固定刮板被埋在待输送物料中，当链条转动时会带动固定刮板运动，从而带动物料运动，完成物料的输送。

刮板输送机的刮板必须埋入物料中才能良好地完成输送任务，因此刮板输送机只能输送粉状、小块状和颗粒状的物料。刮板输送机的刮板埋入散料中后，会对散料层形成切割力，当这个力大于料槽槽壁对物料的阻力时，散料就会和刮板一起运动。

刮板输送机的刮板为平条形，与料槽并不是完全密合的。刮板的面积要小于料槽的断面面积，剩余的面积为物料。

4. 刮板输送机优缺点

（1）刮板输送机的主要优点：①结构坚实。能经受住煤炭、矸石或其他物料的冲、撞、砸、压等外力作用。②可承受弯曲。能适应物料输送中工作面底板不平、弯曲推移的需要，可以承受垂直或水平方向的弯曲。③结构简单、机身小，便于安装。

（2）刮板输送机的主要缺点：①空载功率消耗较大（总功率的30%左右）。②不宜长距离输送。③易发生掉链、跳链事故。④消耗钢材多，成本大。

5. 埋刮板输送机

可以把埋刮板输送机看作是刮板输送机的变形，如果输送时刮板链条全被埋在物料之中，则称为埋刮板输送机。散料具有内摩擦力和侧压力等特性。

水平输送时，物料受到刮板链条在运动方向的推力，当料层间的内摩擦力大于物料与槽壁间的外摩擦力时，物料就随着刮板链条向前运动。在料层高度与机槽宽度之比值满足一定的条件时，料流是稳定的。垂直输送时，主要依赖物料所具有的起拱特性。封闭机槽内的物料在受到刮板链条在运动方向的推力，且受到下部不断给料而阻止上部物料下滑的阻力时，产生横向侧压力，从而增加物料的内摩擦力。当物料之间的内摩擦力大于物料和槽壁间的外摩擦力及物料自重时，物料就随刮板链条向上输送，形成连续料流。

由于刮板链条在运动中有振动，有些物料的料供会时而被破坏，时而形成，因而使物料在输送过程中对于链条产生一种滞后现象，影响输送能力。

埋刮板输送机主要由封闭断面的壳体（机槽）、刮板链条、驱动装置及张紧装置等部件组成。设备结构简单、体积小、密封性能好、安装维修比较方便；能多点加料、多点卸料，工艺选型及布置较为灵活；在输送飞扬性、有毒、高温、易燃易爆的物料时，可改善工作条件，减少环境污染。埋刮板输送机已广泛应用于化工、建材、冶金、电力、粮食、轻工和交通等领域。

埋刮板输送机对物料有下列要求。

（1）物料松散密度：$0.2 \sim 2.5 t/m^3$

（2）物料温度：一般机型适用于物料温度小120℃；热料型输送物料的温度可以为100~450℃，瞬时物料温度允许达到800℃。

（3）含水率：含水率与物料的粒度、黏度有关，一般应以手捏成团撒手后仍能松散为度。

（4）物料粒度，如表9-2所列。

表9-2 埋刮板输送机物料粒度适用表

输送方式	易碎物料		不易碎物料	
	适宜粒度	最大粒度（≤10%）	适宜粒度	最大粒度（≤10%）
水平输送	$<\frac{B}{20}$	$<\frac{B}{10}$	$<\frac{B}{40}$	$<\frac{B}{20}$
垂直输送	$<\frac{B}{30}$	$<\frac{B}{15}$	$<\frac{B}{60}$	$<\frac{B}{30}$

注：B为机槽宽度。

埋刮板输送机一般水平输送最大长度为80~120m，垂直输送高度为20~30m。

对于有下述性能的物料，一般不宜采用埋刮板输送机：悬浮性大的物料、块度过大的物料、磨损性很大的物料、压缩性过大的物料、黏性大的物料、流动性特强的物料、易碎而又不希望在输送过程中被破碎的物料、特别坚硬的物料、腐蚀性大的物料（如没有有效的防腐措施，也不宜选用）。

9.3 间歇性输送机

间歇性输送机主要用于输送托盘、箱包或者其他有固定尺寸的集装单元货物，是物流配送中心和仓库必不可少的重要输送设备，有水平输送和垂直输送之分。根据输送机有无动力源，间歇性输送机可分为重力式和动力式两大类。

重力式输送机根据滚动体的不同，可分为滚轮式、滚筒式和滚珠式三种形式。动力式输送机一般以电动机为动力，根据驱动介质的不同，可分为链条式输送机、辊子输送机、平带输送机和悬挂式输送机等。

下面介绍常用的重力式输送机和动力式输送机。

9.3.1 重力式输送机

重力式输送机是利用输送物品本身的重力为动力，在倾斜的输送机上由上往下滑动。重力式输送机倾斜坡度的大小与滚动体转动的摩擦力、货物和滚动体的惯性及滑行速度的控制，特别是与货物的重量、包装材料和包装物底面的平整度有关，一般坡度为

2%~5%。为了控制倾斜式输送机上的货物速度不要太高,大倾斜的输送机一般装有制动滚子。

重力式输送机的优点在于成本低,易于安装和扩充。根据滚动体的不同,重力式输送机可分为滚轮式、滚筒式和滚珠式。其中滚筒式输送机一般用在食品、饮料行业和浇注车间、轧钢车间、木材加工厂、仓库、配送中心和邮局。滚轮式和滚珠式输送机多用于配送中心和手工行业。

重力式滚轮输送机主要特点是重量轻、易搬动、装卸方便。对于表面较软的物品,如布袋之类,滚轮式较滚筒式有较好的输送性,但是对于底部有挖孔的容器,则不宜使用滚轮输送机。为使物品输送平稳,任何时候一个物品最少应有分布在三根轴上的五个轮子支撑。

重力式滚筒输送机的应用范围远大于滚轮式输送机,如图9-14所示。一般不适用于滚轮输送机的货物,如塑料篮子、桶形物等均适用于滚筒式输送机。重力式滚筒输送机运送物品时,当输送硬底物时,最少要三个滚筒支撑物品才能保证正常输送工作,而柔性物则最少需要四个滚筒才能保证正常的输送。

图9-14 重力式滚筒输送机

9.3.2 动力式输送机

动力式输送机主要用于物流自动化程度较高的场合,是物流自动化、机械化、作业一体化的重要组成部分。动力式输送机根据驱动介质的不同,可分为辊子输送机、带式输送机、链条式输送机和悬挂式输送机。例如:货物有不规则表面,如邮包等,可选用带式输送机;形状规则的货物,如纸箱、托盘,可选用辊子输送机和链条式输送机;但如果为了控制货物的间隔和精确定位,应选用带式输送机;对于重量较大的货物,应选用辊子输送机;如果要求节省占地面积,缩短输送距离,提高空间的利用率,则可采用悬挂式输送机。

1. 链条式输送机

链条式输送机是以链条为传动元件及输送元件的输送机。输送机的链条以导轨为依托,将货物以承托方式进行输送。输送元件使用最多的是滑动链输送机和滚动链输送机。因此,此类输送机根据所用的链条可分为滑动链条式和滚动链条式两种,如图9-15所示。

图9-15 链条式输送机

2. 辊子式输送机

辊子式输送机是一种广泛使用的输送机械,如图9-16所示。辊子转动呈主动状态,可以严格控制物品的运行状态,按规定的速度精确、平稳、可靠地输送物品,便于输送过程的自动化。辊子式输送机对货物支承面的要求与重力式滚筒输送机的要求相同。由于价格较贵,辊子式输送机一般用于有储积、分流、合流和分拣等要求的场合。按传动方式分类,辊子式输送机可分为带传动、链传动和齿轮传动三种。

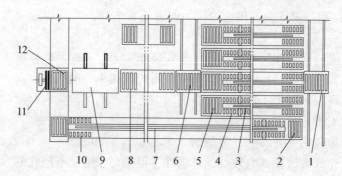

1—机动式转动小车；2—机动式辊子输送机；3—爪链式牵引装置；4—非机动式辊子输送机；
5—超越式辊子输送机；6—机动式转运小车；7—爪链式牵引装置；8—机动式辊子输送机；
9—工艺主机；10—非机动辊子输送机；11—推动装置；12—链式输送装置。

图 9-16　棍子式输送机

3. 悬挂式输送机

悬挂式输送机是一种空间封闭的运输系统如图 9-17 所示，适用于工厂车间、仓库内部成件物品或货物及集装单元货物的空中运输。由于悬挂式输送机系统的空间布置对地面设备和作业的操作影响很小，同时由于输送机本身就是一个"活的仓库"，所以有可能取消各工序间的储存场地，从而提高生产作业面积和仓储面积的经济合理性。悬挂式输送系统由张紧装置、架空轨道、驱动装置、牵引链条、吊具、小车、转向装置等组成。悬挂式输送机按牵引小车的驱动方式分为四种：链条牵引式、螺杆驱动式、自行式和积放式。

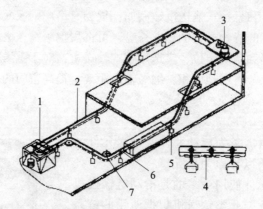

1—张紧装置；2—架空轨道；3—驱动装置；4—牵引链条；5—吊具；6—小车；7—转向装置。

图 9-17　普通悬挂式输送机

9.4　垂直升降输送设备

垂直输送机是一种新型的垂直振动输送设备，能连续地垂直输送物料，使不同高度上的连续输送机保持不间断的物料输送。也可以说，垂直输送机是把不同楼层间的输送机系统连接成一个更大的连续的输送机系统的重要设备。

垂直输送机又分为连续垂直输送机和折板式垂直输送机。

垂直输送机的特点,如下:
(1) 占地面积小,便于工艺布置。
(2) 节约电能,料槽磨损小。
(3) 噪声低,结构简单,安装、维修便利。
(4) 物料可向上输送,也可向下输送。

垂直输送机的用途:广泛适用于冶金、煤炭、建材、粮食、机械、医药、食品等行业。用于粉状、颗粒状物料的垂直提升作业,也可对物料进行干燥、冷却作业。

垂直输送机的工作原理:垂直输送机的驱动装置振动电机安装在输送塔下部,两台振动电机对称交叉安装。输送塔由管体和焊接在管体周围的螺旋输送槽组成,输送塔坐于减振装置上,减振装置由底座和隔振弹簧组成。当垂直输送机工作时,根据双振动电机自同步原理,由振动电机产生激振力,强制整个输送塔体作水平圆运动和向上垂直运动的空间复合振动,螺旋槽内的物料则受输送槽的作用,而作匀速抛掷圆运动,沿输送槽体向上运动,从而完成物料的向上(或向下)输送作业。

9.4.1 垂直升降输送机

物流活动中各楼层之间的物品移动是经常性的,除了一般货运电梯之外,还常应用专门的垂直运输设备,以充分利用空间。垂直运输机运动平稳,不会使物品因振动而损坏。

图9-18所示为垂直往复式升降机,原理与电梯类似。垂直升降输送机升降平台的下移动是由卷扬机或液压装置来驱动的,运用电气控制系统进行调速。图9-18(a)为输送流水线用垂直输送机,图9-18(b)为手推车用垂直输送机,图9-18(c)为叉车用垂直输送机。这三种输送机只是物品进出口的转运方式不同。输送流水线用垂直输送机为半自动化、自动化连续应用,转运效率较高,可配合自动流水线,高速上下输送纸箱或塑料箱及其他规则形状货品,且适合无人化车间,对有毒有害的环境适应性较强。手推车用垂直输送机是直接把货箱装入手推车,连车带货一起推入升降平台。一般来说,手推车和平台之间要有制动限位装置,以利安全。叉车用垂直输送机为了重负载,所以把载重托盘(托盘上按规则堆垛)推入升降平台,进行上下输送物品,托盘到达另楼层后,需相应叉车将托盘移出。其效率较低,但适合重载。

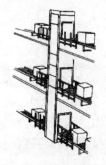
(a) 输送流水线用垂直输送机

(b) 手推车用垂直输送机

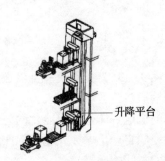
(c) 叉车用垂直输送机

图9-18 垂直往复式升降输送机

9.4.2 螺旋滑槽式垂直输送机

螺旋滑槽式垂直输送机是利用货品自身重力及螺旋倾斜滑槽，使物品自上而下平稳滑下。因为是利用重力运动，所以只能向下而不能向上输送，如图9－19所示。

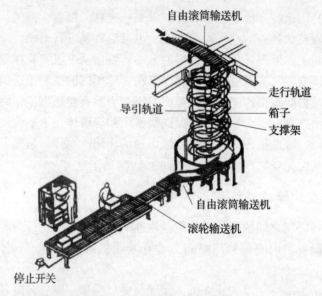

图9－19 螺旋滑槽式垂直输送机

螺旋滑槽式垂直输送机的特点，如下：
（1）旋转滑槽轨道用表面平滑的四氯乙烯原料制成，倾斜度在12°以内，速度缓和，不损伤物品表面。
（2）可连续输送已包装箱货，当箱货很多时，可在槽内暂存一部分。
（3）结构简单、成本低、维修费用小。
（4）部分应用场合可在滑道表面加撒滑粉，改善滑动条件。

为解决箱货与滑道之间滑动不足的问题，有些输送机械采用辅助震动的方式加速箱货的下滑；有些输送机械改用钢制托辊滑道代替塑料滑道，达到减少摩擦，提高货物下滑速度的效果。

9.4.3 托盘式垂直升降输送机

图9－20为托盘式垂直输送机，因为能连续输送，所以效率较高，可达600个/h。这种输送机节省空间和人力，运费少、承载能力大（承载范围为30～3000kg）。未来高性能的机电一体化、智能化的先进堆垛机将会在部分场合取代输送线用垂直输送机，实现高度的自动化、无人化、生产柔性化，但垂直输送机基本机械结构和原理仍长期适用货物的空间输送。

第9章 输送及分拣设备

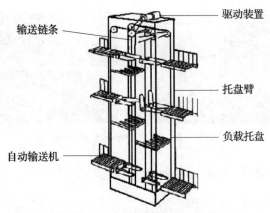

图9-20 托盘式垂直升降机输送机

9.5 分拣设备

9.5.1 分拣系统的发展历程

分拣是指按照输送、配送要求，把很多货物按不同品种、不同的地点和单位分配到所设置场地的作业。分拣作业是整个物流系统中的重要组成部分，按分拣的手段和历史发展历程来看，一般可分为人工分拣、机械分拣和自动分拣三大类。

人工分拣基本上是靠人力搬运，或利用最简单的器具和手推车等，把所需的货物分门别类地送到指定的地点。这种分拣方式劳动强度大，分拣效率最低。

机械分拣是以机械为主要输送工具，还要靠人工进行拣选，使用最多的是输送机，包括链条式输送机、传送带、辊道输送机等，也称为"输送机分拣"。这种方法是用设置在地面上的输送机传送货物，在各分拣位置配备的作业人员看到标签、色标、编号等分拣标志后，进行拣选把货物取出，再放到手边的简易传送带或场地上。箱式托盘分拣是在箱式托盘中装入分拣的货物，使用叉车等机械移动箱式托盘，利用人力把货物放到分拣的位置，或利用箱式托盘进行分配。使用较多的是在箱式托盘下面装车轮的滚轮箱式托盘。这种分拣方式投资不多，可以减轻劳动强度，提高分拣效率。

自动分拣系统是第二次世界大战后在美国、日本的物流中心中广泛采用的一种自动分拣系统，目前已经成为发达国家大中型物流中心不可缺少的一部分。该系统的作业过程可以简单描述如下：物流中心每天接收成百上千家供应商或货主通过各种输送工具送来的成千上万种商品，在最短的时间内先将这些商品卸下并按商品品种、货主、储位或发送地点进行快速准确地分类，再将这些商品运送到指定地点（如指定的货架、加工区域、出货站台等）。同时，当供应商或货主通知物流中心按配送指示发货时，自动分拣系统在最短的时间内从庞大的高层货存架存储系统中准确找到要出库的商品所在位置，并按所需数量出库，从不同储位上取出的不同数量的商品，按配送地点的不同运送到不同的理货区域或配送站台集中，以便装车配送。图9-21为配送中心的分拣系统。

图 9-21 配送中心的分拣系统

9.5.2 自动分拣系统的主要特点

1. 能连续、大批量地分拣货物

由于采用大生产中使用的流水线自动作业方式,自动分拣系统不受气候、时间、人的体力等的限制,可以连续运行。同时,由于自动分拣系统单位时间分拣件数多,因此自动分拣系统的分拣可以连续运行 100h 以上,每小时可分拣 7000 件包装商品。如用人工分拣,则每小时只能分拣 150 件左右而且分拣人员不能在这种劳动强度下连续工作 8h。

2. 分拣误差率极低

自动分拣系统的分拣误差率大小主要取决于所输入分拣信息的准确性大小,这又取决于分拣信息的输入机制,如果采用人工键盘或语音识别方式输入,则误差率在 3% 以上,如采用条形码扫描输入,除非条形码的印刷本身有差错,否则不会出错。因此,目前自动分拣系统主要采用条形码技术来识别货物。

3. 分拣作业基本实现无人化

国外建立自动分拣系统的目的之一是为了减少人员的使用,减轻人员的劳动强度,提高人员的使用效率,因此自动分拣系统能最大限度地减少人员的使用,基本做到无人化。分拣作业本身并不需要使用人员,人员的使用仅局限于以下工作:

(1) 送货车辆抵达自动分拣线的进货端时,由人工接货。
(2) 由人工控制分拣系统的运行。
(3) 分拣线末端由人工将分拣出来的货物进行集载、装车。
(4) 自动分拣系统的经营、管理与维护。

例如:美国一家公司配送中心面积为 10 万 m^2 左右,每天可分拣近 40 万件商品,仅使用 400 名左右员工,其中部分人员在从事上面 (1)(3)(4) 项工作,自动分拣线就做到了无人化作业。

9.5.3 自动分拣的组成部分和工作过程

一个自动分拣系统是由一系列各种类型的输送机、各种附加设施的控制系统等组成,大致可分为合流、分拣信号输入、分拣和分流、分运四个部分。

1. 合流

商品进入分拣系统,运用人工搬运方式或机械化、自动化搬运方式,也可以通过多条输送线进入分拣系统。经过合流逐步将各条输送线上输入的商品合并于一条汇集输送机上,同时将商品在输送机上的方位进行调整,以适应分拣信号输入和分拣的要求。汇集输送机具有自动停止和启动的功能。如果前端分拣信号输入装置偶然发生事故，或商品和商品连接在一起，或输送机上商品已经满载，则汇集输送机就会自动停止，等恢复正常后再自行启动，所以汇集输送机也起到缓冲作用。

为了达到高速分拣，要求分拣的输送机高速运行。例如：一个每分钟可分拣75件商品的分拣系统，就要求输送机的速度达到75件/min，而目前的高速分拣机的分拣速度是每分钟200件以上，这就要求输送机有更高的速度。为此，商品在进入分拣信号输入装置之前，有一个使商品逐渐加速到分拣机输送机的速度，以及使前后两商品间保持一定的最小固定距离的要求。

2. 分拣信号输入

在这分段中，商品接受激光扫描器对条形码标签的扫描，或者通过其他自动识别方式，如光学文字读取装置、声音识别输入装置等，将商品分拣信息输入计算机。商品之间保持一个固定值的间距，对分拣速度和精度是至关重要的。即使是高速分拣机，在各种商品之间也必须有一个固定值的间距。当前的微型计算机和程序控制器已能将这间距减少到只有几英寸[①]。

3. 分拣和分流

商品离开分拣信号输入装置后在分拣输送机上移动时，根据不同商品分拣信号所确定的移动时间，使商品行走到指定的分拣道口；由该处的分拣机构按照上述的移动时间自行启动，将商品排离主输送机进入分流滑道排出。这种分拣机构在国外经过四五十年的应用研制，有多种形式可供选用。

4. 分运

分拣出的商品离开主输送机，再经滑道到达分拣系统的终端。分运所经过的滑道一般是无动力的，借以商品的自重从主输送机上滑行下来。在各个滑道的终端，由操作人员将商品搬入容器或搬上车辆。

分拣机的控制系统采用程序逻辑控制分拣机的全部功能，包括合流、分拣信息输入、分拣和分流等。然而，目前普遍使用的是计算机控制方式。

9.5.4 自动分拣系统分类

1. 堆块式分拣系统

堆块式分拣机由链板式输送机和具有独特形状的滑块在链板间左右滑动进行商品分拣的堆块等组成。堆块式分拣系统是由堆块式分拣机，供件机，分流机，信息采集系统，控制系统、网络系统等组成。其主要特点，如下：

（1）可适应不同大小、重量、形状的各种不同商品。
（2）分拣时轻柔、准确。
（3）可向左、右两侧分拣，占地空间小。
（4）分拣时所需商品间隙小，分拣能力高。
（5）机身长，最长超过100m，出口多。

---

① 1英寸（in）≈2.54厘米（cm）。

2. 交叉带式分拣系统

该系统由主驱动带式输送机和载有小型带式输送机的台车（简称为"小车"）连接在一起。当"小车"移动到所规定的分拣位置时，转动皮带完成商品分拣送出的任务。因为主驱动带式输送机与"小车"上的带式输送机呈交叉状，故称为交叉带式分拣机。其主要特点，如下：

（1）适宜于分拣各类小件商品，如食品、化妆品、衣物等。
（2）分拣出口多，可左右两侧分拣。
（3）分拣能力不如堆块式分拣系统。

大型交叉带式分拣系统一般应用于机场行李分拣和安检系统，根据作业现场的具体情况可分水平循环式或直行循环式。

3. 斜导轮式分拣机

斜导轮式分拣机：当转动的斜导轮在平行排列的主窄幅皮带间隙中上浮、下降时，达到商品的分拣目的。其主要特点，如下：

（1）对商品冲击力小，分拣轻柔。
（2）分拣快速准确。
（3）适应各类商品，主要是硬纸箱、塑料箱等平底面商品。
（4）分拣出口数量多。

4. 轨道台车式分拣机

轨道台车式分拣机：被分拣的物品放置在沿轨道运行的小车托盘上，当到达分拣口时，台车托盘倾斜30°，物品被分拣到指定的目的地。其主要特点，如下：

（1）可三维立体布局，适应作业工程需要。
（2）可靠耐用，易维修保养。
（3）适用于大批量产品的分拣，如报纸捆、米袋等。

5. 摇臂式分拣机

摇臂式分拣机：被分拣的物品放置在钢带式或链板式输送机上，当到达分拣口时，摇臂转动，物品沿摇臂杆斜面滑到指定的目的地。其主要优点为结构简单、价格较低。

6. 垂直式拣选系统

垂直式拣选系统又称为折板式垂直连续升降输送系统，是不同楼层间平面输送系统的连接装置。根据用途和结构的不同，垂直式拣选系统分为从某楼层分拣输送至某楼层、从某楼层分拣输送至不同的各楼层、从某楼层分拣输送至某楼层的不同出口方向。

9.5.5 分拣机的类型

分拣机按照其分拣机构的结构有各种各样的类型，常见的主要形式有以下四种。

1. 挡板型分拣机

挡板型分拣机的一种形式是利用一个挡板或挡杆挡住在输送机上向前移动的商品，将商品引导到一侧的滑道排出。挡板的另一种形式是挡板上端作为支点，可作旋转。挡板动作时，像一堵墙挡住商品向前移动，利用输送机对商品的摩擦推力使商品沿着挡板表面移动，从主输送机上排出至滑道，如图9-22所示。平时挡板处于主输送机一侧，可让商品继续前移；如挡板作横向移动或旋转，则商品就排向滑道。

第9章 输送及分拣设备

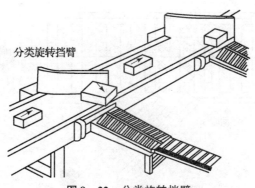

图 9-22 分类旋转挡臂

挡板一般是安装在输送机的两侧,和输送机上平面不相接触。即使在操作时也只接触商品而不触及输送机的输送表面,因此它对大多数形式的输送机都适用。就挡板本身而言,也有不同形式,如有直线型、曲线型,也有在挡板工作面上装有滚筒或光滑的塑料材料,以减少摩擦阻力。

2. 浮出型分拣机

浮出型分拣机是把商品从主输送带上托起,并将商品引导出主输送机的一种结构形式。从引离主输送机的力向看,一种是引出方向与主输送机构成直角;另一种是呈一定夹角,通常是30°~45°。一般是前者比后者生产率低,且对商品容易产生较大的冲击力。浮出型分拣机大致有两种形式:一是胶带浮出式,如图9-23所示。这种分拣结构用于辊筒式主输送机,将有动力驱动的两条或数条胶带或单个链条横向安装在主输送辊筒之间的下方。当分拣机构接到指令启动时,胶带或链条向上提升,接触商品底面把商品托起,并将其向主输送机一侧移出。二是辊筒浮出式,如图9-24所示。这种分拣机构用于辊筒式或链条式的主输送机上,将一个或数个有动力的斜向辊筒安装在主输送机表面下方。分拣机构启动时,斜向辊筒向上浮起,接触商品底部,将商品斜向移出主输送机。这种上浮分拣机,有一种是采用一排能向左或向右旋转的辊筒,以气动提升,可将商品向左或向右排出。

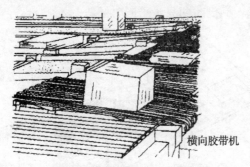

图 9-23 胶带浮出式分拣机

3. 倾斜型分拣机

1) 条板倾斜式分拣机

条板倾斜式分拣机是一种特殊型的条板输送机,如图9-25所示。商品装载在输送机的条板上,当商品行走到需要分拣的位置时,条板的一端自动升起,使条板倾斜将商

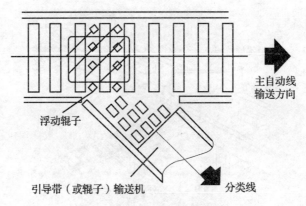

图 9-24 辊筒浮出式分拣机

品移离主输送机。商品占用的条板数是随不同商品的长度而定,经占用的条板数,如同一个单元,则同时倾斜。因此,这种分拣机对商品的长度在一定范围内不受限制。

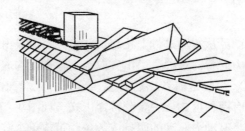

图 9-25 条板倾斜式分拣机

2) 翻盘式分拣机

翻盘式分拣机由一系列的盘子组成,盘子为铰接式结构,可向左或向右倾斜,如图 9-26 所示。商品装载在盘子上走到一定位置时,盘子倾斜,将商品翻到旁边的滑道中。为减轻商品倾倒时的冲击力,有的分拣机能控制商品以抛物线状来倾倒出商品。这种分拣机对分拣商品的形状和大小可以不作要求,但以不超出盘子为限。对于长形商品可以跨越两只盘子放置,倾倒时两只盘子同时倾斜。

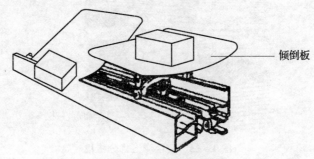

图 9-26 翻盘式分拣机

这种分拣机常采用环状连续输送,占地面积较小。由于是水平循环,使用时可以分成数段,每段设一个分拣信号输入装置,以便商品输入,而分拣排出的商品在某一滑道排出,就可提高分拣能力。例如:日本川崎重工公司生产的翻盘式分拣机系统设有 32

个分拣信号输入装置，有排出滑道255条，每小时分拣商品能力为14400件；日本住友重机械工业株式会社生产的分拣机系统的分拣能力达每小时30000件；日本铃木公司生产的分拣机系统的排出滑道有551条。

4. 滑块型分拣机

滑块型分拣机是一种特殊形式的条板输送机，如图9－27所示。输送机的表面用金属条板或管子构成像竹席状，而在每个条板或管子上有一枚用硬质材料制成的滑块，能沿条板横向滑动，平时滑块停止在输送机的侧边。滑块的下部有销子与条板下导向杆连结。通过计算机控制，滑块能有序地自动向输送机的对面一侧滑动，因而商品就被引出主输送机。这种方式是将商品侧向逐渐推出，并不冲击商品，故商品不易损伤；对分拣商品的形状和大小适用范围较广，是目前国外一种最新型的高速分拣机。

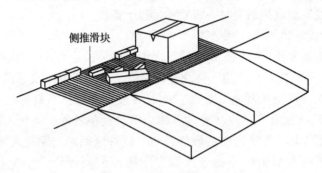

图9－27 滑块型分拣机

9.5.6 分拣设备的应用

1. 分拣机选用

分拣机有许多不同形式，为了取得最为有效的应用，一般需要考虑以下因素：商品的包装大小及形式、商品的重量、分拣能力、商品在输送机上的方位、商品的易碎性、操作环境、投入分拣商品每小时的批数等。具体选用标准如表9－3所列。

表9－3 分拣机的具体选用标准

形式	每分钟最大分拣能力/件	商品重量/lb	对商品的冲击力	设备投资比较	修理费用比较	商品在输送机上是否要保持朝向
人工	10～25	1～75	小	最低	最低	是
挡板型	20～40	1～50	中	低	低	否
浮出型	20～70	1～150	中	低至中	低至中	否
上浮辊筒	50～150	10～500	小	中至高	中	是
上浮滚轮	60～150	3～300	小	中	中	是
翻盘式	60～250	1～250	小至大	高	中至高	否
上浮胶带和链条	30～20	1～250	中至大	高	中至高	否

注：1b≈0.454kg。

目前国外自动化高架立体仓库配送对象和商品数量不断扩大，配送商品也日益趋向多品种、多频次、小批量。另外，现在自动化高架立体仓库都设置单一的分拣系统，也就是说所有需要分拣的商品都要通过这一分拣系统来处理。这就要求分拣机有较高的分拣能力，能适应各种形状、大小和各种包装材料的商品，以及较多的分拣滑道和较理想的分拣精度等，以提高分拣能力，分拣机趋向高速运行。所谓"高速"，一般指每分钟分拣 70~80 件以上，目前最快的可达到每分钟分拣 200 件以上的商品。许多分拣机的分拣准确率已达到 99.9%，分拣滑道也递增到 500 条以上。

2. 自动分拣系统的适用条件

自动分拣系统要求使用者必须具备一定的技术经济条件，因此在发达国家，物流中心、配送中心或流通中心不用自动分拣系统的情况也很普遍。

在引进和建设自动分拣系统时一定要考虑以下条件。

1）一次性投资巨大

自动分拣系统需要建设的机械传输线：短的机械传输线为 40~50m，长的机械传输线为 150~200m，还有配套的机电一体化控制系统、计算机网络及通信系统等。这一系统不仅占地面积大（动辄 2 万 m^2 以上），而且一般自动分拣系统都建在自动主体仓库中，这样就要建 3~4 层楼高的立体仓库，库内需要配备各种自动化的搬运设施，丝毫不亚于建立一个现代化工厂所需要的硬件投资。这种巨额的先期投入要花 10~20 年才能收回，所以大都由大型生产企业或大型专业物流公司投资，小企业无力进行此项投资。

2）对商品外包装要求高

自动分拣机只适于分拣底部平坦且具有刚性的包装规则的商品。袋装商品、包装底部柔软且凹凸不平、包装容易变形、易破损、超长、超薄、超重、超高、不能倾覆的商品不能使用普通的自动分拣机进行分拣。因此，为了使大部分商品都能用机械进行自动分拣，可以采取两条措施：一是推行标准化包装，使大部分商品的包装符合国家标准；二是根据所分拣的大部分商品的统一的包装特性定制特定的分拣机。但让所有商品的供应商都执行国家的包装标准是很困难的，定制特定的分拣机又会使硬件成本上升，并且越是特别的包装通用性就越差。所以，公司要根据经营商品的包装情况来确定是否建或建什么样的自动分拣系统。

思考题

1. 简述输送机械概念及分类。
2. 简述输送机械的主要参数。
3. 连续性输送机的类型有哪些？各自有什么特点？适用于什么场合？
4. 简述重力式输送机与动力式输送机的特点和使用场合。
5. 简述垂直升降输送设备的主要类型和各自使用场合。
6. 自动分拣系统分为哪几类？各有什么特点？如何选用？

第 10 章　流通加工装备

本章要点：
(1) 掌握流通加工装备的基本概念。
(2) 了解几种包装机械的适用范围。
(3) 理解流通加工装备的合理使用。

10.1　流通加工装备概述

10.1.1　流通加工装备的概念

流通加工装备是完成流通加工任务的专用机械装备，通过对流通中的商品进行加工，改变或完善商品的原有形态来实现生产与消费的"桥梁"和"纽带"作用，并使商品在流通过程中的价值增值。

利用流通加工机械实现流通加工的特殊作用，主要表现以下 5 个方面。

(1) 可以提高原材料利用率。利用流通加工机械对流通对象进行集中下料，可将生产厂直接运来的简单规格产品，按使用部门的要求进行下料。例如：将钢板进行剪板、切裁，将钢筋或圆钢裁制成毛坯，将木材加工成各种长度及大小的板、方等。集中下料可以优材优用、小材大用、合理套裁，有很好的技术经济效果。例如：对平板玻璃进行流通加工集中裁制、开片供应，玻璃利用率从 60% 左右提高到 85%～95%。

(2) 可以进行初级加工，方便用户。某些用量小或只是临时需要的使用单位，缺乏进行高效率初级加工的能力，依靠流通加工点的机械装备进行流通加工，可节省使用单位进行初级加工的装备投资及人力投资，从而方便了用户。目前，发展较快的初级加工有水泥加工成混凝土，原木或板方材加工成门窗、冷拉钢筋、冲制异形零件、钢板预处理、整形、打孔等。

(3) 提高加工效率。由于建立集中加工点，可以采用效率高、技术先进、加工量大的专门机具和装备。这样既提高了加工质量、装备利用率，又提高了加工效率，结果是降低了加工费用及原材料成本。

(4) 充分发挥各种输送手段的最高效率。流通加工环节将实物的流通分为两个阶段。一般由于流通加工环节设置在消费地，因此，从生产厂到流通加工的第一阶段输送距离较长，而从流通加工到消费环节的第二阶段距离较短。第一阶段是在数量有限的生产厂与流通加工点之间进行定点、直达、大批量的远距离输送，因此可以用船舶、火车等进行大量输送的运输手段；第二阶段是利用汽车和其他小型车辆输送流通加工后的多规格小批量、多用户产品，可以充分发挥各种输送手段的最高效率，加快输送速度，节省运费。

（5）改变功能，提高收益。在流通过程中进行一些改变产品某些功能的简单加工，目的除上面几点外，还在于提高产品销售的经济效益。例如：我国的许多制成品（如洋娃娃玩具、时装、轻工纺织产品、工艺美术品等）在深圳进行简单的包装加工，改变产品外观功能，仅此一项就使产品售价提高20%以上。

10.1.2 流通加工装备的分类

按照流通加工形式，流通加工装备可分为剪切加工装备、集中开木下料装备、配煤加工装备、冷冻加工装备、分选加工装备、精制加工装备、包装加工装备、组装加工装备等。

（1）剪切加工装备是进行下料加工或将大规格的钢板裁小或裁成毛坯的装备。例如：用剪板机进行下料加工，用切割装备将大规格的钢板裁小或裁成毛坯等。

（2）集中开木下料装备是在流通加工中将原木材锯裁成各种锯材，同时将碎木、碎屑集中起来加工成各种规格的板材，还可以进行打眼、凿孔等初级加工的装备。

（3）配煤加工装备是将各种煤及一些其他发热物质，按不同的配方进行掺配加工，生产出各种不同发热量燃料的装备。

（4）冷冻加工装备是为了解决鲜肉、鲜鱼或药品等在流通过程中保鲜及搬运装卸问题而采用的低温冷冻方法的加工装备。

（5）分选加工装备是根据农副产品的规格、质量分散较大的情况，为了获得一定规格的产品而采取的分选加工装备。

（6）精制加工装备是主要用于农牧副渔等产品的切分、洗净、分装等简单加工的装备。

（7）包装加工装备是为了便于销售，在销售地按照所要求的销售起点进行新包装、大包装改小、散装改小包装、运输包装改销售包装等加工的装备。

（8）组装加工装备是采用半成品包装出厂，在消费地由流通部门所设置的流通。

10.2 包装机械

10.2.1 包装机械的概述

1. 包装机械的作用

包装工业是保证国民经济顺利发展的重要环节，其发展水平在一定程度上反映商品经济及科学技术的发展水平。现代商品生产中，作为沟通生产与消费的重要环节——产品包装，正日益向高度机械化、自动化方向发展，优越性主要体现在以下几个方面。

（1）劳动生产率大大提高。由于包装机械综合了多种科学技术成果，从而使包装效率几倍甚至几十倍地提高，其中不少机械包装是手工所不能实现的。

（2）产品质量稳定。机械化、自动化包装有效地摆脱了人为因素的影响，产品的包装主要由机械本身进行操作、调节及控制，故能使产品质量稳定可靠。

（3）劳动条件改善。实现包装机械化后，对于有害、危险、易污染物品的包装，可使操作者免于直接接触，防止污染；同时也可使操作者摆脱紧张重复的手工操作及繁重的体力劳动，大为改善劳动条件。

（4）综合效益提高。由于包装作业的机械化、自动化，提高了生产效率和产品质量，并在美化商品、保护商品、促进销售等方面提供了有力的保证，减少了物料损耗，降低了包装成本，从而使投入产出比大大降低，提高了包装的综合效益。

包装机械的范围甚广，涉及食品、医药、化工、邮电、出版、机械、电子、纺织、钢铁、冶金等领域，其中以食品领域应用最多。广义地讲，供包装工业使用的机械技术装备均属包装机械，包括包装材料制造及包装容器加工机械。由于行业的交叉与发展，通常将其仅限定在完成包装过程机械的范围内，即完成全部或部分包装过程的机器称为包装机械。包装过程包括计量充填、裹包、成形、封口等主要包装工序以及与其相关的前后工序，如清洗、堆码和拆卸等。

2. 包装机械的分类及其组成

（1）包装机械有多种分类方法。按包装材料和容器分类，包装机械可分为塑料包装机、纸袋包装机、玻璃瓶包装机及马口铁槽头包装机等。按被包装物物理性能分类，包装机械可分为液体、粉料及颗粒料包装机、黏稠体包装机等。按应用行业分类，包装机械可分为食品包装机、医药包装机、粮食包装机等。按包装工艺方法分类，包装机械可分为真空包装机、收缩包装机、拉伸包装机等。包装机械按功能分类如下：充填机、封口机、裹包机、清洗-干燥-杀菌机、贴标机、集装-拆卸机、多功能包装机等，其中多功能包装机能够完成两种以上的包装任务，如充填-封口机、灌装-封口机、开箱-充填-封口机等。

（2）包装机械属于专用自动机具、运动构件较多，主要由动力、传动、控制及执行4大系统组成。①动力系统通常可由电、液、气等不同动力源进行驱动，如电动机、油马达、气马达等。②传动系统的功能是改变原动机的运动速度和形式，即改变其转速，或将旋转运动改变为直线往复运动以及将连续转动变为间歇步进运动等。传动系统有机械、液压、气动和电气等几种形式。机械式传动系统多用于高、中速包装机；气动式传动系统在作间歇运动的大型低速包装机中应用较广泛。气动式传动系统常与机械式传动系统联用，实现前期大范围调速。液压式传动系统除对运动平稳性要求较高的包装机外应用较少。③控制系统以自动或手动方式控制动力、传动、执行等系统，使之工作相互协调，并对包装过程、工作参数、产品质量、故障等进行监控。在自动控制系统中通常采用时间控制、行程控制、数字控制以及自适应控制等系统。④执行系统用以完成包装过程及包装辅助操作，由一系列相关装置构成。完成直接包装过程的装置为包装执行装置，可完成成型、充填、封口、裹包、贴标、捆扎等工序；完成包装辅助操作的装置有包装材料、包装物料供送与传送以及成品输出等装置。

3. 包装机械发展趋势

为了适应不断发展的包装工业需要，以及满足各行各业对日新月异的商品的包装要求，包装机械有以下发展趋势。

（1）大量采用高新技术，不断提高自动化水平。自动化程度是衡量包装机械技术水平的重要标志，包括自动控制（工艺过程、工作参数、产品质量、运行故障、安全防范等控制）和自动检测（包装物、包装容器及材料、包装产品、包装过程等检测）两个方面。由于大量采用了微电子、远红外、传感等高新技术,特别是微型计算机的应用,使自动控制、自动检测的水平迅速提高,从而简化了产品结构,减少了人工操作,提高了包装质量。

(2) 在促进单机高速化的同时,注意提高系统效率。高速化是提高包装机械生产效率的主要途径。为此,不断提高包装速度已成为总的发展趋势,主要途径是在提高自动化水平的同时不断改进结构。与此同时,还要提高整个包装系统的生产效率,使高速化向深层次发展,使包装系统更加经济合理。

(3) 在发展专用机的同时,积极开发通用机型。对于某些形状、尺寸基本固定,生产批量较大的包装物,如卷烟、糖果等,为了提高生产效率,简化产品结构,便于专业化生产,往往有各种相应的专用设备进行包装,但近年来由于多品种小批量的商品市场需求以及中、小型用户的发展,多功能通用包装机械发展十分迅速,适应范围也越来越广。

(4) 大力开发辅助装备,促进连续化包装生产线的发展。单机连线生产效率的提高,除主机因素外,各种辅助装备也相当重要。为此,全面系统地开发各种包装辅助装备已引起普遍关注,如用于包装容器、包装物及包装产品的各种整理、转向、运送装置,检测装置,打印装置等的开发,大大提高了包装生产线的效率和自动化程度。

(5) 提高标准化水平,发展"积木式"包装机全自动生产线。为缩短包装机械制造周期,降低生产成本,便于组织工业化生产及方便用户使用和维修,整机和部件的标准化、系列化将逐步深化。通过不同传动装置及执行机构等的组合,便可形成不同的包装机械。

10.2.2 充填机械

1. 充填机概述

充填机是将产品按预定量充填到包装容器内的机器。其主要种类,如下:

(1) 容积式充填机,包括量杯式、插管式、柱塞式、料位式、螺杆式、定时式充填机。

(2) 称重式充填机,包括间歇称重式、连续称重式、称重-离心等分式等充填机。

(3) 计数式充填机,包括单件计数式、多件计数式充填机。

国家标准《包装术语 第2部分:机械》(GB/T 4122.2—2010)中对充填机的分类是按计量方式,因此本小节按此种方式的分类介绍各种充填包装机。

计量充填是产品包装的一个重要工序。计量充填机是指将产品按所需的精确量充填到包装容器内的机械。充填液体的机械称为灌装机。计量充填机一般由物料供送装置、计量装置、下料装置等组成。它可以作为一种单机单独使用,也可与各种包装机组成机组联合工作。计量充填机的分类及特点、应用范围如表10-1所列。

表10-1 计量充填机的分类及特点

类别	工作原理	特点	应用范围
容积式充填机	将产品按预定容量充填到包装容器内	结构简单、装备体积小、计量速度高、计量精度低	适用于500mL以下的小剂量充填或对计量精度要求不高或物料密度稳定的场合

续表

类别	工作原理	特点	应用范围
称重式充填机	将产品按预定质量充填到包装容器内	结构复杂、装备体积较大、计量精度高、计量速度较低	适用于对包装计量精度要求较高的场合
计数式充填机	将产品按预定数目充填到包装容器内	结构较复杂、计量速度高	适用于条（块）状和颗粒状等规则物品的计量

2. 容积式充填机

将产品按预定的容量充填至包装容器内的充填机称为容积式充填机。

根据物料容积计量的方式不同，容积式充填机可分为量杯式充填机、可调容量式充填机、气流式充填机、柱塞式充填机、螺杆式充填机、计量泵式充填机、插管式充填机、料位式充填机、定时充填机等。其各自的特点和工作原理如表10-2所列。

表10-2 容积式充填机的分类、工作原理、特点、应用范围

类别	工作原理	特点	应用范围
量杯式充填机	采用定量的量杯将物料充填到包装容器内	工作速度高、计量精度低、结构简单	适合于颗粒小，且均匀的物料，计量范围在200mL以下为宜
柱塞式充填机	采用可调柱塞行程而改变产品容量的柱塞量取产品，并将其充填到包装容器内	计量精度高、工作速度低、计量范围易于调节	适用较广，粉、粒料及黏稠类物料均可用
气流式充填机	采用真空吸附的原理量取定量容积的产品，并采用净化压缩空气将产品充填到包装容器内	计量精度高、可减少物料的氧化	主要用于医药行业、化工行业粉料的计量
螺杆式充填机	通过控制螺杆旋转的转速或时间量取产品，并将其充填到包装容器内	结构紧凑、无粉尘飞扬、计量范围宽	主要用于粉料计量或小颗粒计量
计量泵式充填机	利用计量泵中齿轮的一定转数量取产品，并将其充填到包装容器内	结构紧凑、计量速度高	适用于液状、粉状、颗粒状的计量
插管式充填机	将内径较小的插管插入储粉斗中，利用粉末之间的附着力上粉，到卸粉工位由顶杆将插管中粉末充填到包装容器内	计量范围小、计量精度低	主要用于医药行业粉末的填充
定时式充填机	通过控制产品流动的时间或调节进料管的流量而量取产品，并将其充填到包装容器内	结构简单、计量精度低	主要用于液体的充填

容积式充填机适合于干料或黏稠状流体物料的充填,特点是结构简单、计量速度快、造价低,但计量精度较低。因此,它适用于价格比较便宜的物品的包装作业。

容积式充填机把精确容积的物料装进每一个容器,而不考虑物料密度或重量。常用于比重相对不变的物料,或体积要求比质量要求更重要的物料。常见的容积式充填机是量杯式充填机,如图10-1、图10-2所示。

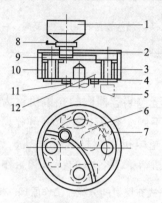

1—料斗;2—料罩;3—量杯;4—活门底盖;6—闭合圆销;7—开启圆销;
8—下粉闸门;9—物料刮板;10—护圈;11—转盘主轴;12—圆盘。

图10-1 定容积量杯式充填机示意

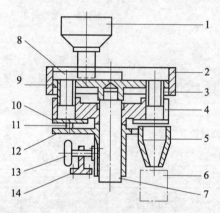

1—料斗;2—护圈;3—固定量杯;4—活动量杯托盘;5—下料斗;6—包装容器;7—转轴;8—刮板;
9—转盘;10—活门;11—活门导柱;12—调节支架;13—手轮;14—手轮支座。

图10-2 可调容积量杯式充填机示意图

量杯式充填机适用于颗粒较小且均匀的物料,计量范围一般在200mL以下。在选用时应注意:量杯的容量调得不正确,料斗送料太慢或不稳定,进料管太小,物料流动不顺,进料管和量杯不同心等都会使量杯装不满。若机器的运转速度过快,料斗落下物料的速度过快,则会引起物料重复循环装料。如果容器与进料管不同心,节拍不齐,容器太小或物料粘在料管中使送料滞后,就会引起物料的溢损。容积式充填机每次计量的质量取决于每次充填的体积与充填物料的密度。

3. 称重式充填机

由于容积式充填机计量精度不高,不适用于一些流动性差、密度变化较大或易结块物料的充填包装，因此对计量精度要求较高的各类物料的充填包装，就采用称重式充填机。

称重式充填机是将产品按预定质量充填到包装容器内的机器，分为毛重式充填机和净重式充填机。

毛重式充填机是在充填过程中产品连同包装容器一起称重的机器，结构如图10-3所示。毛重式充填机结构简单、价格较低。包装容器本身的质量直接影响充填物料的规定质量。它不适用于包装容器质量变化较大，物料质量占整个质量百分比很小的场合；适用于价格较低的自由流动物料的充填包装。

净重式充填机是称出包装物料的预定质量，并将其充填到包装容器内的机器，如图10-4所示。该机称量物料的结果不受容器质量变化的影响，因此是最精确的称量充填机。为了达到较高的充填精度，可采用分级进料的方法。称量时，大部分物料高速进入计量斗，剩余的小部分物料通过微量进料装置缓慢地进入计量斗。在采用计算机控制的情况下，对粗加料和精加料可分别称量、记录、控制，做到差多少补多少。由于净重式充填机称量精度高，如500g的物料，称量精度可达±0.5g，所以广泛用于包装物质量要求精度高或较贵重的，且能自由流动的固体物料的包装，或者用于不适合用容积充填机包装的物料（如膨化玉米、油炸土豆片、炸虾片等物料的充填包装）。但净重式充填机充填速度慢，机器价格较高。为了获得较高的充填效率，可采用多个充填头。许多易碎产品，如油炸土豆片、椒盐饼干等，可采用多头净重充填机进行充填包装。称重式充填机的分类和其各自的特点、应用范围如表10-3所列。

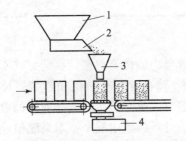

1—料斗；2—加料器；3—漏斗；4—秤。

图10-3 毛重式称量充填装置示意图

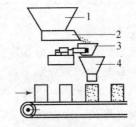

1—料斗；2—加料器；3—秤；4—漏斗。

图10-4 净重式称量充填装置示意图

表10-3 称重式充填机的分类、称重方式、特点与应用范围

类别	称重方式	特点	应用范围
无秤斗称重充填机（毛重充填机）	在填充过程，物料连同包装容器一起称重	产品结构简单，易于在主产线中布置，单台秤工作速度可达40次/min	用于易结块或黏滞性强的产品包装，不适合用于包装质量较大或质量变化大的场合
单秤斗称重充填机	由单台秤称出预定产品的质量，并将其充填到包装容器内	工作速度较低，一般不超过25次/min，当物料粒度变化大或物料易粘料斗时，称量精度不高	用于流动性较好、颗粒均匀的物料称量，适宜单独使用

续表

类别	称重方式	特点	应用范围
多秤斗称重充填机	由多台秤（一般2~4台）各自称出预定产品的质量，并将其分别充填到包装容器内	工作速度成倍于单秤斗称量充填机	用于流动性较好、颗粒均匀的物料的称量，适宜与包装机联合工作
多斗电子组合式称重充填机	由多台秤各自秤出一定的质量，然后通过微处理机将某几个秤斗的质量组合起来，使之最接近预定的质量，并将其填到包装容器内	计量速度高，可达160次/min，计量精度高，装备体积大、造价高	可用于粒度不均匀及形状不规则的物料的计量
连续式称重充填机	应用连续称量检测和自动调节技术，确保在连续运转的输送机上得到稳定的物料的质量流，然后进行等分截取，以得到各个相同的定量份额	计量速度高、计量精度较低	可用于粒度均匀、小颗粒状物料的计量。计量范围一般在500g以下

4. 计数充填机

计数充填机是将产品按预定数目充填到包装容器内的机器。按计数的方式不同，计数充填机可分单件计数充填机、多件计数充填机、转盘计数充填机和履带式计数充填机、典型的片剂充填装瓶机等。计数法是用来测定每一规定批次的产品数量的方法，在条状、块状、片状、颗粒状产品包装中广泛应用。计数装置由三个基本系统组成，即内装物件数检测、内装物件数显示和产品的充填。

1）单件计数充填机

单件计数充填机是采用机械、光学、电感应、电子扫描方法或其他辅助方法，逐件计算产品件数，并将其充填至包装容器内的机器。

单件计数充填机是产品每通过一件便记一次数，并显示已装件数。

(1) 螺钉形产品单件计数充填机。图10-5为螺钉形产品单件计数充填机简图。图中电动机8经传动系统驱动刮板式提升给料器1作垂直方向回转，输送的杂乱状态的物料从上部滑落到两个平行供料辊2之间，又顺着倾斜的供料辊向下部的滑槽4流动；由拨料轮3将重叠的产品扫除，仅剩一列恰好进入滑槽4中，顺序滑落到装有光电计数器5和磁性闸门6的下端；当产品通过光电计数器5时可触发信号，输入计数电路进行计数并由数码管显示累计数字；物料充填到包装容器中，达到规定数量后发出控制信号关闭磁性闸门，完成一次计数充填。

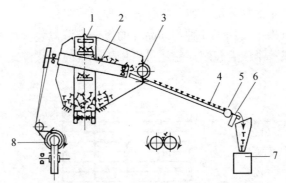

1—刮板式提升给料器；2—供料辊；3—拨料轮；4—滑槽；5—光电计数器；
6—磁性闸门；7—包装容器；8—电动机。

图 10-5　螺钉形产品单件计数充填机

（2）光电片剂计数充填机。如图 10-6 所示，光电片剂计数充填装置是利用一个旋转平盘，将药粒抛向转盘周边，在周边开缺口处药粒将被抛出转盘。在药粒由转盘滑入药粒滑道 6 时，滑道上设有光电传感器 7。通过光电系统将信号放大并转换成脉冲电信号，输入具有"预先设定"及"比较"功能的控制器内。当输入的脉冲数目等于预选的数目时，控制器向磁铁Ⅱ发出脉冲电压信号，磁铁工作，将通道上的翻板 10 翻转，药粒通过并引导入瓶。

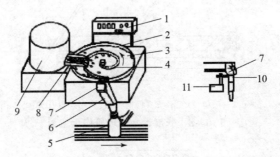

1—控制器面板；2—围墙；3—旋转平盘；4—回形拨杆；5—药瓶；6—药粒滑道；
7—光电传感器；8—下料滑板；9—料斗；10—翻板；11—磁铁。

图 10-6　光电计数器机构

光电片剂计数器机构也可以制成双斗装瓶机构，药粒通道上的翻板对着分岔的两个出料口，翻板停在一侧，有一个出料口打开，另一个出料口关闭。当控制器发出的下一个脉冲电压使磁铁工作时翻板翻动，关闭原来的出料口，打开另一个出料口。这样可以利用一个计数器控制向传送带上的两排间隔输送来的药瓶完成装瓶工作。

对于光电计数装置，根据光电系统的精度要求，只要药粒尺寸足够大，如大于 8mm，反射的光通量足以启动信号，转换器就可以工作。这种装置的计数范围远大于模板式计数装置，在预选设定中，根据瓶装数量要求任意设定，不须更换机器零件，即可完成不同量的调整。

（3）堆积计数充填机构。堆积计数充填机构工作原理如图 10-7 所示。工作时，计量托与上下推头协同动作，完成取量及集合包装的工作。开始时，托体作间歇运动，每移动一格，从料斗中落送一包至托体中，但料斗的启闭时间随着托体的移动均有一相应的滞差，故托体移动 4 次后才能完成一次集合计数充填工作。

堆积计数充填机构主要用于几种不同品种的组合充填包装，每种各取一定数量或等额，或不等额包装成一个集合包装。它还可以用于小包的形状样式及大小有差异的物料的计数充填包装。

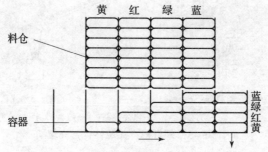

图 10-7　堆积计数充填机构示意图

2) 多件计数充填机

多件计数充填机是按规定的数量，利用辅助量（如长度、面积等）进行比较以确定产品件数（如 5 件或 10 件为一组计数），并将其充填到包装容器内的机器。它通常有长度计数机构、容积计数机构等，如图 10-8、图 10-9 所示。

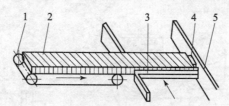

1—输送带；2—被包装产品；3—横向推板；4—触点开关；5—挡板。

图 10-8　长度计数充填机构示意图

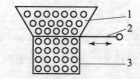

1—料斗；2—闸门；3—计量箱。

图 10-9　容积计数充填机构示意图

10.2.3　灌装机械

将液体产品充填到包装容器内的机器通常称为灌装机械。可以灌装的液体产品包括两方面：一是低浓度液体产品（如酱油、醋、白酒、果汁等），须借助液体的自重流入包装容器内；二是高浓度液体产品（如豆瓣酱、番茄酱、牙膏、香脂、肉糜等），须借助外部压力才能将液体产品充填到包装容器中。

1. 根据灌装压力区分的灌装机械类型

（1）常压灌装机。在常压下将液体产品充填到包装容器中，只适宜灌装低浓度不含气体的液体产品，如白酒、醋、酱油等。

（2）负压灌装机。先将包装容器抽气形成负压，再将液体产品充填到包装容器内的机器称负压灌装机。负压灌装机分为两种：①压差式负压灌装机。贮液箱内处于常压，只对包装容器抽气使之形成负压，依靠贮液箱和待灌容器之间的压力差将液体产品充填到包装容器内的机器，称为压差式负压灌装机。②重力式负压灌装机。将贮液箱和包装容器都抽气形成负压，液体产品依靠本身的自重充填到包装容器内的机器，称为重力式负压灌装机。

（3）等压灌装机。先将包装容器充气，使其内部的气体和储液箱内的气体压力相等；再将液体产品充填到包装容器，适合灌装含气饮料和含气酒类，如汽水、可口可乐、啤酒、汽酒等。它可以保证灌装产品的质量和计量精度。

（4）压力灌装机是利用外部的机械压力将液体产品充填到包装容器中，适用于灌装较稠性物料，如牙膏、番茄酱、豆瓣酱、香脂等。

2. 根据液体产品区分的灌装机械类型

（1）桶口上灌装。适用于浓度较大，不易产生飞溅的液体灌装，如图10-10所示。

（2）桶口内灌装。适用于浓度较小、易产生飞溅和少量泡沫的液体灌装，如图10-11所示。

（3）液面下灌装。适用于安全环境，可以灌装多种桶和容器。灌注快速、精确，并且最大限度地避免灌注完毕时残液的滴漏，如图10-12所示。

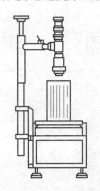
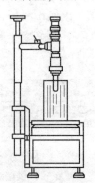
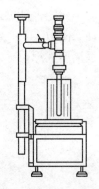

图10-10　桶口上灌装　　　图10-11　桶口内灌装　　　图10-12　液面下灌装

以饮料灌装为例，液体灌装机的流程一般为装有空瓶的箱子堆放在托盘上，由输送带送到卸托盘机，将托盘逐个卸下，箱子随输送带送到卸箱机中，将空瓶从箱子中取出，空箱先经输送带送到洗箱机，经清洗干净，再输送到装箱机旁，以便将盛有饮料的瓶子装入其中。从卸箱机取出的空瓶，由另一条输送带送入洗瓶机消毒和清洗，经瓶子检验机检验，符合清洁标准后进入灌装机和封盖机。饮料由灌装机装入瓶中。装好饮料的瓶子经封盖机加盖封住并输送到贴标机贴标，贴好标签后送至装箱机装入箱中送到堆托盘机堆放在托盘上送入仓库。

3. 灌装机的组成及工作原理

目前灌装机大多采用旋转型结构，如图10-13所示。旋转型灌装机的结构比较复杂，主要由包装容器的供送装置、灌装液料的供送装置、灌装阀等组成，具体如下：

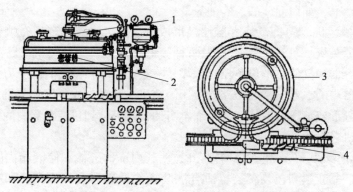

1—供料装置；2—灌装阀；3—托瓶转盘；4—供瓶装置。
图 10-13 旋转型灌装机结构示意图

1) 包装容器的供送装置

旋转型灌装机在灌装时，要求待灌包装容器，要按包装工艺路线、速度、间距和状态进入包装工位。常用的供送装置有链带式、动梁推进式、螺杆和星形拨轮等。

(1) 螺杆式供送装置。这种装置可将规则或不规则排列的成批包装容器，按照包装工艺要求的条件完成增距、减距、分流、升降和翻身等动作，并将容器逐个送到包装工位。有等螺距螺杆供送装置（图 10-14）和变螺距螺杆供送装置（图 10-15）。图 10-15（a）是专门用于供送圆柱形包装容器的装置。螺杆 1 上的螺旋槽沿螺杆供送方向逐渐缩小螺距，被供送的包装容器在静止滑板 2 上紧靠侧向导轨处于边滚动边减速状态的运动。图 10-15（b）是专门用于供送棱柱形包装容器的装置，双环形槽沿螺杆供送方向逐渐增大螺距。

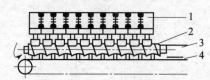

1—瓶槽；2—等螺距螺杆；3—侧向导轨；4—水平输送带。
图 10-14 等螺距螺杆供送装置示意图

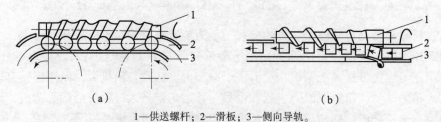

1—供送螺杆；2—滑板；3—侧向导轨。
图 10-15 变螺距螺杆供送装置示意图

(2) 输送链带。常用的瓶子输送装备是活页链传送带，由金属板通过铰链串联而成，板的尺寸与瓶子的直径相吻合。传送率很高时，可以将数条传送带并排布置，构成宽幅传送带。有时也采用两个瓶子宽的链板制成传送带。转弯半径较大的弯道输送带使用特殊形状的链板，为了使传送带运行平稳，在其下面设置了塑料滑轨。传送带通过齿轮驱动和折返，并借助自重张紧。链板两侧搁在塑料滑轨上，滑轨起托住链带，防止其跌落的作用。瓶子传送过程中，要求不损坏标签，并能不受碎玻璃碴的影响。活页链传送带一般可分段地采用高压喷嘴进行喷冲清洗。尽管如此，还需要采用专门的润滑系统和润滑剂实施润滑。应该注意：这些润滑剂最终会进入废水中，但通常是可以降解的。

活页链传送带的应用及特点如下：可以单条或多条并列安装；可用于弯道传送；最大安装斜率达7%；可以利用传送带速度的差异，实现瓶子由多路变成单路，并可避免瓶子速度突然改变，广泛用于单台装备之间作存储和缓冲区，以防止瓶流阻塞。基于这些特点，活页链传送带在灌装车间成为最主要的输送工具。为了实现瓶子的垂直输送（如将瓶子送往上一层楼），可采用带夹持钩的传送带。带橡胶软垫的夹持钩，安装在折返式传送带上并连同它一起运动，偶尔也采用两侧夹持式输送带。

(3) 星形拨轮。星形拨轮的作用是将螺杆供送装置送来的包装容器，按包装工艺要求送到灌装机的主传送机构上；或者将已灌装完的包装容器传送到压盖机的压盖工位上。

(4) 包装容器的升降机构。升降机构的作用是将送来的包装容器上升到规定的高度，以便完成包装，然后把灌装完的包装容器下降到规定位置。目前常用的升降机构有三种形式：一是机械式升降机构。结构简单，但是机械磨损大，压缩弹簧易失效，工作可靠性较差，同时对灌装瓶的质量要求高，主要用于灌装不含气液料的灌装机中。二是气动式升降机构。克服了机械式的缺点，瓶子不再上升，故不会挤坏瓶子；当发生卡瓶时，压缩空气好比弹簧一样被压缩，使瓶子下降时的冲击力较大，要求气源压力稳定，适用于灌装含气饮料的灌装机。三是气动-机械混合式升降机构，工作稳定性好，已广泛地应用。

2) 灌装液料的供送装置

将液料由储液槽经泵、输液管道送到储液箱中的装置称为液料供送系统，包括储液槽、泵、管道阀门、储液箱及高度调节装置、液位控制器等。不同灌装方法的灌装机供液装置的结构不相同。

3) 灌装阀

将储液箱中的液料充填到包装容器内的机构称为灌装阀，是储液箱、气室、包装容器间液料的通道，主要由阀体、阀端、阀门、密封元件、开闭件等组成。

(1) 根据阀门的数目区分。灌装阀的阀体结构有单阀型、双阀型和多阀型。

单阀型灌装阀。只有一个气阀或液阀的灌装阀称为单阀型灌装阀。例如：常压灌装阀的气道始终处于开启状态，所以只需一个液阀；压差式负压灌装阀，省去了一个液阀，只有气阀。

双阀型灌装阀。既有液阀又有气阀的灌装阀称为双阀型灌装阀。例如：重力式负压阀灌装装置中，有一个气阀和一个液阀；机械压力灌装阀灌装装置中有两个液阀。

多阀型灌装阀。有液阀、气阀、回气阀的阀体结构称为多阀型灌装阀。例如：等压阀灌装阀中有液阀、充气阀、回气阀、压力释放阀、清洗阀等。

(2) 根据阀门启闭的运动形式区分。灌装阀有单移阀、旋转阀、多移阀、气动膜阀。

单移阀。阀体中只有一个可动部件，相对于不动部件做往复一次的直线运动。根据可动部件开闭液道的方法可进一步分为柱面式单移阀，是利用轴向移动的阀件切换在圆柱面上的孔道来切换液体通路的；端面式单移阀是利用阀件端面来启闭液体通路的。这种阀适用于敞口玻璃瓶和马口铁罐等容器的灌装。

旋转阀。阀体中可动部件相对不动部件在开闭阀门时做往复一次或多次的旋转或摆动，在摆动两极限位置，由可动部件上的孔眼是否对准不动部件上的孔眼来实现液体通道的开闭。

多移阀。阀体中有几个可动部件，相对于不动部件在开闭时做多次往复直线移动或摆动。

气动膜阀。随着技术的进步，灌装过程的控制技术也得到了不断的改进和发展。20世纪50年代的啤酒灌装是使用活栓式灌装机（也称为"考克灌装机"），是利用撞块拨动活栓旋转而依次实现下列步骤的：备压、进酒和回气，在下一轮灌装过程开始前，滞留在活栓上部的酒液被返送回酒槽。这种灌装机构后来逐步发展成一种在酒槽液面上方气体区域内，只能从外部进行操作的灌装阀。这种技术虽然使啤酒与外部操作的可动部件不再有直接接触，但仍然没有解决啤酒与内装机构及弹簧有接触的问题，而这些处在酒槽内的机构及弹簧，对啤酒的无菌性只会带来不良影响。因此，尽可能通过其他控制手段取代内装的机构和弹簧来实现灌装过程。采用气动膜阀取代外部机械式操作阀门，标志着灌装阀技术的重要突破。

10.2.4 裹包机械

1. 裹包机概述

裹包机又称为缠绕机，是包装机械中不可缺少的机械，如图10-16所示。裹包机是用柔性的包装材料，全部或部分地将包装物裹包起来的包装机。

裹包机适用对块状，并具有一定刚度的物品进行包装。有些粉体和散粒体物品经过浅盘、盒等预包装后，可按块状物品进行包装。块状物品形状各异（有方形、圆柱形、球形等），可以是单件物品，也可以是若干件物品的集合。例如：糖果、香皂、方便面为单件裹包，旅行饼干、火柴等排列组合后则为集合裹包。另外，香烟盒、茶叶盒等外表也可进行裹包包装。

图10-16 裹包机

用于裹包的材料很多，常用的有纸、玻璃纸、单层塑料薄膜及复合材料等。

裹包机械在20世纪70年代末引起行业重视，重点开发。90年代以来，随着引进规模的扩大和生产企业自身基础建设的不断提高，为各类裹包机械的不断完善和成熟提供了可靠的保证，尤其是可编程逻辑控制器（PLC）、个人计算机（PC）的推广应用，使裹包机械的功能更趋于完善、向自动化、智能化方面发展。未来裹包机的发展，除塑料薄膜裹包装备外，要开发折纸裹包装备。大力发展与裹包装备配套的各种辅助装置，以扩大主机功能应用面。

包装机械厂商越来越注重开发快速、成本较低的包装装备，装备向小、灵活、多用途、高效率方向发展。缠绕机市场在实际生产中越来越得到重视，节约时间、降低成本等也得到重视，因此包装界所追求的是组合化、简洁化、可移动的包装装备。在包装机械自动化方面，自动化操作程序已获得广泛应用，如PLC装备、数据收集系统等。

2. 裹包机分类

1）根据裹包形式分类

（1）全裹式裹包机，包括扭结式、覆盖式、贴体式、接缝式等裹包机。

（2）半裹式裹包机，包括折叠式、收缩式、拉伸式、缠绕式等裹包机，如图10-17所示。

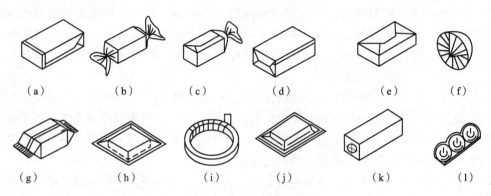

图10-17 常见裹包形式

(a) 半裹包式；(b) 双端扭结式；(c) 单端扭结式；(d) 端部折叠式；(e) 底部折叠式或信封式；(f) 榴形折叠式；(g) 接缝式；(h) 覆盖式；(i) 缠绕式；(j) 贴体式；(k) 收缩式；(l) 拉伸式。

2）根据缠绕膜拉伸方式分类

根据缠绕包装装备对缠绕膜拉伸方式的不同，可分为"预拉伸"型和"阻拉伸"两大类。

（1）预拉伸型缠绕机是指通过预拉伸膜架机构，将缠绕膜按照预先设定好的"拉伸比"拉伸后裹绕到托盘货物之上。优点是展膜均匀、包装美观、适应性强（超轻，超高货物均可使用），并且比同等阻拉伸"型节省耗材30%～50%。

（2）阻拉伸型缠绕机是指通过调节阻拉伸机构的摩擦阻尼，使缠绕膜被动拉出时的速度慢于托盘货物转动的速度，进而在缠绕膜被拉开的同时裹绕到货物之上。因为可以将阻尼调节为"零"，所以任何品质的缠绕膜或普通塑料膜均可以使用，但对于较轻、较高的货物，无法实现稳定包装，并且薄膜耗用量较高。

3）根据应用领域分类

缠绕包装装备应用领域及对货物包装方式的不同，可分为七大系列及各种延伸规格。

（1）T系列-托盘（栈板）式缠绕包装机是指通过转台旋转带动托盘货物转动，进而实现对货物缠绕裹包的装备。适用于使用托盘装运的货物包装（如用于大宗货物的集装箱运输及散件托盘的包装等），广泛应用于玻璃制品、五金工具、电子电器、造纸、陶瓷、化工、食品、饮料、建材等领域。优点是能够提高物流效率、减少装运过程中的损耗；具有防尘、防潮、降低包装成本等。

（2）R系列-悬臂式缠绕包装机是指通过可以转动的悬臂围绕货物转动，进而实现对货物缠绕裹包的装备。所有T系列可以包装的货物均可使用R系列装备裹包，另外，其绕货旋转的包装方式，更适合于较轻较高且码垛后不稳定的产品或超重货物的裹包。机器安装方式灵活，可安置在墙壁上，也可利用支架固定，并且可以根据需要与输送线相连,适应流水线作业的需求。

(3) H系列-环体缠绕包装机是指通过环绕圆形轨道运行的送膜(送带)装置,对圆环货物的环体部分进行缠绕裹包的装备。应用于轮胎、轴承、带钢、带铜、线缆等行业。优点是能够提高包装效率,具有防尘、防潮、降低包装成本等。

(4) Y系列-圆筒式轴向缠绕包装机是指通过转台旋转带动圆筒状货物整体转动的同时,由转台上的两根动力托辊带动圆筒状货物自转,进而实现对货物全封闭缠绕裹包的装备。适用于各种圆筒状货物的密封包装,应用于造纸、帘子布、无纺布等行业。优点是能够提高物流效率、减少装运过程中的损耗,具有良好的灰尘、潮气隔绝作用。

(5) W系列-圆筒式径向缠绕包装机是指通过转台上的两根动力托辊带动卷筒状货物自转,进而实现对径向圆筒面缠绕裹包的包装装备。适用于卷筒状物体的圆面进行螺旋裹包,应用于造纸、帘子布、无纺布等行业。优点是能够提高物流效率、减少装运过程中的损耗,具有防尘、防潮、降低包装成本等。

(6) S系列-水平式缠绕包装机是指通过回转臂系统围绕水平匀速前进的货物做旋转运动,同时通过拉伸机构调节包装材料的张力,把物体包装成紧固的整体,并在物体表面形成螺旋式规则包装的装备。应用于塑料型材、铝材、板材、管材、染织品等行业。优点是能够提高包装效率、减少装运过程中的损耗,具有防尘、防潮、降低包装成本等。

(7) NT系列-无托盘缠绕包装机是指通过转台旋转带动货物转动,进而实现对货物缠绕裹包的装备。其适用于单件或多件小规格货物的包装,应用于服装、电器、化纤等行业。优点是能够提高包装效率、减少装运过程中的损耗,具有防尘、防潮、降低包装成本等。

10.2.5 封口机械

封口机是将充填有包装物的容器进行封口的机械,在产品装入包装容器后,为了使产品得以密封保存,保持产品质量,避免产品流失,需要对包装容器进行封口。这种操作是在封口机上完成的(图10-18)。

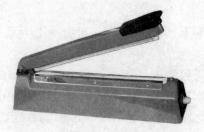   

(a) 手动封口机   (b) 单腔式真空封口机

图10-18 封口机

1. 封口机的种类

1) 按是否使用封口材料分类

按是否使用封口材料,封口机主要种类如表10-4所列。

表 10-4　封口机械的分类

封口材料	变形特征	操作形式
不使用封口材料	热效应变形	接触式
		非接触式
	机械变形	折叠式
		压纹式
使用封口材料	封口材料变形	滚压
		卷边
	封口材料不变形	压盖
		旋盖
采用辅助封口材料	单个元件变形	钉合
		夹合
	缝合	自动缝合
		手动缝合
	黏合	黏结
		胶带
	捆结扎袋口	扎袋
		捆结

（1）不使用封口材料的封口机，包括热压式、冷压式、熔焊式、插合式、折叠式等。

（2）使用封口材料的封口机，包括旋合式、滚纹式、卷边式、压合式等。

（3）采用辅助封口材料的封口机，包括胶带式、黏结式、钉合式、结扎式、缝合式等。

制作包装容器的材料很多，如纸类、塑料、玻璃、陶瓷、金属、复合材料等，而包装容器的形态及物理性能也各不相同，因此所采用的封口形式及封口装置也不一样。

2）按包装材料的力学性能分类

（1）柔性容器封口装置。柔性容器是用柔性材料，如纸张、塑料薄膜、复合薄膜等制作的袋类容器。这类容器的封口多与制袋、充填构成联合体，很少独立使用，由于材料不同，封口装置也不一样。对于纸类材料，一般采用在封口处涂刷黏合剂，再施以机械压力封口。对于塑料薄膜袋及复合薄膜袋，很多塑具有良好的热封性，用这类塑料制作的塑料袋或复合袋，一般采用在封口处直接加热并施以机械压力，使其熔合封口。对于口杯类容器封口装置，如常见的豆浆杯、奶茶杯等，通过加热使杯沿和膜黏合，使容器密封。

(2) 刚性容器封口机。刚性容器是指容器成型后其形状不易改变的容器,封口多用不同形式的盖子,常用的封口机有以下几种。一是旋盖封口机。这种封盖事先加工出内螺纹,螺纹有单头或多头之分,如药瓶多用单头螺纹,罐头瓶多用多头螺纹。该机是靠旋转封盖,而将其压紧于容器口部。二是滚纹封口机。这种封盖多用铝制,事先未有螺纹,是用滚轮滚压铝盖,使之出现与瓶口螺纹形状完全相同的螺纹,而将容器密封。这种盖子在启封时将沿裙部周边的压痕断开,而无法复原,故又称为"防盗盖",多用于高档酒类、饮料的封口包装。三是滚边封口机。它是先将筒形金属盖套在瓶口,用滚轮滚压其底边,使其内翻变形,紧扣住瓶口凸缘而将其封口。其多用于广口罐头瓶等的封口包装。四是压盖封口机。它是专门用于啤酒、汽水等饮料的皇冠盖封口机。将皇冠盖置于瓶口,压盖模下压,皇冠盖的波纹周边被挤压内缩,卡在瓶口颈部的凸缘上,造成瓶盖与瓶口间的机械勾连,从而将瓶子封口。五是压塞封口机。这种封口材料是用橡胶、塑料、软木等具有一定弹性的材料做成的瓶塞,利用其本身的弹性变形来密封瓶口。封口时,将瓶塞置于瓶口上方,通过对瓶塞的垂直方向的压力将其压入瓶口来实现封口包装。压塞封口既可用作单独封口,也可与瓶盖一起用作组合封口。六是卷边封口机。它主要用作金属食品罐的封口。用滚轮将罐盖与罐身凸缘的周边,通过互相卷曲、钩合、压紧来实现密封包装。

2. 封口机工作原理及结构

一般封口机由机架、减速调速传动机构,封口印字机构,输送装置及电器电子控制系统等部件组成。接通电源,各机构开始工作,电热元件通电后加热,使上下加热块急剧升温,并通过温度控制系统调整到所需温度,压印轮转动,根据需要冷却系统开始冷却,输送带送转并由调速装置调整到所需的速度。当装有物品的包装放置在输送带上,袋的封口部分被自动送入运转中的两根封口带之间,并带入加热区,加热块的热量通过封口带传输到袋的封口部分,使薄膜先受热熔软,再通过冷却区,使薄膜表面温度适当下降,最后经过滚花轮(或印字轮)滚压,使封口部分上下塑料薄膜黏合并压制出网状花纹(或印制标志),由导向橡胶带与输送带将封好的包装袋送出机外,完成封口作业。

10.2.6 捆扎机械

1. 捆扎机械概述

捆扎通常是指直接将单个或数个包装物用绳、钢带、塑料带等捆紧扎牢,以便于运输、保管和装卸的一种包装作业,是包装的最后一道工序。

捆扎机是使用捆扎带或绳捆扎产品或包装件,然后收紧并将捆扎带两端通过热效应熔融,或使用包扣等材料连接好的机器。

捆扎可以将包装物捆紧、扎牢并压缩,既增加外包装强度,减少散包所造成的损失,又便于提高装卸效率,节省运输时间、空间和成本,同时便于销售,因此成为了包装机中的一个重要分支。目前,各国的捆扎机已经相当普及,品种繁多,几乎无所不捆,主要适用于纸箱、木箱、书刊、软硬包及方状、筒状、环状等各种物体,广泛应用于轻工、食品、外贸、百货、印刷、医药、化工、邮电、纺织等行业,常见的捆扎机如图10-19所示。

图 10 - 19　常见的捆扎机外形图

捆扎通常是指直接将单个或数个包装物用绳、钢带、塑料带等捆紧扎牢以便于运输、保管和装卸的一种包装作业。捆扎机按自动化程度分为全自动捆扎机、半自动捆扎机和手提式捆扎机；捆扎机按捆扎带材料分为有绳捆扎机、钢带捆扎机、塑料带捆扎机。捆扎机械及打包机。由于包装物不同，捆扎要求不同，捆扎的形式也多种多样，有单道、双道、交叉、井字等多种形式，如图 10 - 20 所示。

图 10 - 20　捆扎形式

捆扎的主要功能如下：
（1）将包装物捆紧，扎牢并压缩，增加外包装的强度，减少散包所造成的损失；
（2）提高装卸的效率，节省运输时间、空间和运输的成本。

2. 捆扎机的分类

1）按捆扎材料分类

（1）塑料带捆扎机。它是用于中、小重量包装箱的捆扎机。所用塑料带主要是聚丙烯带，也有尼龙带、聚酯带等。

（2）钢带捆扎机。它用钢带作捆扎材料，因钢带强度高，主要用于沉重、大型包装箱。

2）按接头方式分类

（1）熔接式捆扎机。因塑料带易于加热熔融，故多适用于塑料带接头。熔接式捆扎机根据加热的方式不同分为电热熔接、超声波熔接、高频熔接、脉冲熔接等。

（2）扣接式捆扎机。它采用一种专用扣接头，将捆扎带的接头夹紧嵌牢，多用于钢带。

3）按结构特点分类

（1）基本型捆扎机。它适用于各种行业的捆扎机，台面高度适合于站立操作。多用于捆扎中、小包装件，如纸箱、钙塑箱、书刊等。

（2）侧置式捆扎机。其捆扎带的接头部分在包装件的侧面进行，台面较低。适用于大型或污染性较大包装件的捆扎，若加防锈处理，可捆扎水产品、腌制品等；若加防尘措施，则可捆扎粉尘较多的包装件。

（3）加压捆扎机。对于皮革、纸制品、针棉织品等软性、弹性制品，为使捆紧，必须先加压压紧后捆扎。加压方式分气压和液压两种。

（4）开合轨道捆扎机。它的带子轨道框架可在水平或垂直方向上开合，便于各种圆筒状或环状包装件的放入，然后轨道闭合捆扎。

(5) 水平轨道捆扎机。它的带子轨道为水平布置，对包装件进行水平方向捆扎，适用于托盘包装件的横向捆扎等。

(6) 手提捆扎机。一般置于包装件顶面，当带子包围包装件一圈后，用手提捆扎机将带子拉紧锁住。它用手动操作，灵活轻便。

4）按自动化程度分

(1) 手动捆扎机。依靠手工操作实现捆扎锁紧，多用塑料带捆扎。它的结构简单、轻便，适用于体积较大或批量很小包装件的捆扎。

(2) 半自动捆扎机。先用输送装置将包装件送至捆扎工位，再用人工将带子缠绕包装件，最后将带子拉紧固定。它工作台面较低，很适合大型包装件的捆扎。

(3) 自动捆扎机。在工作台上方有带子轨道框架，当包装件进入捆扎工位时，即自动进行送带缠带、拉带紧带、固定切断等工序。它带子轨道框架固定，一般适合于尺寸单一、批量较大的包装件捆扎。捆扎时，包装件的移动和转向需靠人工进行。

(4) 全自动捆扎机。能在无人操作和辅助的情况下自动完成预定的全部捆扎工序，包括包装件的移动和转向，适于大批量包装件的捆扎。

3. 常用捆扎材料

常用捆扎材料有钢带、尼龙带、聚丙烯带和聚酯带四种基本类型，其强度、工作范围、持续张力、伸长率与回复率等特性有着本质的差别。

钢捆扎带一般用于使非常重的载荷成为一整体运输件或将载荷固定在火车车厢、拖车或远洋货轮内，很少用于经捆扎后下陷或移位的收缩型载荷，但能牢固地捆扎压缩载荷，并经常用于刚性载荷的捆扎。通常，钢捆扎带用于要求高强度、高持续张力的场合，在所有的捆扎带中具有最高的抗张强度，最小的张力衰减，在所有的应用中都不会伸长。

尼龙捆扎带具有高的持续张力，一般用于重型物品和能经受住高的初张力的收缩型载荷的捆扎。其伸长率和回复率比聚酯或聚丙烯捆扎带的伸长率和回复率大，是最贵的塑料捆扎带。

聚丙烯捆扎带是最便宜的捆扎材料，一般用于较轻型载荷的捆扎、打捆和封口纸箱。聚丙烯捆扎带有高的伸长率和回复率，但持续张力不如其他塑料捆扎带好。

聚酯捆扎带在塑料捆扎材料中具有最高的强度和最高的持续张力。对于要求在装卸、运输和储存过程中一直紧紧地保持捆扎张力的刚性载荷，聚酯捆扎带是一种极好的捆扎材料。通常，聚酯捆扎带用于要求高抗张强度、高持续张力和伸长的场合。在很多场合，其性能与轻型规格的钢捆扎带一样好。

刚性的包装或载荷要求用最大的持续张力来提供充分的保护，此时钢捆扎带是最好的选择，其次是聚酯带和尼龙带。相反，大多数轻型包装仅要求用较小的持续张力来保持它们的完整性，选择聚丙烯捆扎带较合适。

如果要求较大的回复率（如捆扎棉花、废纸等松散物料），并且包装要经受住约1112N范围内的应用张力，如果不是高湿度的环境，选择尼龙捆扎带是最合适的。如果仅需要一个中等量的回复率，并且包装要经受得住1334N的张力，聚酯捆扎带是最经济的选择。如果一个包装要经受住890N的张力，但回复率是重要的，则尼龙捆扎带是第一选择,聚丙烯和聚酯带分别列第二和第三选择。

在相同规格条件下,聚丙烯捆扎带的成本最低,其次为聚酯带、尼龙带和钢捆扎带。常用捆扎材料的强度比较如表10-5所列,总体质量比较如表10-6所列。

表10-5 捆扎材料的强度比较

捆扎材料	断裂强度/N	抗张强度/MPa
钢捆扎带	5204	806
聚酯捆扎带	2669~3559	414~551
尼龙捆扎带	2802	434
聚丙烯捆扎带	2224~2669	345~414

表10-6 捆扎带的总体质量比较

捆扎材料	断裂强度	张力等级	持续张力	回复率	耐热性	耐湿性	处理难易
聚丙烯	中等	最低	中等	高	中等	高	优
聚酯	中等	中等	良好	中	良好	高	优
尼龙	中等	中等	良好	最高	良好	低	优
钢带	最高	最高	最高	忽略不计	优秀	高	中

4. 两种打包机介绍

1) 自动打包机

自动打包机外形设计简单美观,由电动机、减速器、凸轮、紧缩臂运作,打包紧力较好、故障少,维修方便,打包机零部件均由电脑数控机床精密加工,打包动作柔和,耐用性较好,打包功能完善,打包结束后电机马上停止,省电实用,如图10-21所示。适用于食品、医药、五金等行业纸箱打包、木箱打包、纸张打包等各种大小货物的自动打包捆扎。

2) 高台打包机

高台打包机在国外样机的基础上重新改进设计制造而成,使用范围广,不管大小包装,不用调整机器就可以打包。其属机械式结构,部分采用进口零件,有刀刃稳定可靠、调整方便等特点,适用于各种大小货物的打包,如图10-22所示。

图10-21 自动打包机

图10-22 高台打包机

10.2.7 贴标机械

1. 贴标机概述

贴标机用于将印刷有包装容器内物品的品名、成分、功能、使用及开启方法、商标图案等的标签黏贴在容器一定部位上。贴标工艺过程一般包括以下几个基本工序。

（1）取标。将标签从标盒中取出。

（2）传送。将标签传送给贴标部件。

（3）打印。在标签背面或正面打印生产日期、产品批次等数码。

（4）涂胶。往标签背面涂上黏结剂。

（5）贴标。将标签贴附在容器的适当位置。

（6）熨平。将黏贴在容器表面的标签进一步抚平、贴牢，消除皱折、鼓泡、翘起等缺陷，使标签贴得平整牢靠。

在高速贴标机上还设有"无瓶不取标""无标不涂胶"等保护装置，以及故障检测、报警、停机等装置。

2. 贴标机械的类型

贴标机械的类型如下：

贴标机
- 按自动化程度分
  - 半自动贴标机
  - 全自动贴标机
- 按容器运行形式分
  - 直线式贴标机
  - 回转式贴标机
- 按贴标机构分
  - 龙门式贴标机
  - 滚动式贴标机
  - 真空摆杆式贴标机
  - 机械转鼓式贴标机
- 按标签形式分
  - 页片式标签贴标机
  - 卷盘式标签式贴标机
- 按黏结剂类型分
  - 湿敏胶标签贴标机
  - 热敏胶标签贴标机
  - 压敏胶标签贴标机
- 按容器的形状分
  - 圆柱形容器贴标机
  - 异形容器贴标机

3. 贴标机的工作原理

工作过程的开始是箱子在传送带上以一个不变的速度向贴标机进给。机械上的固定装置将箱子之间分开一个固定的距离，并推动箱子沿传送带的方向前进。贴标机的机械系统包括一个驱动轮、一个贴标轮和一个卷轴。驱动轮间歇性地拖动标签带运动，标签带从卷轴中被拉出，同时经过贴标轮，贴标轮会将标签带压在箱子上。在卷轴上采用了开环的位移控制，用来保持标签带的张力。因为标签在标签带上是彼此紧密相连的，所以标签带必须不断起停。

标签是在贴标轮与箱子移动速度相同的情况下被贴在箱子上的。当传送带到达了某个特定的位置时,标签带驱动轮会加速到与传送带匹配的速度,贴上标签后,减速到停止。

由于标签带有可能会产生滑动,所以它上面有登记标志,用来保证每一张标签都被正确地放置。登记标志通过一个传感器来读取,在标签带减速阶段,驱动轮会重新调整位置以修正标签带上的任何位置错误。

随着经济的发展,人们生活水平的提高,每一种流通的商品都需要注明生产日期、保质日期等相关信息,包装是信息的载体,对商品贴标是实现的途径。贴标机就是在包装件或产品上加上标签的机器,不仅有美观的作用,更重要的是可以实现对产品销售的追踪与管理,特别在医药、食品等行业,如出现异常可准确及时地启动产品召回机制。贴标签机是现代包装不可缺少的组成部分。目前我国生产贴标机的种类正在逐步增加,技术水平也有了很大的提高,已从手动、半自动贴标的落后局面,发展成自动化高速贴标机占据广大市场的格局。

10.2.8 真空包装机

1. 真空包装机概述

真空包装机是将产品装入包装容器后,抽取容器内部的空气达到预定真空度,并完成封口工序的机器。

为了达到更好的包装状态,还可以先抽真空后充气(一般为惰性气体),即采用真空充气包装机。这类包装机械除完成上述主要功能外,往往还增添部分辅助功能,如自制容器、称量、充填、贴标、打印等。

真空包装机可用于食品、医药、纺织品、文物资料、五金及电子元件等各种固体、半流体、液体的包装。

真空包装机不适用于脆性、易结块、易变形,有尖锐棱角的物品的包装。真空包装不能抑制厌氧菌的繁殖和酶反应引起的食品变质、变色,因此常采用冷藏、速冻、脱水、加热、紫外线照射、腌制等辅助方法来解决。

真空包装将食品装入包装袋,抽出包装袋内的空气,达到预定真空度后,完成封口工序。真空充气包装将食品装入包装袋,先抽出包装袋内的空气达到预定真空度后,再充入氮气或其他混合气体,最后完成封口工序。

真空包装机是以塑料或塑料铝箔薄膜为包装材料,对液体、固体、粉状或糊状的食品(如粮食、果品、酱菜、果脯、化学药品、药材、电子元件、精密仪器、稀有金属)等进行真空包装,经真空包装的物品可以防止氧化、霉变、虫蛀、腐烂、受潮,延长保质保鲜期限。特别适用于茶叶、食品、医药、商店、研究机构等行业,具有外形美观、结构紧凑、效率高、操作简便等优点。

包括食品真空包装机在内的真空包装机都是由真空系统、抽充气密封系统、热压封合系统、电器控制系统等组成。外抽式真空包装机是将包装袋内抽成低真空后,立即自动封口,由于袋内真空度高,残留空气极少,抑制细菌等微生物的繁殖,避免了物品氧化、霉变和腐败,同时对某些松软的物品,经全自动真空包装机包装后,可缩小包装体积,便于运输和储存。台式真空包装机原理是以塑料复合薄膜或塑料铝箔复合薄膜为包装材料,对固体、液体、粉状或糊状的食品(如粮食、果品、酱菜、果脯、化学药品、电子元件、精密仪器仪表、稀有金属）等进行真空包装或真空充气包装。

2. 包装机的操作步骤

（1）接通电源，根据需要拨动电源选择开关，即电源指示灯亮，电源选择开关指向真空为真空封口，指向真空充气为真空充气封口。

（2）将装有物品的塑料袋置放真空室内，袋口整齐地摆在热封条上，如作充气包装至少应有一支喷嘴插入袋口内。

（3）压下机盖，面板上抽气（真空）指示灯亮，真空泵开始抽气，机盖立即被自动吸住，抽真空旋钮可根据包装要求调节真空度高低，调节时视刻度由低至高，幅度要小。

（4）当抽气达到设定的时间，即所要求的真空度时，则抽气结束，抽气指示灯熄灭，充气指示灯亮，以示充气开始，充气旋钮可调节充气时间长短，即充气量多少，方法和上面步骤（3）一样。如不需要充气，则将电源开关拨到真空位置，程序自动进入真空包装，充气指示灯熄灭。

（5）抽气或充气完毕时，指示灯随之熄灭，热封指示灯亮，即进入封口程序，面板上设有热封时间及温度调节旋钮，以适应不同厚薄材料，调节时间及温度时，旋动幅度要小，防止热封温度突然增高，烧坏热封配件。

（6）当达到设定热封时间时，热封指示灯熄灭，以示热封结束，即真空室经电磁阀进入大气，直至机盖自动抬启，真空充气包装过程全部结束，准备进行下次包装循环。

3. 真空包装机的分类、组成及工作原理

1）真空包装机的分类及工作原理

真空包装机品种较多，通常分为机械挤压式、插管式、腔室式、热成型式等真空包装机。

（1）机械挤压式真空包装机。图10-23为机械挤压式真空包装原理图。包装袋充填结束后，在其两侧用海绵等弹性物品将袋内的空气排出，然后进行封口的包装方式称为机械挤压式。这种方法最简单，但真空度低，用于要求真空度不高的场合。

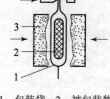

1—包装袋；2—被包装物；
3—海绵垫；4—热封器。

图10-23 机械挤压式真空包装原理图

（2）插管式真空包装机。图10-24为插管式真空包装原理图。从袋的开口处插入排气管，开启阀门1，真空泵进行抽真空，达到预定真空度后进行封口的包装方式称为插管式抽真空包装。若充气，则在抽真空后，关闭阀门1，开启阀门2进行充气。

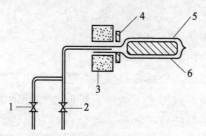

1, 2—阀门；3—海绵垫；4—热封器；5—包装袋；6—被包装物。

图10-24 插管式真空包装原理图

（3）腔室式真空包装机。图 10-25 为腔室式真空包装原理图。腔室可分为单室、双室和多室等，目前单室和双室应用较多。除充填外，整个包装过程均在腔室内进行。包装时，装有包装物品的包装袋放入腔室内，合盖后抽真空，达到预定的真空度后，热封器将袋口封住。若充气，则在封口前充入保护气体，这种方法真空度较高。

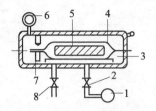

1—真空泵；2，8—阀门；3—腔室；4—包装袋；5—被包装物；6—真空表；7—热封器。

图 10-25 腔室式真空包装原理图

2) 真空包装机的组成及结构

图 10-26 为真空包装机的组成及结构简图。真空包装机工作时，由手工将已充填了物料的包装袋定向放在腔室内，并将袋口置于加热器 3 上；关上真空室盖 7 并压紧，靠真空室盖 7 上的密封圈密封真空室；同时，控制系统工作，按工作程序自动完成抽真空、压紧袋口、加热器加热封口、冷却、真空室解除真空、抬起真空室盖等动作。

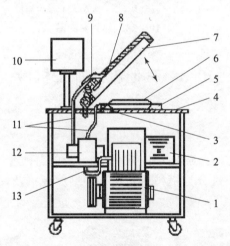

1—真空泵；2—变压器；3—加热器；4—台板；5—盛物盘；6—包装制品；7—真空室盖；8—压紧器；
9—小气室；10—控制箱；11—管线；12—换向阀；13—管道。

图 10-26 真空包装机组成及结构示意图

图 10-27 为两种压紧器的结构示意图。图 10-27（a）所示小气室 9 设在真空室盖 6 上，且与真空室隔断，与压条 5、缓冲垫条 4、活塞 7 等组成袋口压紧器。图 10-27（b）的工作原理与图 10-27（a）基本一致，不同的是由于前者设有小气室 9，因此活塞 7 的下移是压缩空气推动的，而图 10-27（a）中活塞 7 的下移，是依靠活塞上部的大气压与下部小气室的真空压差来实现。

图 10-28 为热封器简图。其封口方法为脉冲热封，聚四氟乙烯垫条起到绝缘与隔热作用，而玻璃布保护膜 2 的作用是防止黏结。

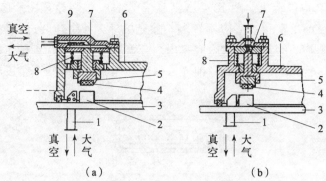

1—管道；2—加热器；3—台板；4—缓冲垫条；5—压条；6—真空室盖；7—活塞；8—弹簧；9—小气室。

图 10-27 两种压紧器结构示意图

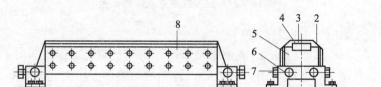

1—台板；2—玻璃布保护膜；3—电热带；4—聚四氟乙烯垫条；
5—枕条；6—接线块；7—锁紧螺钉；8—镶板。

图 10-28 热封器简图

10.3 其他流通加工机械

10.3.1 剪板机械

剪板机是在各种板材的流通加工中应用比较广泛的一种剪切装备，能剪切各种厚度的钢板材料。常用的剪板机分为机械剪板机、冲型剪板机及摆式剪板机三种类型，如图10-29所示。

（a）机械剪板机　　　（b）冲型剪板机　　　（c）摆式剪板机

图 10-29 剪板机

剪板加工通常是在固定地点设置剪板机，以进行下料加工或设置各种切割装备将大规格钢板裁小或切裁成毛坯。这样既降低销售起点又方便用户。

1. 剪板机的作用

剪板机就是在固定地点的剪板加工中，将大规格钢板裁小或切裁成毛坯。

热连轧钢板和钢带、热轧厚钢板等板材最大，交货长度常可达7~12m，有的是成卷交货。大、中型企业由于消耗批量大，可设专门的剪板及下料加工装备，按生产需要进行剪板、下料加工。对于使用量不大的企业和多数中小企业，单独设置剪板下料装备，有装备闲置时间长、人员浪费大、不容易采用先进方法等缺点。在流通过程中进行钢板的剪板及下料加工，可以有效地解决上述缺点。

使用剪板机对板材进行剪板、下料的流通加工有如下优点：

（1）可以选择加工方式，与气焊切割相比，其加工后钢材的晶相组织变化较少，可保证钢材的原状态，有利于进行高质量加工。

（2）加工精度高，可减少废料、边角料，也可减少再加工的切削量，既提高再加工效率，又有利于减少消耗。

（3）由于集中加工可保证批量及生产的连续性，可以专门研究此项技术并采用先进装备，大幅度提高效率和降低成本。

（4）使用户简化生产环节，提高生产水平。

剪板机在流通领域可用于板料或卷料的剪裁，工作过程主要是板料在剪板机的上、下刀刃作用下受剪产生分离变形。一般剪切时下剪刀固定不动，上剪刀向下运动。

2. 剪板机的构造及操作

1）剪板机的基本结构

普通剪板机一般由机身、传动系统、刀架、压料器、刀片间隙调整装置、挡料装置、灯光对线装置、托料器、润滑装置、电气控制装置等部件组成。

（1）机身。机身一般由左右立柱、工作台、横梁等组成。机身分为铸件组合结构和整体焊接结构。铸件组合结构属于老式结构，机身大多采用铸件，通过螺栓、销钉将各组铸件连接成一体。这种结构的机身较重、刚性差，接合面的机械加工工作量也大。整体钢板焊接结构与铸件结构相比，整体式钢板焊接结构具有机身质量小、刚性好、便于加工等优点，因此采用这种机身的日益增多。

（2）传动系统。剪板机的传动系统有机械传动系统和液压传动系统之分。机械传动系统有齿轮传动系统和蜗轮副传动系统，且又以圆柱齿轮传动系统居多。圆柱齿轮传动系统又分为上传动式系统和下传动式系统。机械下传动式剪板机的结构紧凑、机身高度小，剪板机重心低、稳定性能较好，制造安装也比较容易。一般下传动式剪板机用于剪切厚度小于6mm的小规格剪板机。液压传动剪板机日益增多，主要特点是剪切力在全行程中保持不变，可防止过载，且工作安全、通用化程度高、质量较小、参数调整易实现自动化。但是液压传动剪板机的行程次数较低，电动机功率略大，故障排除不如机械传动式剪板机容易。

（3）刀架。刀架是剪板机的重要部件。老式小型剪板机的刀架多为铸铁体，大型剪板机的JJ机架多为铸钢件。近年来，采用钢板结构的JJ机架日益增多。

（4）压料器。在剪板机上刀片的前面设有压料器，使板料在整个剪切过程中始终被压紧在工作台面上。压料器所产生的压料力要能克服板料因受剪切力的作用而产生的回转力矩，使板料在剪切时不产生位移或翻转。压料器有机械传动和液压传动等形式，在小规格剪板机中，使用机械传动或液压传动的最多。近年来，液压传动压料器日益增多，以满足选用的压料力大和剪切精度高的要求。

（5）刀片间隙调整装置。为适应剪切不同厚度板料的要求，剪板机需根据板厚调节刀片的间隙，刀片间隙过大或过小都会损坏刀片和影响板料剪切断面的质量。因此，要求刀片调整装置操作方便,刚性好。

(6) 挡料装置。为了控制剪切板料尺寸和提高定位效率,剪板机设有挡料装置。挡料装置有手动和机动两种,手动挡料装置用于小型剪板机,机动挡料装置多用于大中型剪板机。

(7) 光线对线装置。当剪板机不使用后挡料装置时或者剪切时剪刃需要与事先画好的刻线对准时,应使用光线对线装置,以保证剪切的尺寸精度,但有些剪板机上没有光线对线装置。

(8) 托料器。在剪板机工作台上设有托料器,作用是将板料托起,使板料在工作台上移动轻快。

2) 剪板机的技术参数

剪板机主参数以剪切厚度和剪切板料宽度来表示,如下:

(1) 剪切厚度。剪板机剪切厚度主要受剪板机构件强度的限制,最终取决于剪切力。影响剪切力的因素很多,如刃口间隙、刃口锋利程度、剪切角大小(对平刀剪切为板宽)、剪切速度、剪切温度、剪切面的宽度等,而最主要的是被剪材料的强度。目前,国内外剪板机的剪切厚度多为 32mm 以下。

(2) 剪切板料宽度。它是指沿着剪板机剪刃方向,一次剪切完成板料的最大尺寸。参照钢板宽度和使用厂家的要求制定(可剪板宽度小于剪刃长度)的剪切方式称为横切方式。纵切方式为多次接触剪切,只要条料宽度小于剪板机的凹口——喉口,剪切尺寸就不受限制。随着工业的发展,剪板宽度不断增大,目前剪板宽度为 6000mm 的剪板机已经比较普遍,国外有的剪板机的板宽已达 10000mm。

(3) 剪切角度。为了减少剪切板料的弯曲和扭曲,一般都采用较小的剪切角度。这样剪切力可能增大些,对剪板机受力部件的强度、刚度也会带来一些影响,但提高了剪切质量。

(4) 喉口深度。采用纵切方式对剪板机的喉口深度有一定的要求,目前剪板机趋向于较小的喉口深度。这样可提高机架的刚度,但使整机质量下降。

(5) 行程次数。它直接关系到生产效率,随着生产的发展及各种上下料装置的出现,要求剪板机有较高的行程次数。对于机械传动的小型剪板机,一般每分钟可达 50 次以上。

3) 剪板机安全操作规程

(1) 操作前要穿紧身防护服,袖口扣紧,上衣下摆不能敞开,不得在开动的机床旁穿、脱换衣服,或围布于身上,防止机器绞伤。必须戴好安全帽,辫子应放入帽内,不得穿裙子、拖鞋。

(2) 剪板机操作人员必须熟悉剪板机的主要结构、性能和使用方法。

(3) 剪板机适用于剪切材料厚度为机床额定值的各种钢板、铜板、铝板及非金属材料板材,而且必须是无硬痕、焊渣、夹渣、焊缝的材料,不允许超厚度。

(4) 剪板机的使用方法:①按照被剪材料的厚度,调整刀片的间隙。②根据被剪材料的宽度调整靠模或夹具。③剪板机操作前先作 1~3 次空行程,正常后才可实施剪切工作。

(5) 使用中如发现机器运行不正常,应立即切断电源停机检查。

(6) 调整机床时，必须切断电源，移动工件时，应注意手的安全。

(7) 剪板机各部应经常保持润滑，每班应由操作工加注润滑油一次，每半年由机修工对滚动轴承部位加注润滑油一次。

10.3.2 切割机械

1. 切割机简介

切割机应用于金属和非金属行业。一般来说，非金属行业分得比较细致，例如：切割石材的石材切割机、水切割机、锯齿切割机、切割布料和塑料，切割化纤制品用的激光切割机、刀片式切割机，切割金属材料的等离子切割机、火焰切割机（火焰切割机分为数控火焰切割机和手动火焰切割机两大类，手动火焰切割机有小跑车、半自动、纯手动等种类，数控火焰切割机有龙门式数控切割机、悬臂式数控切割机、台式数控切割机、相贯线数控切割机等）。切割机分为火焰切割机、等离子切割机、激光切割机、水切割等。

2. 切割机的应用及发展

1) 概述

在机械加工过程中，板材切割常用方式有手工切割、半自动切割机切割及数控切割机切割。手工切割灵活方便，但质量差、尺寸误差大、材料浪费大、后续加工工作量大，同时劳动条件恶劣、生产效率低。半自动切割机中仿形切割机，切割工件的质量较好，由于使用切割模具，不适合于单件、小批量和大工件切割。其他类型半自动切割机虽然降低了工人劳动强度，但其功能简单，只适合一些较规则形状的零件切割。数控切割相对手动和半自动切割方式来说，可有效地提高板材切割的效率、质量，减轻操作者的劳动强度。目前我国一些中小企业使用手工切割和半自动切割方式较为普遍。

据冶金工业规划研究院发布2022年我国钢材消费量为9.2亿t，因此钢材的切割量非常大。同时，随着现代机械工业的发展，对板材切割加工的工作效率和产品质量的要求也提高。因而数控切割机的市场潜力还是很大、市场前景比较乐观。

2) 应用现状

经过几十年的发展，数控切割机在切割能源和数控控制系统两方面取得了长足的发展。切割能源已由单一的火焰能源切割发展为目前的多种能源，如火焰、等离子、激光、高压水射流等；数控切割机控制系统已由当初的简单功能、复杂编程和输入方式、自动化程度不高发展到具有功能完善、智能化、图形化、网络化的控制方式。

数控火焰切割机，具有大厚度碳钢切割能力，切割费用较低，但存在切割变形大，切割精度不高，并且切割速度较低，切割预热时间、穿孔时间长，较难适应全自动化操作的需要。它的应用场合主要限于碳钢、大厚度板材切割，在中、薄碳钢板材切割上逐渐被等离子切割代替。

数控等离子切割机，具有切割领域宽，可切割所有金属板材，切割速度快，效率高，切割速度可达10m/min以上。等离子在水下切割能消除切割时产生的噪声、粉尘、有害气体和弧光的污染，有效地改善工作场合的环境。采用精细等离子切割已使切割质量接近激光切割水平，目前随着大功率等离子切割技术的成熟，切割厚度已超过100mm，拓宽了数控等离子切割机的切割范围。

数控激光切割机,具有切割速度快、精度高等特点,但数控激光切割机价格昂贵,切割费用高,目前只适合于薄板切割、精度要求高的场合;数控高压水射流切割机,适用于任何材料的切割(金属、非金属、复合材料),采用了切割精度高,不产生热变形,具环保的切割方式。它的缺点在于切割速度慢、效率低、切割费用高。

3) 数控切割机发展趋势

随着现代机械加工业的发展,对切割的质量、精度要求的不断提高,对提高生产效率、降低生产成本、具有高智能化的自动切割功能的要求也在提升。数控切割机的发展必须要适应现代机械加工业发展的要求。

(1) 数控切割机的发展。

从现在几种通用数控切割机应用情况来看,数控火焰切割机的功能及性能已比较完善。由于其材料切割的局限性(只能切割碳钢板)、切割速度慢、生产效率低,因此适用范围逐渐在缩小,市场不可能有大的增加。

等离子切割机具有切割范围广(可切割所有金属材料)、速度快,工作效率高等特点,因此数控切割机未来的发展方向在于等离子电源技术的提高、数控系统与等离子切割配合问题,如电源功率的提升可切割更厚的板材;精细等离子技术的完善和提高可提高切割的速度、切面质量和切割精度;数控系统的完善和提高以适应等离子切割,可有效提高工作效率和切割质量。

激光切割机具有切割速度快、精度高、切割质量好等优点。当前全球激光切割机市场正处于快速增长期,激光切割机已成为国内外工业制造领域的重要加工设备之一。

(2) 专用数控切割机的发展。

数控管材切割机适用于各种管材上切割圆柱正交、斜交、偏心交等相关线孔、方孔、椭圆孔,并能在管子端部切割与之相交的相关线。这种类型的装备广泛应用于金属结构件生产、电力装备、锅炉业、石油、化工等工业部门。数控坡口切割机是行内比较高端的产品之一,此类型装备的回转坡口切割功能可以满足焊接工艺中不同板材开不同角度坡口的要求。随着我国造船业的发展,船厂在国内率先引进和使用了数控等离子切割机。目前国内外船厂纷纷配备具有回转坡口切割功能的数控等离子切割机,以满足高技术、高附加值船的建造要求。

从发展趋势来看,数控切割机市场上数控火焰切割机将保持其基本市场,水射流切割市场将会有一定程度增加,而数控等离子切割机、数控激光切割机将成为板材切割市场中的主流力量,专用型材数控切割装备、接触式和非接触式非金属专用数控切割装备也将会有较大的发展空间,整个数控切割机市场将不断扩大。提高数控切割机的生产效率和切割质量,降低生产和使用成本,提高整机自动化水平和系统稳定性,完善系统功能成为其技术发展的方向。

10.4 流通加工装备的合理配置与使用管理

10.4.1 不合理流通加工若干形式

流通加工是在流通加工领域中对生产的辅助性加工,从某种意义来讲流通加工不仅是生产过程的延续,还是生产本身或生产工艺在流通领域的延续。这个延续可能有正、反两方面的作用,即一方面可能有效地起到补充完善的作用,但是也必须估计到另一方面的可能性,即对整个过程的负效应。各种不合理的流通加工都会产生抵消效益的负效应。

几种不合理流通加工的形式如下:

1. 流通加工地点设置得不合理

流通加工地点设置,即布局状况是使整个流通加工是否能有效的重要因素。一般而言,为衔接单品种大批量生产与多样化需求的流通加工,加工地设置在需求地区,才能实现大批量的干线运输与多品种末端配送的物流优势。

如果将物流加工地设在产品生产地区,则其不合理之处:第一,多样化需求要求的产品多品种、小批量由产地向需求地的长距离运输会出现不合理;第二,在生产地增加一个环节,同时增加了近距离运输、装卸、储存等一系列物流活动。所以,在这种情况下,由原生产单位完成加工而无须设置专门的流通加工环节。

一般而言,为方便物流的流通加工环节应设在产品生产地区,设置在进入社会物流之前,如果将其设置在物流之后,即设置在消费地,则不但不能解决物流问题,又在流通中增加了一个中转环节,因此也不合理。

即使是产地或需求地设置流通加工的选择是正确的,流通加工在小地域范围的正确选址问题,如果处理不善,仍然会出现不合理。这种不合理主要表现在交通不便,流通加工与生产企业或用户之间距离较远,流通加工点的投资过高,如受选址的地价影响,加工点周围社会、环境条件不良等。

2. 流通加工方式选择不当

流通加工方式包括流通加工对象、流通加工工艺、流通加工技术、流通加工程序等。流通加工方式的确定实际上是生产加工的合理分工。若分工不合理,本来应由生产加工完成的,错误地由流通加工完成,本来应由流通加工完成的,错误地由生产加工去完成,都会成造成不合理性。

流通加工不是对生产加工的代替,而是一种补充和完善。所以,一般而言,如果工艺复杂,技术装备要求高,或加工可以由生产过程延续或轻易解决者都不宜再设置流通加工,尤其不宜与生产过程争夺技术要求较高、效率较高的最终生产环节,也不宜利用一个时期市场的压力使生产变成初级加工或前期加工,而流通企业完成装配或最终形成产品的加工。如果流通加工方式选择不当,就会出现与生产夺利的恶果。

3. 流通加工作用不大

因为有的流通加工过于简单,或对生产及消费者作用都不大,甚至有时流通加工的盲目性,所以无法解决品种、质量、规格、包装等问题,相反会增加实际环节,也是流通加工不合理的重要形式。

4. 流通加工成本过高

流通加工之所以能够有生命力,是因为重要优势之一是有较大的产出投入比,有效起补充完善的作用。如果流通加工成本过高,则不能实现以较低投入实现更高使用价值的目的。除了一些必需的投入,除政策要求即使亏损也应进行的加工外,都应看成是不合理的。

10.4.2 流通加工的合理化

流通加工合理化是指实现流通加工的最优配置,不仅做到避免各种不合理加工,使流通加工有存在的价值,而且做到最优的选择。

为避免各种不合理现象,对是否设置流通加工环节,在什么地点设置,选择什么类型的加工,采用什么样的技术装备等,需要做出正确抉择。

实现流通加工合理化主要考虑以下几个方面。

1. 加工和配送结合

将流通加工设置在配送点中,一方面按配送的需要进行加工,另一方面加工又是配送业务流程中分货、拣货、配货之一环,加工后的产品直接投入配货作业,使流通加工与中转流通结合在一起。同时,由于配送之前有加工,可使配送服务水平大大提高。

2. 加工和配套结合

在对配套要求较高的流通中,配套的主体来自各个生产单位,但是完全配套有时无法全部依靠现有的生产单位,进行适当流通加工,可以有效促成配套,大大提高流通的桥梁与纽带的作用。

3. 加工和合理运输结合

流通加工能有效衔接干线运输与支线运输,促进两种运输形式的合理化。按干线或支线运输合理的要求进行适当加工,从而大大提高运输及运输转载水平。

4. 加工和合理商流相结合

通过加工有效促进销售,使商流合理化,也是流通加工合理化的考虑方向之一。加工和配送的结合,可以提高配送水平,强化销售。

5. 加工和节约资源相结合

节约能源、节约装备、节约人力、减少耗费是流通加工合理化重要的考虑因素,也是目前我国设置流通加工并考虑其合理化的较普遍形式。

思考题

1. 什么是流通加工装备?主要有哪些类型?
2. 利用流通加工机械实现流通加工的主要优势表现在哪些方面?
3. 什么是包装机械?常见的包装机械有哪些?各有什么用途?
4. 使用剪板机、切割机如何保证安全?
5. 不合理流通加工主要有哪些形式?如何实现流通加工合理化?

第11章　集装单元化装备

本章要点：
(1) 掌握集装单元化的定义、意义、原则和集装方式。
(2) 掌握集装箱的定义、运输特点、基本结构和种类，了解并初步掌握标准集装箱、集装箱标准化、集装箱标记、集装箱操作管理等方面的知识。
(3) 掌握托盘的定义、特点、种类，掌握托盘标准化、选用原则、作业机械和使用要点及托盘化运输的管理等方面知识。
(4) 了解集装箱、托盘之外的其他集装方式（集装袋、集装网络、罐体集装、货捆、滑板等）的应用。
(5) 具备集装单元化系统中设备配置的知识和初步能力。

11.1　集装单元化概述

11.1.1　集装单元化的定义和发展

在生产、流通和消费领域中，小件杂散货物很难像机床、冰箱等产品进行单件处理，由于其杂散，且个体体积、质量都不大，所以总是需要进行一定程度的组合，才能有利于销售和流通，有利于物流功能运作，有利于使用。例如：箱、袋等都是杂散货物的组合状态。同时，随着生产技术和各种交通工具、交通设施、交通网络的不断发展，以及流通市场范围的不断扩大，各类大批量物品要进行长距离输送。因此，促进了集装单元化技术的发展。目前，世界各国大都采用了集装技术及集装单元化技术进行物流功能活动。

1. 集装单元化的定义

为了提高装卸、搬运、储存、运输等物流活动的效率，通过一定的技术措施（如利用器具或通过捆扎等），将货物形成集装状态，即将许多单件物品组合成尺寸规格相同、质量相近的大型标准化组合体的过程或方法称为集装单元化，是集零为整的方式。每一个标准化的组合体就是一个单元货件（或称为集装单元）。将零散货物集中成一个单元，称为集装；由此形成的货载称为单元组合货载或集装货载。

集装单元化的定义：用集装器具或采用捆扎方法，把物品组成标准规格的单元货件，以加快装卸、搬运、储存、运输等物流活动。有时也把货物的大型标准化组合状态称为集装（状态）。用于集装货物的工具称为集装单元器具。

集装单元化必须具备两个条件：一是能使零散货物集装成为一个整体、统一的质量或体积单元；二是具有便于机械装卸搬运的结构。

集装单元化的实质是要形成集装单元化系统，集装单元化系统是由货物单元、集装器具、装卸搬运设备和输送设备等组成的为高效、快速地进行物流业服务的人工系统。

2. 集装单元化的发展

货物的集装单元化起源于装卸搬运。现代物流技术中的集装单元化是从20世纪30年代初随着叉车和托盘的使用而开始的，90多年来发展极为迅速。

就使用功能而言，集装单元化技术由装卸搬运工具发展成为储存工具、运输工具、货物流通以至于商场售货工具。集装单元化器具使用的范围已扩大到物流全过程。

现代物流技术已离不开货物的集装单元化。集装单元化技术包括模数和标准的制定、集装器具的改进和发展、托盘堆码和卸码技术以及薄膜包扎技术等，已成为物流技术中的一个重要分支。

11.1.2 集装单元化的意义

从包装角度来看，集装单元化是一种以集装单元为基础将杂散物品组合包装的方法，杂散货物的组合方式，是随着科学技术进步而发展的。在科学不太发达的时期，起重、装卸机具没有普遍采用，装卸工作全要依靠人。杂散货物的组合包装主要受两个因素制约：一是包装材料的限制，包装材料强度和材料自重约束了包装体的大型化；二是人力装卸能力的限制，包装必须限制在人的最大体能范围之内。所以，那时的组合体，质量一般在50kg以下。集装是材料科学和装卸技术有了突破发展后才出现的，用大单元实现组合是整个包装技术的重大进步。

从运输角度来看，集装所形成的组合体正好是一个装卸运输单位，便于运输和装卸，因而在这个领域把集装主要看成是一个运输体（货载），称为单元组合货载或集装货载。集装单元化系统是以集装方式进行全物流过程各项活动并对此进行综合、全面管理的物流形式，是许多物流作业活动的总称，简称为集装或集装化。集装是一种包装形式，但远超出包装的范畴；集装也是一种储存和运输形式，又不完全只起储存或运输的作用。集装单元化贯穿物流的全过程并发挥作用，是物流系统化中的核心内容和主要方式。一方面，更好地满足产品装卸、运输、搬运和储存等流通环节一体化运作的需要；另一方面，将分散的物流各项活动联结成一个整体。

因此，集装单元化是物流现代化的基础内容，形成集装单元化系统，即由货物单元、集装器具、物料搬运设备和输送设备等组成高效、快速的物流运作系统。集装单元化将各项物流活动连接成一个整体，是物流系统合理化的主要方式之一。

归纳起来，货物集装单元化的意义有以下几点。

（1）便于装卸搬运，易于实现装卸搬运作业的机械化，从而提高装卸效率，降低劳动强度，加速运输工具的周转，缩短货物运输在途时间。

规格化的集装单元物件具有一定的体积和质量，移动简单，搬运次数减少，便于实现装卸、搬运的机械化和自动化作业，因而能够缩短作业时间。同时，运输工具、搬运和仓储设备的标准化，使得物流系统各环节设备均能适应。因此，可以提高装卸、运输效率和整个系统的作业效率。

通过集装单元器具的标准化、规格化，进而推动运输器具、搬运设备和仓储设备的标准化，使物流系统各环节设备规格协调和谐，大大提高全系统的作业效率。

(2) 由于能减少换装次数,进而减少单件货物重复搬运的次数,从而减少物流过程中的货损和货差,提高运输质量,保证商品安全。

(3) 便于堆码,提高库房或货场的储存能力。货物组成一定形状的单元,容易增加货物堆垛高度、便于堆垛和货架储存,减少物品堆码存放的占地面积,提高单位面积的储存能力,充分利用作业空间。同时,提高储存密度和仓容利用率。

(4) 按单元交接,可以简化手续、节省时间,提高物流管理水平。货物集装单元化使物流各功能环节衔接容易,物品随时处于准备搬运的机动状态,减少重复堆码和重复搬运,物品的数量检验方便,便于清点件数,简化交接手续。提高托运活性,加速物资周转,提高供应链物流的快速性,并且可以降低劳动强度、改善劳动条件。

(5) 节约包装材料和费用,降低物流成本。集装单元器具,如集装箱、集装袋、托盘等相当于一个个小型仓库和临时可以活动的库房,便于物资储存,减少库房需要量,是运储装备一体化的方式。其也可以简化货物包装,节约消耗性的包装器材,节省包装材料和费用,降低运转成本和物流功能作业成本;同时能够有效地保护物品,防止物品破损和丢失。集装单元器具可以循环使用。

(6) 有利于组织联运、加速物资周转,保证"全天候"作业,实行"门到门"运输。

(7) 减少污脏货物(特别是散装和液体货物)对外界的污染,减少环境污染。

(8) 自动化高层货架仓库和自动导向搬运车的装卸对象一般都是单元货物。因此,货物的集装单元化也是实现装卸搬运自动化的先决条件。

11.1.3 集装单元化的原则

集装单元化的优点上面已经列举,但其也有缺点,主要是托盘和集装箱的管理繁琐,设备费一般较高。由于托盘和集装箱自身的体积及质量的原因,使物品的有效装载减少。为了充分发扬货物集装单元化的优越性,以降低物流费用,提高社会的经济效益,在实现集装单元化时,必须遵循下列基本原则。

(1) 系统化原则。集装单元化技术的内容甚广,不仅指集装单元器具,还包括与之有关的配套设施和管理等。同时货物的集装单元化从工厂生产开始,一直到流通消费,存在于整个物流系统中。因此,集装单元化技术中的每一个问题都必须置于物流系统中来考虑,否则就难以付诸实施或难以获得成效。

(2) 通用化、配套化原则。集装单元化技术涉及网络系统各环节,必须有系统观念,合理解决物流系统各环节间"二律背反"问题,从全局考虑求得系统整体的效益和成本的最佳效益。集装单元化的原则应贯穿在物流的全过程,集装单元器具应流通到物流的各个部门,因此,必须适应于各个环节的工艺和设备,才能在各个环节之间通用。

(3) 集装单元器具标准化原则。为了达到通用化的目的,计装器具必须有统一的标准。其标准化包括尺寸、规格、外形、重量、强度,以及标志、操作规范、管理办法等。国际上有国际标准化组织标准,我国有国家标准,一个企业也可以有企业标准。器具标准化是集装单元的基础,能最大限度地减少重复搬运,提高运输效率。器具标准化的内容主要有集装术语的使用和标志方法;集装器具的形式和质量;强度、刚度和耐久性实验方法,等等。集装单元器具标准化有利于集装器具的使用性能、节约材料;集装器具的材质、性能的标准化便于大量生产,有利于维修、管理、更换和保证其通用性。

集装单元器具标准化是物流系统中各相关设备标准规格制定的依据，是物流合理化的核心问题之一。

（4）集散化、一贯化、直达化、装满化原则。集装单元一旦形成，不宜随便分拆，应该尽可能保持原状送达最终用户。

（5）综合效益最大化原则。在推广应用集装单元化技术的过程中必须注意集装箱和托盘等集装器具的合理流向及回程货物的合理组织，在实施过程中必须注意尽可能实现集装器具的循环使用，组织集装箱和托盘等集装器具的回流与回收，这样才能充分发挥集装单元化的最大优势，也将给物流系统带来巨大的综合效益。

11.1.4 单元集装化的集装方式和器具

1. 集装方式

单元集装化有若干种类型，通常使用的集装方式主要有以下几种。

1）集装箱系统

由大型容器发展成为集装箱，集装箱配置半挂车又演变成配置大型的台车。集装箱是当前集装单元发展的最高阶段。

2）托盘类

以平托盘为主体，从平托盘发展到柱式托盘、箱式托盘、轮式托盘和专用托盘等。它是集装单元化的两大支柱之一。

3）集装捆扎型

用绳索、钢丝或打包铁皮把小件的货物扎成一捆或一叠，如成捆的型钢，成扎的铝锭等，这是一种简单的集装单元化。

4）集装容器类

包括柔性集装袋、集装网络、罐体集装等。

5）台车类

托盘或容器必须借助特殊的设备（如叉车、吊车）才能装卸搬运。在托盘或容器下面安装轮子，便形成台车或笼车，可以人力推动搬运，提高单元货物的活性指数。

2. 集装器具

集装器具主要有四大类：集装箱、托盘、集装袋和其他集装器具。集装器具决定了集装方式。

11.2 集装箱

11.2.1 集装箱的定义

集装箱是一种能装载包装货物或无包装货物进行运输，并便于用机械设备进行装卸搬运作业的成组工具（图11-1）。中国香港称为"货箱"，中国台湾称为"货柜"。

《集装箱术语》（GB/T1992—2023）将集装箱定义为具备下列条件的货物运输设备：①具有足够的强

图11-1 集装箱

度，在有效使用期内能反复使用；②适用于一种或多种运输方式运送货物，途中无需倒装；③设有供快速装卸的装置，便于从一种运输方式转到另一种运输方式；④便于箱内货物装满和卸空；⑤内容积大于或等于 $1m^3$。此术语不包括车辆、一般包装。

同时规定，按照现行国际标准化组织的标准生产的集装箱为国际标准集装箱，按照现行我国国家标准生产的集装箱为国家标准集装箱，在生产时不符合国际标准集装箱和国家标准集装箱规定的集装箱为非标准集装箱。

11.2.2 集装箱运输的特点

采用集装箱这种专门容器来装运货物的运输方式称为集装箱运输。集装箱运输有海运集装箱、铁路集装箱和公路集装箱运输三种形式。其中，公路集装箱运输往往是作为海运和铁路集装箱运输的连接和补充环节。

集装箱运输是一种现代化的先进运输方式。由于集装箱运输使货物流通过程中各个环节发生重大改变，称为 20 世纪的"运输革命"。集装箱运输可促使运输生产走向机械化、自动化。集装箱运输与传统的货物运输相比较，具有以下特点。

1. 集装箱运输是一种高效率的运输方式

1）运输工具利用率高，装卸搬运更合理

在全程运输中，以集装箱为媒介，使用机械装卸、搬运，可以从一种运输工具直接换装到另一种运输工具，而无须接触或移动箱内的货物。降低装卸搬运作业次数、移动距离（时间）最小化、装卸搬运活性指数高，可提高装卸搬运的灵活性。

2）货物运达速度快，使流动资金周转率高

货物从内陆发货人的工厂或仓库装箱后，经由陆海空不同运输方式，可以直接运至内陆收货人的工厂或仓库。中途无须开箱检验，加快车船周转，从而达到"门到门"运输；同时也可以加快流动资金周转。

3）节省货物的运输包装费用和运杂费用

简化包装或无须包装，实现件杂货无包装运输，大大节约包装费用和检验手续。由于集装箱的装卸基本不受恶劣气候的影响，船舶非生产性停泊时间缩短。又由于装卸效率高、装卸时间缩短，因此减少了营运费用，降低了运输成本。

4）提高库场使用率

由于集装箱的强度远大于货物运输包装的强度，集装箱货物在库场中堆码时可达四层左右，因而可以大大减少货物堆码占用的面积，提高库场利用率。

2. 集装箱运输是一种高质量的运输方式

（1）集装箱运输经过长途运输或多次换装也不易损坏箱内货物，提高货运质量；可以减少全程运输过程中受潮、污损等引起的货损和货差，以及被盗、丢失的可能性。非常适合高价值件杂货物运输。

（2）货物运达速度快。

（3）为了保证集装箱运输的高效率，货物全程运输所涉及的各环节（托运、装卸、通关等）都简化了手续，大大方便和简化了货主办理单据和各种财务及行政手续。

3. 集装箱运输是一种资金高度密集型的运输产业

集装箱运输的各类运输工具，各种港站设施、机械设备及整个集疏运系统都需要投入大量的资金。

集装箱的投资大,开展集装箱运输需高额投资,使得船公司的固定成本所占比例较高。港口专用集装箱泊位的码头设施包括码头岸线和前沿、货场、货运站、维修车间、控制塔、门房,以及集装箱装卸机械等,耗资巨大。运输工具的现代化、大型化,装卸机械的大型化、专业化和管理的现代化都使得集装箱运输成为资金高度密集型的运输产业。

4. 集装箱运输是一种专业化、标准化、系列化的运输方式

集装箱运输,以集装箱为运输单位,并由专门的装卸及运输工具装运,给集装箱的载运工具和装卸机械提供了选型、设计和制造的依据,从而使集装箱运输成为相互衔接配套、专业化和高效率的运输系统,货运质量也有保证。

集装箱实行标准化,可以提高集装箱作为共同运输单元在海、陆、空运输中的通用性和互换性,提高集装箱运输的安全性和经济性,促进国际集装箱多式联运的发展,有利于组织综合运输。

集装箱运输专业化、标准化、系列化的运输方式,具体如下:

(1) 由于箱型的标准化及货物装在箱内运输带来的货物重量和外形尺度的标准化。
(2) 各种运输方式中运输工具的专业化和标准化。
(3) 各类港、站设施的专业化和结构、布局及设计要求的标准化。
(4) 各类装卸、搬运机械设备的标准化。
(5) 运输管理组织、运输装卸技术工艺标准化。
(6) 运输法规、运输单据的标准化。

5. 集装箱运输是一项复杂的系统工程

(1) 高效装卸的专业化码头。
(2) 快速周转的运输船队。
(3) 四通八达的集疏运网络。
(4) 功能齐全的中转站。
(5) 各种类型的运输经营人和实际承运人。
(6) 遍及世界的代理网络。
(7) 科学准确的信息传递和单证流转。
(8) 协调工作的口岸各部门(海关、三检、理货、保险及其他服务部门等)。

11.2.3 集装箱的标准

标准集装箱按使用范围可分为国际标准、地区标准、国家标准。

1. 国际标准集装箱

国际标准集装箱是指根据 ISO/TC104 技术委员会作过多次补充和修改后制定的国际标准制造的国际通用的标准集装箱。目前,共分三个标准规格系列,其中第 I 系列共 13 种(1A~1D,1AA~1CC,1AAA~1BBB,1AX,1BX,1CX,1DX)、第 II 系列 3 种(2A~2C)、第 III 系列 3 种(3A~3C)。目前,在海上运输中,经常使用的是 1AA 型和 1CC 型集装箱,在实际使用中常以不同长度作为区别的标准,如 6.1m(20ft)、12.2m(40ft)集装箱是指 ICC、IAA 型集装箱。

现行的第 I 系列的国际标准集装箱,其宽度均为 2438mm(8ft)、长度有 4 种

（12192mm、9125mm、6058mm、2991mm）、高度有3种（2896mm、2591mm、2438mm、小于2438mm）。

箱高为2896mm（9ft 6in）的集装箱，型号是1AAA和1BBB型。

箱高为2591mm（8ft 6in）的集装箱，型号是1AA、1BB和1CC型。

箱高为2438mm（8ft）的集装箱，型号是1A、1B、1C和1D型。

箱高小于2438mm（8ft）的集装箱，型号是1AX、1BX、1CX和1DX型。

上面规定所用的"X"除了指集装箱的高度尺寸在0～2438mm（8ft）外，无特殊含义。几种常见箱型的集装箱如图11-2所示。

为了便于集装箱在国际的流通，《国际标准化组织104技术委员会》（International Organization for Standardization Technical Committee 104，简称ISO-104）制定了国际通用集装箱的外部尺寸、公差和总重标准。现行的第Ⅰ系列型号集装箱的规格如表11-1所列。

图11-2 几种常见箱型的集装箱

表11-1 第Ⅰ系列型号集装箱规格尺寸和总质量

箱型	长 L		宽 W		高 H		最大总质量	
—	公制/mm	英制/ft	公制/mm	英制/ft	公制/mm	英制/ft	公制/kg	英制/lb
1AAA 1AA 1A 1AX	12192	40′			2896 2591 2438 <2438	9′6″ 8′6″ 8′ <8′	30480	67200
1BBB 1BB 1B 1BX	9125	30′	2438	8′	2896 2591 2438 <2438	9′6″ 8′6″ 8′ <8′	25400	56000
1CC 1C 1CX	6058	20′			2591 2438 <2438	8′6″ 8′ <8′	24000	52900
1D 1DX	2991	10′			2438 <2438	8′ <8′	10160	22400

注：1ft = 0.3048m，1in = 0.0254m。

第Ⅰ系列集装箱外部长、宽、高均有相关"公差"的规定。基本尺寸加公差只能小于标准外部尺寸。第Ⅰ系列集装箱外部尺寸、公差和总质量如表11-2所列。

表11-2 集装箱外部尺寸、极限偏差及额定质量表

箱型	长 L/mm		宽 W/mm		高 H/mm		最大总质量	
—	尺寸	极限偏差	尺寸	极限偏差	尺寸	极限偏差	公制/kg	英制/lb
1AAA	12192	0~10	2438	0~-5	2896	0~-5	30480	67200
1AA					2591	0~-5		
1A					2438	0~-5		
1AX					<2438	—		
1BBB	9125	0~10			2896	0~-5	25400	56000
1BB					2591	0~-5		
1B					2438	0~-5		
1BX					<2438	—		
1CC	6058	0~-6			2591	0~-5	24000	52900
1C					2438	0~-5		
1CX					<2438	—		
1D	2991	0~-5			2438	0~-5	10160	22400
1DX					<2438	—		

关于第Ⅰ系列集装箱的长度尺寸标准,还需说明如下:由于在火车、卡车的同一车皮、堆场的同一箱位、可装载(堆存)一个40ft集装箱的位置,必须可同时装载(堆存)两个20ft集装箱或一个30ft与一个10ft集装箱,所以实际上除了40ft集装箱的长度允许正好为40ft外,30ft、20ft、10ft的集装箱的长度均必须小于其公称长度。国际标准规定:其长度之间的间距,必须为3in(76mm)。其长度尺寸关系如图11-3所示。

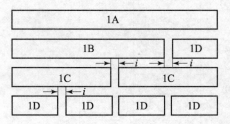

1A型40ft(12192mm);1B型30ft(9125mm);1C型20ft(6058mm);1D型10ft(2991mm);间距 i 为3in(76mm);
1A = 1B + i + 1D = 9125 + 2991 + 76 = 12192(mm);1B = 1D + i + 1D + i + 1D = 3×2991 + 2×76 = 9125(mm);
1C = 1D + i + 1D = 2×2991 + 76 = 6058(mm)。

图11-3 国际标准第一系列集装箱长度关系图

为了便于统计集装箱的运量，常将的标准集装箱作为国际标准集装箱的换算单位，称为标准箱或换算箱，简称为 TEU（twenty - foot equivalent unit）。上述 A、B、C、D 四类集装箱中，以 A 类与 C 类（长度分别为40ft 和20ft）集装箱最为通用，其总数量也较多。一个 C 类集装箱（长度为20ft）称为 1 个标准箱（TEU）；一个40ft 的标准集装箱简称 FEU（forty - foot equivalent unit），1FEU = 2TEU。一个30ft 的集装箱计为 1.5 个标准箱，一个10ft 的集装箱计为 0.5 个标准箱。

2. 地区标准集装箱

地区标准集装箱（国际标准集装箱第Ⅱ系列），指根据欧洲国际铁路联盟制定的标准而制造的，此类集装箱仅适用于该地区使用。

3. 国家标准集装箱

根据国际标准集装箱的外部尺寸标准，一些国家均制定了相应的国家标准。1978年10月，我国由国家标准总局发布的国家标准《货物集装箱外部尺寸和重量系列》（GB 1413—78）中，规定了我国集装箱重量系列为 5t、10t、20t、32t 等四种，相应的型号为 5D、10D、1CC 和 1AA。1985 年我国又修改了国家标准，增加了 1A、1AX 和 1C、1CX 四种箱型。在国家标准中，1AA、1A、1AX、1CC、1C、1CX 用于国际运输；10D、5D 用于国内运输。在我国集装箱的外部尺寸标准中，未列入 30ft 与 10ft 的集装箱。我国现行国家标准《系列Ⅰ集装箱、分类、尺寸和额定质量》（GB/T 1413—2023）规定了集装箱各种型号的外部尺寸、额定重量。

11.2.4 集装箱的基本结构

集装箱的一般构造如图 11 - 4、图 11 - 5 所示。通用的干货集装箱是一个六面长方体，典型结构是梁板结构，梁起支撑作用，板起支撑作用。两端、两侧壁（侧板）、一个箱顶（顶板）、一个箱底（底板）。

两端中一端是端壁（端面），也称为前端，另一端是端门，也称为后端。占集装箱总数85%以上的通用集装箱，均一端设门，另一端是盲端。如集装箱两端结构相同，则应避免使用前端和后端这两个术语，若必须使用时，应依据标记、铭牌等特征加以区别。

箱顶部两端安装起吊挂钩，以便于吊车类装卸机具装卸操作。箱底侧部有的设置了叉车叉入的叉孔，以利用叉车进行装卸作业。

通用集装箱上主要部件名称和说明、通用集装箱主要部件的位置如图 11 - 4 ~ 图 11 - 8 所示。

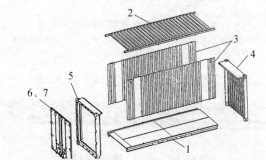

1—底架；2—顶板；3—侧壁；4—门端（后端）；6、7—门锁机构。

图 11 - 4　通用集装箱主要部件的位置图

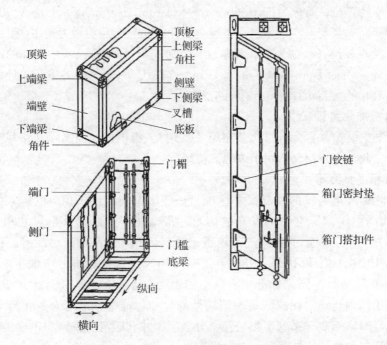

图 11-5 通用集装箱主要部件的名称图

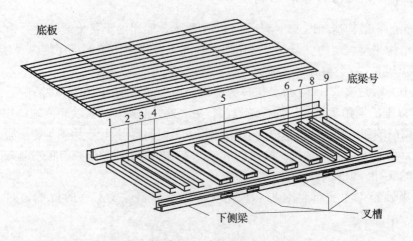

图 11-6 底梁、下侧梁和底板的分解图

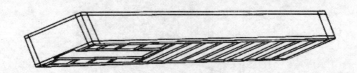

图 11-7 底结构和鹅颈槽

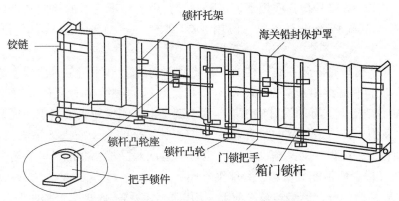

图 11-8 海关铅封保护罩和门锁装置图

(1) 角配件。有8件，位于集装箱八个角端部，用于支承、堆码、装卸和拴固集装箱。集装箱上部的角件称为顶角件，下部的角件称底角件。角配件在三个面上各有一个长孔，孔的尺寸与集装箱装卸设备上的旋锁相匹配。具体可查阅《系列 I 集装箱 角件技术要求》（GB/T 1835—2023）。

(2) 角柱。有4件，位于集装箱四条垂直边，连接顶部角配件和底部角配件的立柱，起支持作用，是集装箱的主要承重部件。

(3) 角结构。角结构是由顶角件、角柱和底角件组成的构件，是承受集装箱堆码载荷的强力构件。角件和角柱均为铸钢件，用焊接方法连接在一起。铸钢件应按国家标准进行热处理。集装箱的重量通过角结构传递。所以，在集装箱堆码时上下层集装箱的角件应对准，不能偏码。最底层的集装箱必须堆置在堆场画线规定的范围，否则会压坏场地。

(4) 上端/横梁。有2件，位于箱体端部，连接顶部与左、右顶角配件的横向构件。

(5) 下端/横梁。有2件，位于箱体端部，连接底部与左、右底角配件的横向构件。

(6) 门楣。门楣是指箱门上方的梁。

(7) 门槛。门槛是指箱门下方的梁。

(8) 上侧梁。有2件，指侧壁上部与前、后顶角件连接的纵向构件。左面的称为左上侧梁，右面的称为右上侧梁。

(9) 下侧梁。有2件，指侧壁下部与前、后底角件连接的纵向构件。左面的称为左下侧梁，右面的称为右下侧梁。

(10) 顶板。有1件，指箱体顶部的板。顶板要求用一张整板制成，不得用铆接或焊接成的板，以防铆钉松动或焊缝开裂而造成漏水。

(11) 顶梁。有1件，指在顶板下连接上侧梁，用于支承箱顶的横向构件。

(12) 箱顶。箱顶是指在端框架上和上侧梁范围内，由顶板和顶梁组合而成的组合件，使集装箱封顶。箱顶应具有标准规定的强度。

(13) 底板。底板是指铺在底梁上承托载荷的板。一般由底梁和下端梁支承，是集装箱的主要承载构件。箱内装货的载荷由底板承受后，通过底梁传导给下侧梁，因此底板必须有足够的强度，通常用硬木板或胶合板制成。木板应为搭接或榫接，也可采用开槽结构。

（14）底梁。底梁是指在底板下连接下侧梁，用于支承底板的横向构件。底梁从箱门起一直排列到端板为止。底梁一般用"C""Z"或"T"形钢或其他断面的形钢制作。

（15）底结构和底框架。底结构由集装箱底部的四个角件、左右两根下侧梁、下端梁、门槛、底板和底梁组成。在1C和1CC型集装箱的底结构上设有叉槽，1A和1AA型集装箱的底结构上，有的设有鹅颈槽。底框架是由下侧梁和底梁组成的框架。

（16）叉槽。叉槽是指横向贯穿箱底结构、供叉车的叉齿插入叉举集装箱用的槽。20ft型集装箱上一般设一对叉槽，必要时也可以设两对叉槽；40ft型集装箱上一般不设叉槽。通过叉槽一般不能叉实箱，只能叉空箱。

（17）鹅颈槽。设在集装箱箱底前部，用以配合鹅颈式底盘车上的凹槽。

（18）端框架。端框架是指集装箱前端的框架，由前面的两组角结构、上端梁和下端梁组成。后端的框架实际为门框架，由后面的两组角结构、门楣和门槛组成。

（19）端壁（2件）。在端框架平面内与端框架（上、下端梁和角结构）相连接形成封闭的板壁（不包括端框架在内）。在端壁的里面一般设有端柱，以加强端壁的强度。

（20）端壁柱。垂直支撑和加强端壁板的构件。

（21）侧壁。与上、下侧梁和角结构相连接，形成封闭的板壁（不包括上侧梁、下侧梁和角结构在内）。在侧壁的里面一般有侧柱，以加强侧壁的强度。

（22）侧壁柱。垂直支撑和加强侧壁板的构件。

（23）端板。覆盖在集装箱端部外表面的板。

（24）侧板。覆盖在集装箱侧部外表面的板。

（25）箱门。通常为两扇后端开启的门，用铰链安装在角柱上，并用门锁装置进行关闭。

（26）端门。设在箱端的门，一般通用集装箱前端设端壁，后端设箱门。

（27）侧门。设在箱侧的门。

（28）门铰链。靠短插销（一般用不锈钢制）使箱门与角柱连接起来，以支承箱门，保证箱门能自由转动开闭的零件。

（29）箱门密封垫。箱门密封垫是指箱门周边为保证密封而设的零件。密封垫的材料一般采用氯丁橡胶。

（30）箱门搭扣件。箱门搭扣件是进行装、卸货物作业时，保持箱门呈开启状态的零件。其分两个部分：一部分设在箱门下侧端；另一部分设在侧壁下方相应的位置上。有采用钩环的，也有采用钩链或绳索的。

（31）箱门锁杆。设在箱门上垂直的轴或杆。锁杆两端有凸轮，锁杆转动后凸轮即嵌入锁杆凸轮座内，把箱门锁住。锁杆还起着加强箱门承托力的作用。

（32）锁杆托架。锁杆托架是门锁装置的零件之一，焊接在门上用以托住锁杆的装置。把锁杆固定在箱门上并使之能转动的承托件。

（33）锁杆凸轮。锁杆凸轮是门锁装置的零件之一，设于锁杆端部，与门楣上的锁杆凸轮座相啮合，通过锁件的转动，把凸轮嵌入凸轮座内，锁住箱门。

（34）锁杆凸轮座。锁杆凸轮座是保持凸轮呈闭锁状态的内撑装置，又称为卡铁。

(35) 门锁把手。门锁把手是开闭箱门用的零件,一端焊接在锁杆上,开关箱门时用来转动锁杆,抓住门把手使锁杆凸轮与锁杆凸轮柱相啮合,把箱门锁住。

(36) 把手锁件。把手锁件是用来保持箱门把手使它处于关闭状态的零件。锁杆中央带有门把手,两端部带有凸轮,依靠门把手旋转锁件。

(37) 海关铅封件。通常设在箱门的把手锁件上,海关用于施加铅封的设置,一般都采用孔的形式。

(38) 海关铅封保护罩。设在把手锁件上方,用于保护海关铅封而加装的防雨罩,一般用帆布制作。

11.2.5 集装箱的种类

随着集装箱运输的发展,为适应装载不同种类货物的需要,出现了不同种类的集装箱。表 11-3 所列为不同货物对集装箱的适用性。由于集装箱的品种和类型较多,按照 ISO1496 系列标准划分为五类。其中,全球保有量和当前需求量最多的集装箱是钢质干货集装箱(约占 90%),还有保温集装箱(约占 5.3%)以及装运气态货和液态货物的罐式集装箱(约占 0.5%)。此外,平台箱和台架箱也具有特定的市场(约占 3%)。散货集装箱的需求量虽然不多(约占 0.2%),但是作为一个完整的集装箱工业体系也是不容忽视的。这些集装箱不仅外观不同,而且结构、强度、尺寸等也不同。一般按以下几种方式进行分类。

表 11-3 不同货物对集装箱的适用性

集装箱种类	货物种类
杂货集装箱	清洁货、污货、箱装货、危险货、滚筒货、卷盘货等
开顶集装箱	超高货架、超重货架、清洁货、长件货、易腐货、污货等
台架式集装箱	超高货、超重货、袋装货、捆装货、长件货、箱装货等
散货集装箱	散货、污货架、易腐货等
平台集装箱	超重货、超宽货、长件货、散件货、托盘货等
通风集装箱	冷藏货、动植物检疫货、易腐货、托盘货等
动物集装箱	动植物检疫货
罐式集装箱	液体货、气体货等
冷藏集装箱	冷藏货、危险货、污货等

1. 按规格分类

1) 按长度分类

目前,国际上通常使用的干货柜有:外尺寸为 20ft×8ft×8.5ft,简称为 20 尺货柜; 40ft×8ft×8.5ft,简称为 40 尺货柜;近年较多使用的 40ft×8ft×9.5ft,简称为 40 尺高柜。

20 尺柜：内容积为 5.69m×2.13m×2.18m，配货毛重一般为 17.5t，体积为 24~26m³。40 尺柜：内容积为 11.8m×2.13m×2.18m，配货毛重一般为 22t，体积为 54m³。40 尺高柜：内容积为 11.8m×2.13m×2.72m，配货毛重一般为 22t，体积为 68m³。

2）按总重分类

集装箱按总重可分为大型集装箱（总重在 20t 及以上）、中型集装箱（总重在 5t 及以上，小于 20t）和小型集装箱（总重小于 5t）。

3）按箱型分类

集装箱按箱型可分为 1AAA、1BB、1C、1DX 等集装箱。

2. 按制箱材料分类

现代的大型集装箱一般不是用一种材料制成的，而是使用钢材（包括不锈钢）、木材（包括胶合板）、铝合金和玻璃钢四种基本材料中两种以上材料组合而成的。箱子主体部件（侧壁、端壁、箱顶、箱底等）采用什么材料，就称为什么材料制造的集装箱，按使用材料分类，集装箱可分成 4 种，如下：

（1）铝合金集装箱由铝合金板材和型材构成，在航空集装箱领域中应用较多。有两种：一种是钢架铝板，另一种是仅框架两端用钢材，其余用铝材。优点是重量轻、箱体尺寸不大、外表美观、防腐蚀、弹性好、加工方便以及加工费、修理费低、使用年限长；缺点是造价高、焊接性能差、受碰撞时易损坏。

（2）钢制集装箱的框架和箱壁板都用钢材制成是目前采用最多的一种类型。优点是强度大、结构牢、焊接性高、水密性好、价格低廉、不易损坏；缺点是重量大、防腐性差。

（3）玻璃钢制集装箱，用玻璃纤维和合成树脂混合在一起制成薄薄的加强材料，用黏合剂粘在胶合板的表面上形成玻璃钢板材，在钢制框架上装上玻璃钢板材制成的集装箱。优点是强度大、刚性好，能承受较大应力，内容积大、隔热、防腐、耐化学性好，易清扫、修理简便；缺点是质量大，易老化，拧螺栓处强度降低，造价较高。

（4）不锈钢集装箱，一般多用不锈钢制作罐式集装箱。与钢制集装箱相比，不锈钢集装箱质量小、防腐蚀性能好，但投资大。

3. 按结构的不同方式分类

（1）整体式集装箱如图 11-9 所示。整体式集装箱具有刚性结构，一般具有完整的箱壁、箱顶和箱底，如通用集装箱、封闭式通风集装箱、保温集装箱、干散货集装箱等。对铝质的整体式集装箱，有内柱式集装箱与外柱式集装箱之分。内柱式集装箱是指侧柱和端柱位于侧壁和端壁之内，优点是外表平滑，印刷标记方便，外板与内衬板之间留有空隙，隔热效果好，并能减少货物湿损；外柱式集装箱是指侧柱和端柱位于侧壁和端壁之外，优点是受外力时不易损伤，外力由侧柱和端柱承受，起到保护外板的作用，有时还能省去内衬板。

图 11-9 整体式集装箱

（2）框架式集装箱如图 11-10 所示。一般呈框架结构，没有侧壁板和顶板，箱端壁也可以卸掉，只靠箱底板和四角柱在承受载荷。

图 11－10　框架式集装箱

（3）台架式集装箱如图 11－11 所示。其结构种类很多，主要有以下类别：

$$
台架式集装箱\begin{cases}带有完整的上部结构\begin{cases}敞侧式\\全骨架式（无箱顶、侧壁和端壁）\end{cases}\\带有不完整的上部结构\begin{cases}有完整的固定端壁\\（板架集装箱）\end{cases}\begin{cases}栅栏式\\插板式\end{cases}\\有完整的折叠式端壁\\有固定角柱\\有折叠式角柱\end{cases}
$$

总的来说，台架式集装箱没有箱顶和侧壁，可以用吊车从顶上装货，也可以用叉车从箱侧装货，适合于装载形状不一、长大件和重件货，如重型机械、钢材、钢管、木材、钢锭、机床及各种设备。台架式集装箱还可以用两个以上的板架集装箱并在一起，组成装货平台，用以装载特大件货物。还有的板架集装箱，端壁可以折叠起来，以减少空箱回空时的舱容损失。

台架式集装箱的主要特点：为了保持其纵向强度，箱底较厚，箱底的强度比一般集装箱大，而内部高度比一般集装箱低。为了把装载的货物系紧，在下侧梁和角柱上设有系环。为了防止运输过程中货物坍塌，在集装箱的两侧还设有立柱或栅栏。台架式集装箱没有水密性，不能装运怕湿的货物。在陆上运输中或在堆场上储存时，为了不淋湿货物，应有帆布遮盖。

（4）平台/板集装箱如图 11－12 所示。仅有底板而无上部结构，形状类似铁路平板车，装卸作业方便，适宜装超重超长大件货物，长可达 6m，宽为 4m 以上，高为 4.5m 左右，质量可达 40t。有一个强度很大的底盘，在装运大件货物时，在超过一个集装箱能装货物的最大重量和尺寸时，两台平台集装箱可以连接起来使用，装 80t 的货，可同时使用几个平台集装箱。用这种箱子装运汽车极为方便。平台集装箱又分为有顶角件和底角件的和只有底角件而没有顶角件的两种，在欧洲使用较多。

图 11－11　台架式集装箱　　　　　图 11－12　平板集装箱

（5）折叠式集装箱如图 11－13 所示。折叠式集装箱是指集装箱的所有主要部件（侧壁、端壁和箱顶）能简单地折叠或分解，再次使用时可以方便地组合使用。但由于各主要部件是用铰链连接的,故其强度受影响。

(6) 罐体式集装箱如图11-14所示。罐体式集装箱又称为液体集装箱,专门用于装运油类(如动植物油)、酒类、液体食品、药品、及液状化工品等液体货物,以及装运酒精和其他液体危险品。由罐体和箱体框架两部分组成,其结构是在一个金属框架内固定上一个液罐,箱体框架的尺寸符合国际标准的要求,角柱上装有国际标准角件,装卸时与国际标准箱相同。罐体顶部设有装货口(入孔),装货口的盖子必须有水密性,罐底有排出阀。装货时货物由罐顶部装货孔进入,卸货时,由排货孔流出或从顶部装货孔吸出。有些液体货物随外界温度的降低会增加黏度,装卸时需要加温,所以在某些罐状集装箱的下部设有加热器。在运输途中为能随时观察罐内货物的温度,罐上一般还装有温度计。需要注意的是,罐体的强度在设计时是按满载为条件的,所以在运输途中货物如呈半罐状态,可能对罐体有巨大的冲击力,造成危险。因此装货时,应确保货物为满罐。

图11-13 折叠式集装箱

图11-14 罐体式集装箱

(7) 薄壳式集装箱,是把所有部件组成一个刚体,优点是质量轻,受扭力作用时不会引起永久变形,故集装箱的结构一般或多或少都采用薄壳理论进行设计。

4. 按箱内适装货物分类

(1) 干货类集装箱。又称为杂货集装箱,如图11-15所示,是一种通用集装箱,适用范围很大,除需制冷、保温的货物与少数特殊货物(如液体、牲畜、植物等)外,只要在尺寸和重量方面适合用集装箱装运的货物(适箱货),均可用杂货集装箱装运。不同货物对集装箱的适用性不同,但是绝大多数货物都是适合于通用型集装箱(杂货集装箱)的。另外,特种集装箱的运输和装卸费用也高于通用型集装箱,因此在实际工作中应适当选取最适合的集装箱种类。

图11-15 干货集装箱

在结构上,杂货集装箱可分为一端开门、两端开门与侧壁设有侧门三类,杂货集装箱的门均有水密性,可开启270°。目前在国内外运营中的集装箱,大部分属于杂货集装箱。有的杂货集装箱,侧壁可以全部打开,属于敞侧式集装箱,主要是便于在铁路运输中进行拆装箱作业。其可装运货物有文化用品、日用百货、医药、纺织品、工艺品、化工制品、五金交电、电子机械、仪器及机器零件等,也可以装运不受温度变化影响的各类固体散货、颗粒或粉末状的货物。

(2) 散货类集装箱如图11-16 (a)、(b) 所示。有散货集装箱和散装粉状货集装箱。散货集装箱适宜装水泥、麦芽、谷物、粒状化学品等粉状或粒状散货。一端有箱门，一般在箱顶部设有2或3个装货口，装货口有圆形和长方形的两种，以便装货。在箱门的下方还设有两个长方形的卸货口，底部有升降架，可升高成40°的倾斜角，以便卸货。散货集装箱除端门有水密性以外，箱顶的装货口与端门的卸货口也有很好的水密性，可以有效防止雨水浸入。如要进行植物检疫，还可在箱内熏舱蒸洗。外形与散装粉状货集装箱与散装箱基本相同，但装卸时使用喷管和吸管。散货集装箱也可用于装运普通的件杂货。

图 11-16 开顶散货集装箱

(3) 保温类集装箱为运输需要冷藏或保温的货物。所有箱壁都采用导热率低的隔热材料制成，可分为以下三种。

①保温集装箱又称为隔热集装箱，如图 11-17 所示。箱内有隔热结构，箱顶又有能调节角度的进出风口，可利用外界空气和风向来调节箱内温度，紧闭时能在一定时间内不受外界气温影响。适宜装运对温湿度敏感的货物，如水果、蔬菜，防止温度上升过大，以保持货物鲜度，通常用冰作制冷剂，保温时间为72h左右。

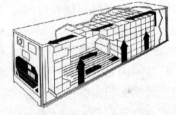

图 11-17 保温集装箱

②冷藏集装箱如图 11-18 (a)、(b) 所示。以运输冷冻食品为主，如黄油、巧克力、冷冻鱼肉、炼乳、人造奶油等物品。冷藏集装箱并不限于装运0℃以下的货物，也可装运0℃以上的货物。有的冷藏集装箱具有加温设备，可使箱内温度保持在 0~25℃范围。所以冷藏集装箱的运用范围相当广泛。目前国际上采用内置式和外置式两种，温度可在 -28~+26℃调整。

(a)

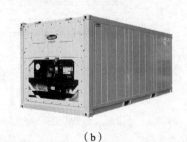
(b)

图 11-18 冷藏集装箱

内置式集装箱内带有冷冻机，在运输过程中可随意启动冷冻机，使集装箱保持指定温度。在船上，机械式冷藏集装箱由船舶发电机供电；在路上，由码头或堆场专用电源供电；在火车上，由装有发电机组的专用车辆供电。所以，有关的船舶、火车、集装箱堆场，均须配备专门的供电设施。在使用与运输中需注意两个问题：第一，内置式集装箱本身没有冻结能力，装箱前，对货物先要预冷，使温度降到规定温度以下，然后才能装箱。装箱后，冷冻机在整个运输过程中能自动启动，使箱内温度保持在指定温度以下。第二，机械式冷藏箱有"空冷"和"水冷"两种冷却方式。所谓"空冷"，指冷凝器内放热时，利用空气带走热量；"水冷"，指用循环水带走热量。采用水冷冷却方式的机械式冷藏集装箱，装船时只能装在甲板上。一般20ft机械式冷藏集装箱，既可采用空冷，又可采用水冷，所以既可装在甲板上，又可装在内舱内；40ft机械式冷藏集装箱，一般只有空冷而没有水冷，所以只能装在甲板上，不能装在船舱内。空冷式冷藏集装箱的冷冻装置面对面放置时，可能造成排出热气的"短路"，影响冷却效果。因此，冷藏集装箱之间应离开1m以上间隔，以保证其冷藏效果。

外置式集装箱又称为离合式冷藏集装箱，或夹箍式冷藏集装箱。冷冻机可与集装箱箱体连接或分离的集装箱，只是一个具有良好隔热层的箱体，在陆上运输时，一般与冷冻机相连；在海上运输时，与冷冻机分开。箱内冷却靠集装箱专用车、船和专用堆场、车站上配备的冷冻机来制冷，通过冷风管道系统与冷藏箱连接。在集装箱堆场与码头，如配备有集中的冷冻设备和冷风管道系统，离合式冷藏箱也可与冷冻机分开，采用集中供冷形式。如图11-19所示，在离合式冷藏箱端壁的中心线上，设有上、下两个气孔，下面的孔是冷风进气孔，上面的孔是冷风出气孔。在冷风孔上设有自动开闭的盖，与船上冷风管连接时，把盖打开，不连接时把盖关上。在海上运输中，依靠冷冻机舱制冷，冷风先通过冷风管和冷风进气孔送进集装箱内，再由冷风出气孔回到冷冻机舱进行循环，以保持箱内所需的温度，达到冷却的目的。其优点：箱内温度能保持在-25℃以下；冷风由箱底吹进，箱内温度分布良好，没有温差；即使航行时间长，冷冻机的故障率也较低，箱内保持一定温度的可靠程度较高；由于冷冻装置在箱体外，箱内容积比机械式冷藏集装箱大，自重减轻，可以多装货物。其缺点：船舱内须设管道，可能损失船舶舱容，使船舶投资增加；集装箱在陆上保管时，接拆冷冻装置比较费时。

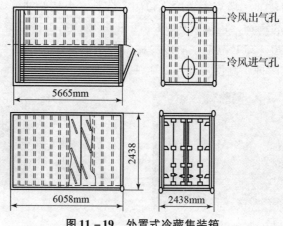

图11-19 外置式冷藏集装箱

③通风集装箱如图11-20所示。通风集装箱外表与杂货集装箱类似，区别是通风集装箱在端壁或侧壁上设有4~6个通风孔，当船舶驶经温差较大的地域时，通风集装箱可防止由于箱内温度变化造成"结露"和"汗湿"而使货物变质。适用于装载球根

类作物、食品及其他需要通风、容易"汗湿"变质的货物。通风集装箱的通风方式一般采用自然通风，箱体一般采用双层结构，以便通风与排露效果较好。如将通风口关闭，同样可以作为杂货集装箱使用。

（4）开顶集装箱也称为敞顶集装箱，是一种特殊的通用集装箱，如图 11 – 21（a）、(b) 所示。除箱顶可以拆下外，其他构件与干货集装箱类似。开顶集装箱又分"硬顶"和"软顶"两种。"硬顶"是指顶棚用一整块钢板制成；"软顶"是指顶棚用帆布、塑料布或涂塑布制成，以可拆式扩伸弓梁支撑。可用起重机、吊车从箱顶上面装卸货物，这样不易损坏货物，可减轻装箱的劳动强度，又便于在箱内把货物固定。装运时用防水布覆盖顶部，其水密要求和干货箱一样，适合于装载较高的大型货物和需吊装的重货，如木材、玻璃板、钢制品、机械等重货。

(a)　　　　　　　(b)

图 11 – 20　通风集装箱　　　　图 11 – 21　开顶集装箱

（5）特种专用集装箱，如汽车集装箱、动物集装箱、兽皮集装箱、服装集装箱、组合式集装箱、其他用途集装箱等。

①汽车集装箱如图 11 – 22 所示。专为装运小型轿车而设计的，是在简易箱底上装一个钢制框架，一般设有端壁和侧壁，箱底应采用防滑钢板，有装单层和装双层的两种。由于一般小轿车的高度为 1.35~1.45m，如装在 8ft（约为 2438mm）高的标准集装箱内，只利用了其箱容的 3/5，所以轿车是一种不经济的装箱货。为提高箱容利用率，有一种装双层的汽车集装箱，其高度有两种：一种为 10.5ft（约为 3200mm），另一种 12.75ft（8.5ft 的 1.5 倍）。所以，汽车集装箱一般不是国际标准集装箱。

②动物集装箱如图 11 – 23 所示。箱顶采用胶合板覆盖，侧面和端面都有金属网制的窗，以便通风，是专为装运鸡、鸭、鹅等活家禽和牛、马、羊、猪等活家畜而制造的特殊集装箱。侧壁下方设有清扫口和排水口，并设有喂料、除粪装置，便于清洁。在船上必须装在甲板上，而且不允许多层堆装，所以其强度可低于国际标准集装箱的要求，总重也较轻。

图 11 – 22　汽车集装箱　　　　图 11 – 23　动物集装箱

③兽皮集装箱。兽皮集装箱是一种专门设计用来装运生皮等带汁渗漏性质的货物，有双层底，可存贮渗漏出来的液体的集装箱。

④服装集装箱。服装集装箱是杂货集装箱的一种，是在集装箱内侧梁上装有许多横杆，每根横杆垂下若干绳扣，利用衣架上的钩挂运成衣。这种服装装载方法无须包装，节约了大量的包装材料和费用，也省去了包装劳动。这种集装箱和普通杂货集装箱的区别仅在于内侧上梁的强度需略加强。将横杆上的绳扣收起，这类集装箱就能作为普通杂货集装箱使用，如图11-24所示。

图11-24　服装集装箱

⑤组合式集装箱。组合式集装箱又称为"子母箱"，俗称为奇泰纳（G-tainer）。它的结构是在独立的底盘上，箱顶、侧壁和端壁可以分解和组合，既可以单独运输货物，也可以紧密地装在20ft和40ft箱内，作为辅助集装箱使用。拆掉壁板后，形似托盘，所以又称为"盘式集装箱"。奇泰纳有G32、G64、G66和G132等几种。各种奇泰纳的尺寸，都按国际标准集装箱内能充分利用其载重量和载货容积的原则设计，如图11-25（a）、（b）所示。

（a）

（b）

图11-25　组合式集装箱

⑥其他用途集装箱。集装箱现在的应用范围越来越广，不但用于装运货物，还广泛用于其他用途。如"流动电站集装箱"，可在一个20ft集装箱内装置一套完整的发电机组，装满燃油后连续发电96h，可供应36只20ft或40ft冷藏集装箱的电量。"流动舱室集装箱""流动办公室集装箱"，可在一个20ft的集装箱内装备舒适的居室和办公室。美国已研制成了由若干只20ft集装箱组成的"战地医院"，有几十个床位，配有药房、化验室、手术室、护理室等，可用C130运输机运输，在战地迅速布置。

随着国际贸易的发展，商品结构不断变化，今后还会出现各种不同类型的专用或多用集装箱。

11.2.6　国际标准集装箱的标记

国际标准化组织规定的集装箱标记有"必备标记"和"自选标记""通行标记"三类；每一类标记又分"识别标记"和"作业标记"两种。每类标记都必须按规定大小，标识在集装箱规定的位置上，如图11-26所示。具体来说，集装箱上有箱主代号；箱号或顺序号、核对数字；集装箱尺寸及类型代号；集装箱总量、自重和容积；集装箱制造厂名及出厂日期。

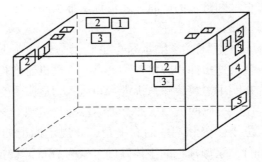

1—箱主代号；2—箱号或顺序号、核对数字；3—集装箱尺寸及类型代号；
4—集装箱总量、自重和容积；5—集装箱制造厂名及出厂日期。

图 11-26 集装箱标记代号的位置

1. 必备标记

1）识别标记

识别标记包括箱主代号、设备识别代号、顺序号及核对数字。

（1）箱主代号，即集装箱所有人代号。国际标准化组织规定，箱主代号由四个大写的拉丁文字母表示。前三位由箱主自己规定，第四个字母一律用国际标准中海运集装箱代号的 U 表示。为防止箱主代号出现重复，所有箱主在使用代号之前应向国际集装箱局登记注册。目前国际集装箱局已在 16 个国家和地区设有注册机构。我国北京设有注册机构。国际集装箱局每隔半年公布一次在册的箱主代号一览表。

（2）设备识别代号。设备识别代号分别为"U""J"和"Z"三个字母。"U"表示集装箱，"J"表示集装箱所配置的挂装设备，"Z"表示集装箱专用车和底盘车。箱主代号和设备识别代号一般四个字母连续排列，如 ABCU，其中 ABC 为箱主代号，U 为设备识别代号。

（3）顺序号，又称为箱号，用 6 位阿拉伯数字表示。若有效数字不足 6 位，则在前面加"0"，补足 6 位。如有效数字为 1234，则集装箱号应为 001234。

（4）核对数字。由一位阿拉伯数字表示，列于 6 位箱号之后，置于方框之中。

设置核对数字的目的，是为了防止箱号在记录时发生差错，是判断箱主代号和顺序号记录是否准确的依据。运营中的集装箱频繁地在各种运输方式之间转换，如从火车到卡车再到船舶等，不断地从这个国家到那个国家，进出车站、码头、堆场、集装箱货运站。每进行一次转换和交接，就要记录一次箱号。在多次记录中，如果偶然发生差错，记错一个字符，就会使该集装箱"丢失"。为不致出现此类"丢失"集装箱及所装货物的事故，在箱号记录中设置了一个"自检测系统"，即设置一位"核对数字"。

2）作业标记

（1）额定重量和自重标记。集装箱的额定重量（空箱质量）和箱内装载货物的最大容许重量（最大容许质量）之和，即最大工作总重量，简称为最大总重，以 R 表示。集装箱的自重又称为空箱重量，以 T 表示。它包括各种集装箱在正常工作状态下应备有的附件和各种设备，如机械式冷藏集装箱的机械制冷装置及其所需的燃油，台架式集装箱上两侧的立柱，开顶集装箱上的帆布顶棚等。

最大工作总重量减去自重等于载重，即 $P = R - T$。

在标出最大工作总重量和自重的同时，还可称出最大净货载，三种质量标出时，规定应以千克（kg）和磅（lb）同时表示。

（2）空陆水联运集装箱标记。空陆水联运集装箱是指可在飞机、船舶、卡车、火车之间联运的集装箱。装有顶角件和底角件，具有与飞机机舱内拴固系统相配合的拴固装置，箱底可全部冲洗并能用滚装装卸系统进行装运；为适应于空运，这种集装箱自重较轻、结构较弱，强度仅能堆码两层。因此，国际标准化组织对该集装箱规定了特殊的标志，该标记为黑色，位于侧壁和端壁的左上角，并规定标记的最小尺寸为高 127mm（5in），长 355mm（14in），字母标记的字体高度至少为 76mm（3in）。

图 11-27 所示的含义是，在陆地上堆码时只允许在箱上堆码 2 层；在海上运输时，不准在甲板上堆码，在舱内堆码时只能堆装 1 层。

3）登箱顶触电警告标记。凡装有登箱顶梯子的集装箱，应设登箱顶触电警告标记。该标记为黄色底黑色三角形，一般设在罐式集装箱和位于邻近登箱顶的扶梯处，以警告有触电危险，如图 11-28 所示。

图 11-27 空陆水联运集装箱标记

图 11-28 登箱顶触电警告标记

2. 自选标记

1）识别标记

1984 年的国际标准中，识别标记有国家代码，由 2 到 3 个拉丁字母组成。1995 年的新国际标准中，取消了国家代码。识别标记主要由"尺寸代号"与"类型代号"组成。

（1）尺寸代号以两个字符表示。第一个字符表示箱长，其中 10ft 箱长代号为"1"，20ft 箱长代号为"2"，30ft 箱长代号为"3"，40ft 箱长代号为"4"。5~9 为"未定号"。另外，用英文字母表示为特殊箱长的集装箱代号。第二个字符表示箱宽与箱高。其中 8ft 高代号为"0"，8ft6in 高代号为"2"，9ft 高代号为"4"，9ft6in 高代号为"5"，高于 9ft6in，代号为"6"，半高箱（箱高 4ft 3in）代号为"8"，低于 4ft 的代号为"9"。另外，用英文字母反映箱宽不是 8ft 的特殊宽度集装箱。

（2）类型代号（箱型代码）可反映集装箱的用途和特征。类型代号原用 2 个阿拉伯数字表示，1995 年改为用 2 个字符表示。其中第一个字符为拉丁字母，表示集装箱的类型。例如：G（general）表示通用集装箱，V（ventilated）表示通风集装箱，B（bulk）表示散货集装箱，R（reefer）表示保温集装箱中的冷藏集装箱，H（heated）表示集装箱中的隔热集装箱，U（up）表示敞顶集装箱，P（platform）表示平台集装箱，T（tank）表示罐式集装箱，A（air）表示空陆水联运集装箱，S（sample）表示以货物命名的集装箱。第二个字符为阿拉伯数字，表示某类型集装箱的特征。如通用集装箱，一端或两端有箱门，箱型代码为 G0。

下面是 ISO6364 第 6 章规定的集装箱识别标记及其代码的布置图样。

按照 ISO 6364.2 中第 6 章 "标记的标志方法"，箱型和尺寸代码应作为一个整体在集装箱上标识。其组配代码结构，如下：

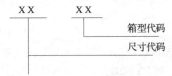

例如：22G1 指箱长为 20ft（6068mm），箱宽为 8ft（2438mm）和箱高为 8ft 6in（2591mm），上方有透气罩的通用集装箱。

对于能确定类型，但特征未确定或不明确的集装箱，可直接用类型组代号标示。如属于"通用集装箱"类型，但无法确定特征代号的，可直接标示为"GP"。

2）作业标记

（1）超高标记。该标记为在黄色底上标出黑色数字和边框，贴在集装箱每侧的左下角，距箱底约 0.6m 处，同时还贴在集装箱主要标记的下方。凡高度超过 8.5ft（2.6m）的集装箱必须贴上此标记。图 11-29 所示为超高实际高度为 9.5ft（2.9m）。

（2）国际铁路联盟标记。各国的铁路都有各自的规章制度，手续极为复杂。为简化手续，制定了《国际铁路联盟条例》，对集装箱技术条件作了许多规定，凡满足其中规定的集装箱可获取国际铁路联盟标记。该标记是在欧洲铁路上运输集装箱的必要通行标记。

国际铁路联盟标记如图 11-30 所示，方框上部的 i 和 c 表示国际铁路联盟；方框下部的两位阿拉伯数字为各铁路公司的代号，如"33"为"中华人民共和国铁路"的代号。

图 11-29　超高标记

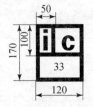
图 11-30　国际铁路联盟标记

3. 通行标记

1）安全合格牌照

安全合格牌照表示集装箱已按照《国际集装箱安全公约》（International Convention for safe Container, CSC）的规定，经有关部门检验合格，符合有关的安全要求，允许在运输经营中使用。安全合格牌照是一块长方形金属牌，尺寸要求不得小于 200mm×100mm，牌上应标有"CSC 安全合格"字样，同时还标有其他内容的文字。在运输经营中使用的集装箱，在安全合格牌照上还必须标明维修间隔的时间。安全合格牌照主要标示如图 11-31 所示。

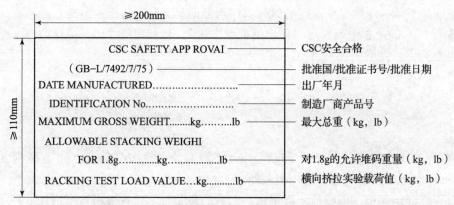

图 11-31 集装箱批准牌照（国际海关公约牌照）

为便于集装箱在各国间的通行，可海关加封运行，而不必开箱检查箱内的货物。联合国欧洲经济委员会制订了一个《集装箱海关公约》，凡符合《集装箱海关公约》规定的集装箱，可以装上集装箱批准牌照，在各国间加封运输，如图 11-32 所示。

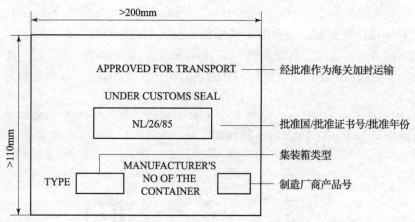

图 11-32 批准牌照（TIR 批准牌照）

2）检验合格徽

集装箱上的安全合格牌照主要是确保集装箱不对人的生命安全造成威胁，如图 11-33 所示。此外，集装箱还必须确保在运输过程中不对运输工具（如船舶、货车、拖车等）的安全造成威胁。因此，国际标准化组织要求各检验机关必须对集装箱进行各种相应试验，试验合格后在集装箱箱门上贴上代表该检验机关的合格徽。去澳大利亚和新西兰的集装箱，必须有防虫处理板通行标记，附有熏蒸设施；能在箱内使用规定的药品进行熏蒸的集装箱，可在箱门贴上农林徽。

图 11-33 中国船级社的检验合格徽

上述通行标记要具有耐久性，颜色应与集装箱门颜色有明显的不同。在集装箱进行国际运输时是必备的。不带这些通行标记的集装箱，会在卸船后被扣押在码头上，必须经过相关检验，认为符合有关规定后才会被放行。

11.2.7 集装箱标准与其他标准的衔接

物流标准化是从物流系统的整体出发，制定其各子系统的设施、设备、专用工具等的技术标准以及业务工作标准。研究各子系统技术标准和业务工作标准的配合性，按配合性要求，统一整个物流系统的标准。研究物流系统与其他相关系统的配合性，谋求物流大系统的标准统一。

1. 物流标准化的基点

集装是物流标准化的基点，物流全系统标准化取决于与集装的配合性。

2. 集装箱标准与货物组成方式的关系

标准化是指物品包装与集装单元的尺寸（如托盘的尺寸，包箱的尺寸等），要符合一定的标准模数，仓库货架、运输车辆、搬运机械也要根据标准模数决定主要性能参数。通过制定标准化的规格尺寸来实现物流系统中各个环节的连续、协调配合，提高通用性。

集装箱运输系统是物流大系统的一个子系统。集装箱运输仅是运输的一种组合方式。集装箱类型、尺寸与标记的标准必须与集装箱相关的其他系统的标准相衔接。例如：必须与集装箱装卸机械的各种吊具、工索具相衔接；与集装箱船舶、卡车、专用列车的结构相衔接；与内装货物的成组方式相衔接等。本小节主要讨论集装箱与内装货物的成组方式相衔接的问题。

国际标准化组织（International Organization for Standardization，ISO）与运输和货物成组化有关的技术委员会共有三个：托盘技术委员会（ISO TC-51）；集装箱技术委员会（ISO TC-104）；包装技术委员会（ISO TC-122）。

"运输包装"或"工业包装"的尺寸必须与托盘尺寸并最终与集装箱的尺寸配套。理想的状态，托盘尺寸是外包装尺寸的整数倍，集装箱内尺寸是托盘尺寸的整数倍。也就是说，从商品的外包装，到集装箱形成一个倍数系列关系；从集装箱到商品的外包装形成一个分割系列关系。

从逻辑上看，应先确定商品运输包装的基础模数尺寸，然后按倍数关系，分别确定托盘和集装箱的标准尺寸，以使三者能完美地配合。但在实践中，次序发生了颠倒。商品包装与集装箱配套是在实践过程中逐渐认识并开始解决这些问题的。在国际标准化的历史上，三个技术委员会中，托盘技术委员会（ISO TC-51）是第一个成立的，托盘标准尺寸首先被提出，其次是其两方面的延伸：再次是集装箱，最后才是外包装的标准化。集装箱的尺寸基本是从卡车车厢脱胎而来，并没有充分考虑与托盘尺寸的配套问题，而且装箱标准逐渐形成的时候，人们对托盘尺寸还存在很大的分歧。所以托盘并不能充分利用集装箱的内部尺寸。由于存在这样的问题，在运输包装模数尺寸确定之后，就产生了是以集装箱的内部尺寸为标准分割，还是以托盘尺寸为标准分割的分歧。从问题的提出直到现在，经历了半个世纪的争议，物流基础模数尺寸的确定，基本上走了后一种途径，统一在所谓"黄金分割模数"（600mm×400mm）这个尺寸上。

3. 集装箱、托盘与包装的模数化

从系统化、合理化和标准化的角度出发，表示物流系统各种因素尺寸之间数值关系的标准称为物流模数，包括物流基础模数尺寸标准、物流建筑模数尺寸标准、集装模数尺寸标准等。

1) 模数（Module）与模数化

模数是指一个基本的度量单位，一种基准尺寸。该术语最初用于建筑，为使房屋建筑的内面积能被充分利用，或建筑物内部便于分割与处理，规定一种基准的度量单位，建筑的长与宽都按这一基准的整数倍进行设计，称为模数。例如：日本通常就以一张3尺×6尺的草垫的尺寸为模数设计建筑的尺寸。国际标准化组织对模数的定义为能引出运输系统各构成要素尺寸的一个标准值。

模数化就是在确定基础模数尺寸后，将相互联系的事物均按基础模数尺寸形成"倍数系列"和"分割系列"，以便相互配套。

2) 物流基础模数尺寸标准

基础模数尺寸指标准化的共同单位尺寸，或系统各标准尺寸的最大公约尺寸。

物流基础模数尺寸是标准化的基础，基础模数一旦确定，设备的制造、设施的建设、物流系统中各个环节的配合协调，物流系统与其他系统的配合，就有了依据。目前，国际标准化组织对物流标准化的研究工作还在进行中，对于物流标准化已拟定了初步方案。国际标准化组织的中央秘书处及欧洲各国已基本认定600mm×400mm为基础模数尺寸。

由于物流标准化比其他标准化系统建立较晚，因此，确定基础模数尺寸主要考虑对物流系统影响最大而又难以改变的运输设备的尺寸，采用"逆推法"，即由运输设备的尺寸来推算最佳的基础模数。同时也要考虑现行的包装模数、集装设备及人体可能操作的最大尺寸等因素来定。

3) 物流建筑基础模数

物流建筑基础模数主要是物流系统中各种建筑物（如仓库、中转站等）所使用的基础模数，是以物流基础模数尺寸为依据确定的，如货台高度应与车辆车厢底距地面的高度相配合，也可以选择共同的模数尺寸。该尺寸是设计建筑物长、宽、高尺寸，门窗尺寸，建筑物柱间距、跨度及进深等尺寸的依据。

4) 集装模数尺寸标准

集装模数是在物流基础模数尺寸基础上推导出的各种集装设备的基础尺寸，以此尺寸作为设计集装设备长、宽、高尺寸的依据。在物流系统中，由于集装是起贯穿作用的，集装设备尺寸必须与各环节物流设施、设备、机具相配合。集装模数尺寸影响并决定与其配合的相关环节的标准化。

4. 物流基础模数及其与集装箱的配合

（1）物流基础模数，即商品外包装尺寸，规定为600mm×400mm。

（2）集装基础模数尺寸。集装模数是以物流基础模数为基础，按倍数系列推导出来的，也可以在满足600mm×400mm的基础模数的前提下，从卡车或大型集装箱的分割系列推导出来。因此，规定为以1200mm×1000mm为主，也允许1200mm×800mm、1100mm×1100mm两种尺寸。

物流基础模数尺寸与集装单元基础模数尺寸的配合关系，以集装单元基础模数尺寸1200mm×1000mm为例，即外包装货物在1200mm×1000mm托盘上的堆码方式，如图11-34所示。

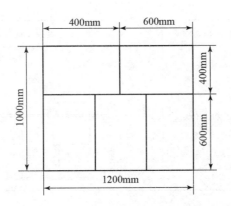

图 11-34 模数尺寸的配合关系

这一堆码方法的优越性是，每一层货物为5件，容易记数；第二层货物转180°堆码，使上下层货物相互卡缝，不易崩塌。

（3）1000mm×1200mm 与 800mm×1200mm 托盘在国际标准集装箱中排列方式与对集装箱底面积的利用率如表11-4、表11-5所列。

表11-4 系列 I 集装箱内各种成组货的底面积利用率

型号	800mm×1200mm	1000mm×1200mm
1A	79.7%	90.3%
1AA		
1B	83.2%	92.3%
1BB		
1C	77.4%	87.6%
1CC		

表11-5 托盘在集装箱内拼装

各成组货的基本尺寸	底面积利用率	IC，ICC型集装箱内部各成组货的配置
1200mm×800mm	77.40%	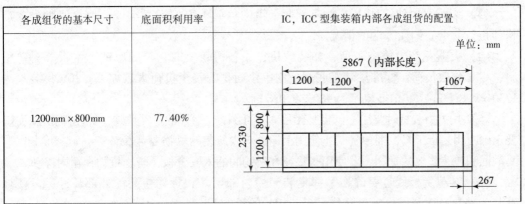

续表

各成组货的基本尺寸	底面积利用率	IC，ICC 型集装箱内部各成组货的配置
1200mm × 1000mm	87.60%	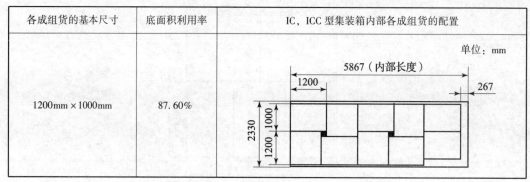

11.2.8 集装箱的装箱操作与管理

集装箱货物的现场装箱作业，通常有三种方法，如下：
（1）全部用人力装箱；
（2）用叉式装卸车（铲车）搬进箱内再用人力堆装；
（3）全部用机械装箱，如货板（托盘）货用叉式装卸车在箱内堆装。

这三种方法中第三种方法最理想，装卸率最高，发生货损事故最少。但是即使全部采用机械装箱，装载时如果忽视了货物特性和包装状态，或由于操作不当等原因，也往往会发生货损事故，特别是在内陆地区装载的集装箱，由于装箱人不了解海上运输时集装箱的状态，装载方法通常都不符合海上运输的要求，从而引起货损事故的发生。

现把集装箱货装箱时应注意的事项归纳列举如下：

（1）在货物装箱时，任何情况下箱内所装货物的重量不能超过集装箱的最大装载量，集装箱的最大装货重量由集装箱的总重减去集装箱的自重求得；总重和自重一般都标在集装箱的箱门上。

（2）每个集装箱的单位容重是一定的，因此如箱内装载一种货物时，只要知道货物密度，就能断定是重货还是轻货。货物密度大于箱的单位容重的是重货，装载的货物以重量计算，反之货物密度小于箱的单位容重的是轻货，装载的货物以容积计算。及时区分这两种不同的情况，对提高装箱效率是很重要的。

（3）装载时要使箱底上的负荷平衡，箱内负荷不得偏于一端或一侧，特别是要严格禁止负荷重心偏在一端的情况。

（4）要避免产生集中载荷，如装载机械设备等重货时，箱底应铺上木板等衬垫材料，尽量分散负荷。标准集装箱底面平均单位面积的安全负荷大致如下：20ft 集装箱为 $1330 \times 9.8 N/m^2$，40ft 集装箱为 $980 \times 9.8 N/m^2$。

（5）用人力装货时要注意包装上有无"不可倒置""平放""竖放"等装卸指示标志。要正确使用装货工具，捆包货禁止使用手钩。箱内所装的货物要装载整齐、紧密堆装。容易散捆和包装脆弱的货物，要使用衬垫或在货物间插入胶合板，防止货物在箱内移动。

（6）装载货板货时要确切掌握集装箱的内部尺寸和货物包装的外部尺寸，以便计算装载件数，达到尽量减少弃位、多装货物的目的。

（7）用叉式装卸车装箱时，将受到机械的自由提升高度和门架高度的限制。在条件允许的情况下，叉车装箱可一次装载两层，但上下应留有一定的间隙。如条件不允许一次装载两层，则在箱内装第二层时，要考虑到叉式装卸车的自由提升高度和叉式装卸车门架可能起升的高度。这时门架起升高度应为第一层货高减去自由提升高度，第二层货物才能装在第三者层货物上层。

一般用普通起重质量为2t的叉式装卸车，自由提升高度为50cm左右。但还有一种是全自由提升高度的叉式装卸车，这种机械只要箱内高度允许，就不受门架起升高度的影响，就能很方便地堆装两层货物。此外，还应注意货物下面应铺有垫木，以便使货叉能顺利抽出。

（8）拼箱货在混装时应注意如下几点。

①轻货要放在重货上面。

②包装强度弱的货物要放在包装强度强的货物上面。

③不同形状、不同包装的货物尽可能不装在一起。

④液体货和清洁货要尽量在其他货物下面。

⑤从包装中会渗漏出灰尘、液体、潮气、臭气等货物，最好不要与其他货混装在一起。如不得不混装时，就要用帆布、塑料薄膜或其他衬垫材料隔开。

⑥带有尖角或突出部件的货物，要把尖角或突出部件保护起来，不使它损坏其他货物。

（9）冷藏货装载时应注意如下事项。

①冷冻集装箱在装货过程中，冷冻机要停止运转。

②在装货前，冷冻集装箱内使用的垫木和其他衬垫材料要预冷；要选用清洁卫生的衬垫材料，不使它污染货物。

③不要使用纸、板等材料作衬垫，以免堵塞通风管和通风口。

④装货后箱顶与货物顶部一定要留出空隙，使冷气能有效地流通。

⑤必须注意到冷藏货要比普通杂货更容易滑动，也容易破损，因此对货物要加以固定，固定货物时可以用网等作衬垫材料，这样不会影响冷气的循环和流通。

⑥严格禁止已降低鲜度或已变质发臭的货物装进箱内，以避免损坏其他正常货物。

（10）危险货物装箱时应注意如下事项。

①货物装箱前应调查清楚该类危险货物的特性、防灾措施和发生危险后的处理方法，作业场所要选在避免日光照射、隔离热源和火源、通风良好的地点。

②作业场所要有足够的面积和必要的设备，以便发生事故时，能有效地处置。

③作业时要按有关规则的规定执行。作业人员操作时应穿防护工作衣，戴防护面具和橡皮手套。

④装货前应检查所用集装箱的强度、结构，防止使用不符合装货要求的集装箱。

⑤装载爆炸品、氧化性物质的危险货物时，装货前箱内要仔细清扫，防止箱内因残存灰尘、垃圾等杂物而产生着火、爆炸的危险。

⑥要检查危险货物的容器、包装、标志是否完整，与运输文件上所载明的内容是否一致。禁止包装有损伤、容器有泄漏的危险货物装入箱内。

⑦使用固定危险货物的材料时，应注意防火要求和具有足够的安全系数和强度。

⑧危险货物的任何部分都不允许突出于集装箱外，装货后箱门要能正常地关闭起来。

⑨有些用纸袋、纤维板和纤维桶包装的危险货物，遇水后会引起化反应而发生自燃、发热或产生有毒气体，故应严格进行防水检查。

⑩危险货物的混载问题各国有不同的规定。例如：日本和美国规定，禁止在同一区域内装载的危险货物，或不能进行混合包装的危险货物，不能混载在同一集装箱内。英国规定，不能把属于不同等级的危险货物混载在同一集装箱内。在实际装载作业中，应尽量避免把不同的危险货物混装在一个集装箱内。

⑪危险货物与其他货物混载时，应尽量把危险货物装在箱门附近。

⑫严禁危险货物与仪器类货物混载。

⑬在装载时不能采用抛扔、坠落、翻倒、拖曳等方法，避免货物间的冲击和摩擦。

11.3 托盘

11.3.1 托盘的定义

托盘是为了使货物能有效地装卸、运输、搬运、堆存货物和保管，将其按一定数量组合放置于一定形状的台面。这种台面有供叉车从下部插入并将台面托起的叉入口，以这种结构为基本结构的平台和在这种基本结构上形成的各种形式的集装器具均可称为托盘。

托盘是在物流领域中适应装卸机械化而发展起来的一种常用的集装器具。初期它是作为叉车的附属装卸工具使用的，后来渗透到物流系统的各个环节。托盘的发展可以说是与叉车同步，叉车与托盘的共同使用，形成的有效装卸系统大大地促进了装卸活动的发展，使装卸机械化水平得到大幅度提高，因而在运输过程中的装卸瓶颈得以改善。所以，托盘的出现也有效地促进了全物流过程水平的提高。

托盘的出现也促进了集装箱和其他集装方式的形成和发展。现在，托盘已是和集装箱一样重要的集装方式，形成了集装系统的两大支柱。托盘尤其以简单、方便，在集装领域中颇受青睐。

托盘最早产生于美国、日本等发达国家，最初是在装卸领域出现并发展的。20世纪30年代，托盘首先在工业部门得到广泛应用。第二次世界大战期间，为解决大量军用物资的快速装卸问题，托盘的应用得到进一步发展。第二次世界大战后，随着经济活动总量的增长，仓库发挥的作用越来越大，为提高仓库的出入库效率和仓库的库容量利用系数，实现仓储作业的机械化、自动化，托盘又成了一种储运工具。为消除货物转载时码盘、拆盘的工序，各发达国家开始建立托盘交换、联营和共用租赁体系，使托盘从企业、港口、货场的使用发展到随车、随船运输，使托盘又成为一种运输工具。一些国家还随货直接将托盘运至商店，陈列在柜台上售货，使托盘又发展成售货工具，即从托盘装卸—托盘储存—托盘运输—托盘销售，连贯发展成托盘物流。托盘不仅是仓储系统的辅助设备，而且是仓储货物集装单元化的必要条件。

2015年我国托盘行业产量26824万片，2021年增长到39000万片。截至2022年，我国托盘市场保有量约为17亿片。

11.3.2 托盘的特点

1. 托盘的主要优点

（1）自身重量小。因而用于装卸、运输托盘本身所消耗的劳动较小，无效运输及装卸比运输集装箱小。

（2）返空容易，返空时占用运力很少。

（3）装盘容易。不需像集装箱深入到箱体内部，装盘后可采用捆扎、紧包等技术处理，使用时简便。

（4）装载量虽然较集装箱小，但也能集中一定数量，比一般包装的组合要大得多。

2. 托盘的主要缺点

（1）托盘在运输途中尚存在货物易散包问题。

（2）保护性比集装箱差，露天存放困难，需要有仓库等配套设施。

（3）托盘的使用管理较困难，回收和处理均需要作较周密的计划。

（4）托盘承运的货物范围有限，对大的形状复杂的货物难以采用托盘来进行包装，使用范围受到一定的限制。

11.3.3 托盘的种类

托盘的结构是两层铺板之间加以纵梁，或一层铺板加装支腿，或上面加装立柱、挡板而构成货箱。托盘的最小高度以能够使用叉车和搬运车进行作业为宜，一般按结构可分为以下几类。

1. 平托盘

一般托盘，主要是指平托盘，是托盘中使用量最大的一种，是通用型托盘，如图 11-35 所示。

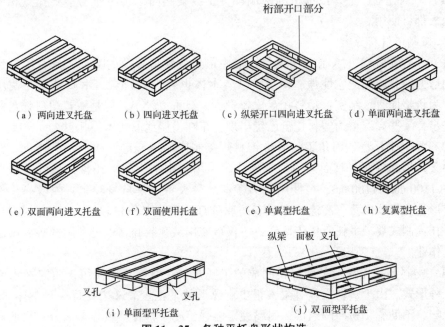

图 11-35　各种平托盘形状构造

平托盘又可按三种方法分类，如下：

1）按台面分类

平托盘按承托货物台面分为单面、单面使用和双面使用、翼形四种。

2）按叉车叉入方式分类

平托盘按叉车叉入方式，可分为单向叉入、双向叉入、四向叉入三种。使用四向叉入托盘，叉车可从四个方向进叉，所以叉运较为灵活。单向叉入只能从一个方向叉入，所以在叉车操作时较为困难。

（1）单面托盘。只有一面有铺板，结构强度较小，适用于轻载荷或小型托盘。这种形式的托盘一般不能用于堆垛。

（2）单面使用托盘。上下两面均有铺板，但只有一面是载货面，不能互换使用。底面有四个大孔以利于手动液压车轮子的进出。一般多使用这种形式的托盘。

（3）双面使用托盘。两面均有铺板，双面都可承载货物，强度也大，尤其适用于软包装的货物（如袋装），可双向进叉。可以放在棍子输送机上运送，也可以堆垛，多用于运输行业中。

（4）二向进叉（二向）托盘。在面对的两个方向有插口，结构强度大。通常使用的托盘多为这种形式。

（5）四向进叉（四向）托盘。四侧都有插口可以插入货叉。在铁路货车、载重汽车及仓库内部需要变换托盘的方向来进行堆垛作业时多采用这种形式的托盘。

（6）无翼托盘，即铺板两端与纵梁或垫板的外侧平齐的托盘。一般的托盘都是这种形式。

（7）单翼托盘，上铺板的两端突出纵梁侧面，在用起重机或跨车搬运时供吊挂之用。

（8）双翼托盘，上、下铺板的两端都突出纵梁侧面，其用途与单翼托盘相同，但两面铺板都可使用。

3）按制造材料分类

（1）木制平托盘。木制平托盘是托盘中最传统和最普及的类型，具有木材价格低廉、制造方便、成品适应性强、便于维修、本体也较轻等特点。木质是现在使用最广的，因为价格便宜、结实；塑料托盘比较贵点，载重也较小，但是随着塑料托盘制造工艺的进步，一些高载重的塑料托盘已经出现，正在慢慢地取代木质托盘。

（2）钢制平托盘。用角钢等异形钢材焊接制成的平托盘，和木制平托盘一样，也有各种叉入型和单面、双面使用型等形式。采用轻钢结构的平托盘，最低重量可制成35kg的1100mm×1100mm，可使用人力搬移。最大特点是自身较重，强度高，不易损坏和变形，不需要熏蒸、高温消毒或者防腐处理，维修工作量较小，可以回收再利用。钢制平托盘制成翼型平托盘优势性强，不仅可使用叉车装卸，也可利用两翼套吊吊具进行吊装作业。

（3）塑料制平托盘。采用塑料制成的平托盘，一般是双面使用，两向叉入或四面叉入三种形式。由于塑料强度有限，很少有翼形的平托盘。最主要特点是本体质量轻、无毒无味、不助燃、易冲洗消毒、耐腐蚀性能强，便于各种颜色分类区分，可回收。其使用寿命是木托盘的5~7倍，是现代化运输、包装、仓储等重要工具，是国际上规定的用于食品、水产品、医药、化学品、立体仓库等的储存必备器材。托盘是整体结构，不存在被钉刺破货物的问题，但塑料托盘承载能力不如钢、木制托盘。

（4）胶板制平托盘。用胶合板制成台面的平板型台面托盘，质轻但承重力及耐久性较差。

（5）复合材料平托盘（免熏蒸）。具有抗高压、承重性能好、成本低的优点，避免传统木托盘的虫蛀、色差、湿度高等缺点，适用于各类货物的运输，是木托盘的最好替代品。

（6）纸托盘。纸托盘是用纸护角加蜂窝纸板做成。优点是可100%回收，不产生遗弃物；不污染环境，符合环保要求，用后可直接送造纸厂回收。无虫蛀，完全不需要熏蒸消毒，最符合欧美市场要求，医药食品等行业可直接使用。无碎屑及铁钉等有可能损坏货物的问题，是最大程度保护承载物的包装。

2. 柱式托盘

柱式托盘是在平托盘的四个角安装四根钢制立柱后形成的，立柱可以是固定的，也可为拆卸的，如图11-36所示。这种托盘可发展为从对角的柱子上端用横梁连接，使柱子成为框架型。柱式托盘的柱子部分可用钢材制成，按柱子固定与否分为固定柱式托盘、可拆装式柱式托盘、可套叠式柱式托盘、折叠式柱式托盘等。柱式托盘多用于包装件、桶装货物、棒料和管材等的集装，还可以作为可移动的货架、货位，不用时可叠套存放，以节约空间，在国外应用广泛。该托盘因立柱的顶部装有定位装置，所以堆码容易，可防止托盘上所置货物在运输、装卸等过程中发生塌垛；多层堆码时，因上部托盘的载荷通过立柱传递，下层托盘货物可不受上层托盘货物的挤压。

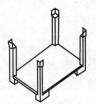

（a）固定柱式托盘　　（b）可套叠柱式托盘

图11-36　柱式托盘

3. 网箱托盘

网箱托盘适用于存放不规则的物料。可使用托盘搬运车、叉车、起重机等作业，可相互堆叠四层，空箱可折叠。

4. 箱式托盘

箱式托盘是在平托盘基础上发展起来的，下部可叉装、上部可吊装，可使用托盘搬运车、叉车、起重机等作业，并可进行码垛，码垛时可相互堆叠多层，空箱可折叠。箱壁可以是平板或网状构造物，可以有盖或无盖，如图11-37所示。

箱式托盘的基本结构是沿托盘四个边由板式、栅式、网式等栏板和下部平面组成的箱体，有些箱体有顶板，箱板有固定式、折叠式和可卸式三种。由于四周栏板不同，箱式托盘又有各种叫法，如四周栏板为栅栏式的也称笼式托盘或集装笼。其主要特点是防护能力强，可有效防止塌垛和货损；由于四周的护板护栏，装运范围较大，一些不宜采用平托盘的散件货物可采用笼式托盘形成成组货物单元。箱式托盘不但能装运可码垛的整齐形状包装货物，也可以装载一些不易包装或形状不规则的散件或散状货物，以及蔬菜、瓜果等农副产品。金属箱式托盘还用于热加工车间集装热料。一些批量不很大的散装货物，如粮食、食糖、啤酒等可采用专用箱式托盘形成成组货物单元。

（a）板状箱式托盘图　　（b）网状箱式托盘　　（c）笼式托盘

图 11－37　箱式托盘

5. 轮式托盘

轮式托盘（图 11－38）是在平托盘、柱式托盘或箱式托盘的底部装上脚轮而成，不但具有一般柱式、箱式托盘的优点，而且可利用轮子做短距离运动，可不需搬运机械实现搬运。由于可利用轮子做滚上滚下的装卸，有利于装放车内、舱内后移动其位置，故轮式托盘既便于机械化搬运，又适于短距离的人力移动。可兼做作业车辆，企业工序间的物料搬运，也可在工厂或配送中心装上货物运到商店，直接作为商品货架的一部分。在行包、邮件的装卸作业中得到广泛的应用。

图 11－38　轮式托盘

6. 特种专用托盘

上面所述托盘都带有一定通用性，可适装多种中、小件杂、散、包装货物。由于托盘制作简单、造价低，所以对于某些运输数量较大的货物，可按其特殊要求制造出装载效率高、装运方便的专用托盘。专用托盘是一种集装特定货物（或工件）的储运工具，和通用托盘的区别在于具有适合特定货物（或工件）的支承结构。

（1）航空托盘。航空货运或行李托运托盘，一般采用铝合金制造，为适应各种飞机货舱及舱门的限制，一般制成平托盘，托盘上所载物品以网络覆罩固定。

（2）平板玻璃集装托盘，又称为平板玻璃集装架。其能支撑和固定平板玻璃，在装运时，平板玻璃顺着运输方向放置以保持托盘货载的稳定性。平板玻璃集装托盘有若干种，使用较多的是 L 形单面装放平板玻璃单面进叉式托盘，A 形双面装放平板玻璃双向进叉式托盘，吊叉结合式托盘及框架式双向进叉式托盘。

（3）油桶专用托盘。专门存放、装运标准油桶的异形平托盘，托盘为双面，两个面皆有稳固油桶的波形表面或侧挡板。油桶卧放于托盘上面，由于波形沟槽或挡板的作用，可以稳定油桶，防止滚落，还可以几层堆垛，从而解决筒形物难堆高码放的困难，提高仓储和运输能力。

（4）货架式托盘是框架托盘，框架正面尺寸比平托盘稍宽，以保证托盘能放入架内。架的深度比托盘宽度窄，以保证托盘能搭放在架上。架子下部有四个支脚，形成叉车进叉的空间。这种架式托盘叠高组合，便成了托盘货架，可将托盘货载送入内放置。这种架式托盘是托盘货架的一种，是货架与托盘的一体物。

（5）长尺寸物托盘。专门用于装放长尺寸物品的托盘，有的呈多层结构，这种托盘叠高码放后便形成了组装式长尺寸货架，如图 11 - 39 所示。

（6）轮胎专用托盘。可多层码放，不挤不压，解决了轮胎怕压、怕挤的问题，大大地提高了装卸和储存效率。轮胎本身有一定的耐水、耐蚀性，因而在物流过程中无须密闭，且本身很轻，装放于集装箱中不能充分发挥箱的载重能力。

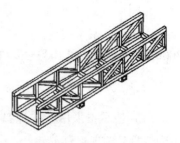

图 11 - 39　用于装放长尺寸材料的专用托盘

11.3.4　托盘标准化

以托盘作为仓储货物集装单元化的装载工具，可始终用机械装备，如叉车等来装卸、搬运、保管货物。在物流环节中，同一托盘可以连续使用，若托盘规格不统一，在各作业环节间不能通用与互换，势必因更换托盘而增加人力、时间与资金投入，造成麻烦与浪费。因此，要实行托盘化，必须做到托盘规格的统一。

托盘标准化是实现托盘联运的前提，也是实现物流机械和设施标准化的基础及产品包装标准化的依据。托盘的规格尺寸与货架、运输车辆及集装箱的尺寸有制约关系，主要技术参数有五个，即长度、宽度、总高度、叉孔高度和插口高度。

在确定物流系统各种设备的基本参数时，所选用的托盘规格是首先要考虑的因素。其他设备的规格也要通过与托盘的规格匹配才能协调，从而提高物流系统的整体效率。使用托盘标准化在物流标准化中起到纽带作用。

国际标准化组织根据世界各国具体情况，在 2003 年制定了托盘新的国际标准，共有 6 种托盘规格被承认为国际标准。

1. 1200 系列（1200mm×800mm 和 1200mm×1000mm）

1200mm×800mm 托盘也称为欧洲托盘，应用范围最广。欧洲各国以 1200mm×800mm 的托盘为标准的国家最多，但英国、德国及荷兰有 1200mm×800mm 和 1200mm×1000mm 两种托盘存在，其他北欧各国统一为 1200mm×800mm 的托盘。

2. 1100 系列（1100mm×1100mm）

1100 系列是由发展较晚的国际集装箱最小内部宽度尺寸 2330mm 确定形成的，是日本、韩国、新加坡等国家制定的标准托盘。

3. 1140 系列（1140mm×1140mm）

1140 系列是对 1100 系列的改进，目的是充分利用集装箱内部空间，澳大利亚普遍使用。

4. 1067 系列（1067mm×1067mm）（42in×42in）

1067 系列是澳大利亚普遍使用的标准。

5. 1219 系列（1219mm×1016mm）（48in×40in）

1219 系列这是考虑北美国家习惯以英寸为单位制定的系列。美国的标准托盘是 1219mm×1016mm，其周边国家如加拿大、墨西哥为 1000mm×1000mm。

我国于1982年制定了联运平托盘外形尺寸系列的国家标准，与国际标准化组织规定的通用尺寸基本一致，主要有三种规格，联运托盘的平面尺寸定为800mm×1200mm、800mm×1000mm 和 1000mm×1200mm 三种。

11.3.5　托盘的选择原则

（1）应尽量采用标准托盘。在托盘作业普及的基础上逐步实现企业间托盘交换，最终实现托盘流通社会化。

（2）应尽量选用通用托盘，通用托盘种类和尺寸尽量小，便于维修和管理。

（3）要考虑货物的性质、尺寸、强度、托盘的搬运方式、适用范围，搬运设备、运输工具和卸载工具的规格、性能及物流作业场地的条件。

（4）对于生产企业，物流在储运过程中，托盘应能够适应工艺和物流作业的要求，使其既是生产过程中的装运器具又是储运工具。

（5）托盘应尽量结构简单、刚性好、质量轻及便于维修。

（6）同托盘配套使用的包装和容器的尺寸与托盘尺寸应有模数关系，提高托盘的满载率。

（7）考虑托盘构件（脚、立柱或侧栏板、框架等）标准化及托盘尺寸模数化；支撑结构实现组装化，以减少类型，提高托盘的使用范围。

（8）应尽量使用塑料合成材料或再生材料，最大限度地保护环境，实现绿色物流。

11.3.6　托盘作业机械

托盘作业法是用托盘系列集装工具将货物形成成组货物单元，辅之以相应的装载机械、泵压等设备的配套，实现装卸作业机械化的装卸作业方法。

托盘作业机械有以下几类。

1. 装卸机械类

装卸机械类主要有叉车和托盘移动车。

2. 搬运机械类

（1）托盘连续输送设备。适用或专用于托盘搬运的机具主要有三种：链条输送机、辊道输送机、垂直输送机（升降台）等设备，规格形式多样，控制系统采用总线控制模式。

（2）托盘非连续输送设备。种类繁多。主要有单轨小车、双轨小车、AGV，悬挂小车、托盘提升机等。技术规格多种多样，其中AGV由于其技术复杂、应用场合特殊，成为专门研究的对象。

（3）移动机械类。主要有托盘移动器、带倾斜装置的车上辊轮和车尾板升降机三种。

（4）托盘自动装盘机。托盘自动装盘机是指按预定指令反复、多层地将标准包装货物或确定规格包装货物码放在托盘上形成托盘货体的机械。

（5）托盘货架。托盘货架是使用最广的托盘类物流存储系统，专门用于存放堆码在托盘上的货物，其基本形式与层架相似，通用性较强，如图11-40所示。托盘货架所用材质多为钢材结构，也可用钢筋混凝土结构；可做单排形连接，也可做双排形连接。

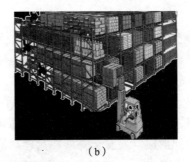

(a)　　　　　　　　　　　(b)

图 11-40　托盘货架

用托盘装载货物，如将托盘直接堆码，存在以下问题。

用平托盘直接堆码，两盘之间及最下层的货物会受到挤压，甚至造成货物损坏，这种堆码方法不能做到先进先出；当各个托盘装载不同货物时，只能单摆，不能堆码，造成库容率低；如使用立柱式托盘或框架式托盘时，虽然可以堆码使货物不受挤压、但堆码不能太高，太高后稳定性差，不安全。因此，采用托盘货架，每一个托盘占一个货位，这样能克服上述的问题。较高的托盘货架使用堆垛起重机存取货物，较低的托盘货架可用叉车存取货物。托盘货架可实现机械化装卸作业，便于单元化存取，库容利用率高，可提高劳动生产率，实现高效率的存取作业，便于实现计算机的管理和控制。

3. 配套机具

物流过程中许多环节还需有一些配套机具来提高作业效率、贯通物流系统，主要包括升降台板和托盘转向器。

11.3.7　托盘使用要点及托盘化运输的管理

1. 托盘使用要点

托盘的使用主要涉及三个方面，即装盘码垛方法、堆垛货物的紧固方法和托盘的维护，如下：

1) 装盘码垛方法

在托盘上放装同一形状的立体形包装货物，可以采取各种交错组合的办法码垛，可以保证足够的稳定性，甚至不需要再用其他方法加固。托盘货物码放的方式（图 11-41）有重叠式码放、纵横交错式码放、旋转交错式码放、正反交错式码放。

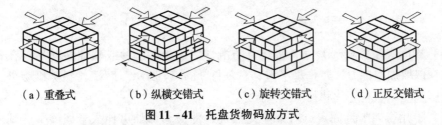

(a) 重叠式　　(b) 纵横交错式　　(c) 旋转交错式　　(d) 正反交错式

图 11-41　托盘货物码放方式

(1) 重叠式，即各层码放方式相同，上下对应，各层之间不交错堆码。这种方式的优点是工人操作速度快，包装物四个角和边重叠垂直，承载力大；缺点是各层之间缺少咬合作用，稳定性差，容易发生塌垛。在货体底面积较大的情况下，采用这种方式可有足够稳定性。重叠式码放再配以各种紧固方式，不但能保持稳固而且保留了装卸操作省力的优点。

（2）纵横交错式。相邻两层货物的摆放旋转 90°，一层成横向放置，另一层成纵向放置，层间纵横交错堆码。这种方式层间有一定的咬合效果，但咬合强度不高。重叠式和纵横交错式较适合自动装盘操作。

（3）旋转交错式。由于第一层相邻的两个包装体都互为 90°，两层间的码放又相差 180°，这样相邻两层之间咬合交叉，托盘货体稳定性较高，不易塌垛。缺点是码放难度较大，而且中间形成空穴，会降低托盘转载能力。

（4）正反交错式。同一层中，不同列的货物以 90°垂直码放，相邻两层的货物码放形式是另一层旋转 180°的形式。这种方式不同层间咬合强度较高，相邻层之间不重缝，码放后稳定性很高，但操作较为麻烦。

2）托盘货物的紧固方法

托盘货物的紧固是保证货物稳固性、防止塌垛的重要手段。托盘货物紧固方法有以下 10 种。

（1）捆扎。用绳索、打包带等对托盘货物进行捆扎以保证货物的稳固，有水平、垂直和对角等捆扎方式。捆扎打结的方法有扎结、黏合、热融、加卡箍等。捆扎可用于多种货物的托盘集合包装。

（2）网罩紧固。加网罩紧固，主要用于装有同类货物托盘的紧固，多见于航空运输，将网罩套装航空专用托盘码垛的货物上，再将网罩下端的金属配件挂在托盘周围的固定金属片上，以防形状不整齐的货物发生倒塌。为了防水，可在网罩之下用防水层加以覆盖，如图 11-42 所示。

（3）加框架紧固。框架紧固是将框架加在托盘货物相对的两面或四面以至顶部，再用打包带或绳索捆紧以起到紧固货物的作业，如图 11-43 所示。框架的材料以木板、胶合板为主。

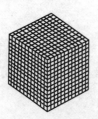

图 11-42 托盘网罩紧固

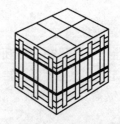

图 11-43 加框架紧固

（4）中间夹摩擦材料紧固。将具有防滑性的纸板、纸片或软性塑料片夹在各层容器之间，以增加摩擦力，防止水平滑移，如图 11-44 所示。摩擦材料除纸板外，还有软性聚氨酯泡沫塑料等片状物。

（5）专用金属卡具固定。对某些托盘货物的最上部如可伸入金属夹卡，则可用专用夹卡将相邻的包装物卡住，以便每层货物通过金属卡具成为一个整体，防止个别分离滑落，如图 11-45 所示。

（6）黏合。在每层之间贴上双面胶条，可将两层通过胶条黏合在一起，这样便可防止托盘上货物从层间发生滑落，如图 11-46 所示。

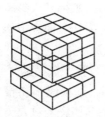 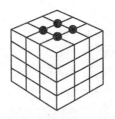

图 11-44　中间夹摩擦材料紧固　　　　图 11-45　专用金属卡具固定

(7) 胶带黏扎。托盘货体用单面不干胶包装带黏捆,即使是胶带部分损坏,由于全部贴于货物表面,也不会出现散捆,如图 11-46 所示。

图 11-46　黏合　　　　　　　　　图 11-47　胶带黏扎紧固

(8) 平托盘周边垫高。将平托盘周边稍微垫高,托盘上的货物会向中心互相依靠,在装卸搬运过程,发生摇动、振动时可防止层间滑动错位、货垛外倾,因而也会起到稳固作用,如图 11-48 所示。

(9) 收缩薄膜紧固。将热缩塑料薄膜套于托盘货体上,然后进行热缩处理,塑料薄膜收缩后,便将托盘货体紧固成一体,如图 11-49 所示。这种紧固形式属五面封,托盘下部与大气连通,不但起到紧固、防止塌垛作用,而且由于塑料薄膜的不透水作用,还可起到防水、防雨的作用,有利于克服托盘货体不能露天放置,需要仓库的缺点,可大大扩展托盘的应用领域。

(10) 拉伸薄膜紧固。用拉伸塑料薄膜将货物和托盘一起缠绕包裹,当拉伸薄膜外力撤除后收缩紧固托盘货体形成集合包装件,如图 11-50 所示。顶部不加塑料薄膜时,形成四面;顶部加塑料薄膜时,形成五面封。拉伸包装不能完成六面封,因此不能防潮。此外,拉伸薄膜比收缩薄膜(厚度为 20~30μm)捆缚力差,只能用于轻量的集装包装。

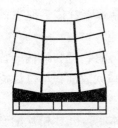 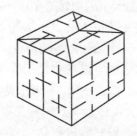 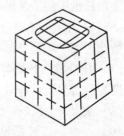

图 11-48　周边垫高紧固　　　图 11-49　收缩薄膜紧固　　　图 11-50　拉伸薄膜紧固

3) 托盘的维修管理

在托盘保养管理中,最重要的一点是不使用破损状态的托盘。如果破损托盘不经修理而使用，不仅会缩短托盘的寿命，还有可能造成货物的破损和人身事故。托盘的破损大多因下列原因产生：叉车驾驶员野蛮驾驶操作、货叉损伤盘面或桁架、人工装卸空托盘时跌落而造成损伤。

木制平托盘破损最多的部位是盘面。从修理的实例看，盘面的重钉修理占总数的60%～80%，所以托盘的物理寿命除了因叉车操作不当，使横梁损伤报废之外，更取决于盘面的重钉次数。盘面靠三个钉子钉在横梁上，考虑到横梁的钉穴，重钉修理次数仅限为3次，如果以修理的实际情况为每两年一次来考虑，其寿命为8年。实际工作中，也有的地方对横梁采取增强措施，将使用寿命提高到10年以上。从一般的实际使用情况看，运输用托盘的寿命平均为3年；场内保管用托盘，寿命平均为6年。

4）正确使用托盘规则

(1) 承载物应均匀平整地摆放在托盘上，保证托盘表面均匀受力。

(2) 在使用叉车提升货物前，应保证叉车工作臂完全进入到托盘内（工作臂进入深度不应低于托盘2/3深度），提升货品时应保证叉车工作臂保持水平。

(3) 使用叉车时，切勿直接推拉或撞击托盘，严重的碰撞会令托盘损毁。

(4) 员工工作时切勿站立在托盘上，以免对员工产生危险。

2. 托盘化运输的管理

1）推行托盘化运输的要点

(1) 为使一贯托盘化运输取得成功，发货单位、物流业者和托盘租赁业者必须齐心协力。

(2) 公正地分配有关投资费用和收益。

(3) 确立防止货物散落崩塌的对策（不要把货物沿水平方向向外延伸，尽量使用防止货物散落的简易方法等）。通过变更捆包模式或改变交易单价，确立防止货物散落的对策。

托盘货体的紧固是保证货体稳固、防止塌垛的重要手段。常用的托盘货体紧固方法有捆扎、网罩紧固、加框紧固、夹摩擦材料紧固、收缩或拉紧薄膜加固等。

(4) 设立共同回收机构。从托盘租赁公司租赁；在行业内部设立共同回收机构；立即交付托盘（在收发之间使用同一种规格）；行业内部托盘共同利用；使用押金制度等办法回收托盘，提高托盘回收率和利用效率。

(5) 提高装载率。使用JIS规格的标准托盘；提高总装载效率；采用循环输配送系统；使用托盘缩短装卸时间，提高卡车的周转效率以抵补装载率的下降。

(6) 采用标准托盘。采取改变捆包方法，一贯托盘化运输效率宣传等促进措施或优惠措施。

(7) 托盘货物的集装单元化的优点是可以用叉车完成货物的收发和运输。普及叉车，提高收货单位的作业效率。对于订货单位则要求使用托盘单元或面积单位订货。

(8) 促使运输车辆改变型号，以适合实行一贯托盘运输。

(9) 统一物流机器设备规格。确立购进机器设备的检验体制，机具相互配套，以推进一贯托盘化运输的部分系统。

2）实行托盘化运输的障碍

(1) 装载效率下降，运费增加。产生码垛费用、空托盘返回费用和存储费用。

(2) 运输过程中，容易发生货物散落、倒塌。
(3) 托盘回收困难，回收率低。
(4) 各个企业的托盘规格不一。
(5) 发货单位的负担过大。
(6) 运输车辆不适合。

11.4 其他集装方式

除了集装箱和托盘这两种主体集装方式外，对某些货物、在某些领域能发挥特殊作用的还有其他集装方式。

11.4.1 集装袋

为了克服托盘货物的集装单元化的缺点，需要发展无托盘的货物集装单元化，如集装袋和与之配套的仓库。

1. 定义

集装袋又称为柔性集装箱，是集装单元器具的一种，通常是指由塑料重叠丝织成的圆筒形大口袋，或是方形大包袋。将粉粒状货物装入多种合成纤维和人造纤维编织成的集装袋，将各种袋装货物装入多种合成纤维或人造纤维编织成的网，将各种块状货物装入用钢丝绳编成的网，配以叉车或吊车及其他运输工具，就可实现集装单元化运输。这种先集装进行装卸作业的方法称为网袋作业法。集装袋的制造材料有涂胶布、树脂加工布、交织布、橡胶、塑料、帆布等。

2. 适用范围

集装袋使用领域广泛，适宜于粉粒状货物、各种袋装货物、块状货物、粗杂物品的装卸作业。目前主要用于水泥、化肥、石灰、树脂、粮食、饲料、砂糖、盐、纯碱等易变质、易受污染并污染其他物品的粉粒状物的装运。在液体物品方面，适用于装运液体肥料、表面活性剂、动植物油、酱油、醋等。

3. 特点

网袋集装工具柔软、结构简单、装载量大；便于包装粉状、粒状货物及其包装件；制造容易、可折叠、不易破损、密封隔绝性强，不易混入水分和杂质；体积小、自重轻，空回时可以折叠，所占空间很小，回送、使用方便；可一次或多次使用，周转和回收复用；节省费用，降低成本；便于内装物的堆放和储存。与传统的麻袋、纸袋搬运散装物料相比，集装袋可提高装卸效率2~4倍，配以起重机或叉车，就可以实现集装单元化运输。

4. 集装袋的分类

一般可按使用的型式、形状、材料与制袋方法等进行区分，常见的集装袋有以下几类。

(1) 按集装袋形状分类，集装袋可分为圆筒形和方形两种。常见的集装袋可重复使用，其中尤以圆筒形使用得最广。近几年，由于方形集装袋有较高的装载效率，能保证运输的稳定性，相同容量的方形集装袋比圆形集装袋的高度可以降低20%左右，所以方形集装袋发展非常迅速。圆锥形集装袋主要用来装载粒度比较小且排料困难的物料。一次使用型集装袋多为圆形,构造强度虽较重复使用型小得多,但足能保证一次使用的强度要求。在实际使用中往往不只使用一次,大多数可使用5次左右。它适用于装载各种散状物料。

（2）按适装物品形状分类,集装袋分为粉粒体集装袋和液体集装袋,它们在材质和构造上均有区别。

（3）按吊带设置方式分类,集装袋有顶部吊带、底部托带和无吊带三种。顶部吊带集装袋和底部托带集装袋在装卸时可叉可吊,而无吊带集装袋只能依靠叉车装卸。

（4）按装卸方式分类,集装袋可分为上部装料下部卸料两个口、上部装料并卸料一个口两种。

（5）集装袋还有其他多种形式,但多属于专用性质,如图11-51所示。例如:存放服装的折叠式集装袋、单元式集装袋,可集装各种袋装品,形成一个整体进行搬运,也可和托盘、集装箱等单元化器具配合,进行集装单元化运输。

图 11-51　集装袋

11.4.2　集装网络

集装网络是用高强度纤维材料制成的集装工具。集装网络比集装袋更轻,因而运输中的无效运输更少,节省集装费用。集装网络主要运输块状货物,每网络通常一次装运500~1500kg,在装卸中采用吊装方式。缺点是对货物防护能力差,因而应用范围有较大的限制。

11.4.3　罐体集装

罐体集装和罐式集装箱类似,但不属于集装箱系列,而是单独构成专业系列,集装能力有时超过罐式集装箱。这种集装方式典型代表是水泥散装和油类集装,如图11-52所示。

（a）集装罐　　　　　（b）集装桶

图 11-52　罐体集装设备

11.4.4 货捆

1. 定义

货捆是用捆装工具依靠捆扎将散件货物组合成一个货物单元的集装方式,使其在物流过程中保持不变,从而能与其他机械设备配合,实现装卸作业机械化。它采用各种材料的绳索,将货物进行多种形式的捆扎,使若干件单件货物汇集成一个单元。

2. 适用范围

木材、建材、金属等种类的货物最适于采用货捆作业法。许多条形或柱形材料强度比较高,如钢材、木材、各种建材等不宜于全部集装,可采用两端捆扎或四周捆扎等方式组合在一起。货捆与集装网袋有共同的优点,即结构简单、自重轻、可以折叠、回空所占空间小、价格低廉。

3. 常见机械

带有与各种货捆配套的专用吊具的门式起重机和悬臂式起重机是货捆作业法的主要装卸机械,叉车、侧叉车、跨车等是配套的搬运机械。

11.4.5 滑板

1. 定义

滑板又称为薄板托盘的滑片,是托盘的一种变形体。其结构只是一片无支撑的薄板,是用纸板、波状纤维板、塑料板或金属板制成,与托盘尺寸一致的、带有翼板的平板,是将单元货物拉到滑板上,用以承放货物组成的搬运单元。

2. 匹配的装卸作业机械

匹配的装卸作业机械是带推拉器的叉车。可以用叉车插入板底,对滑板连同滑板上货物一起进行装卸作业。叉货时推拉器的钳口夹住滑板的翼板(又称为勾边或卷边),将货物支上货叉,卸货时先对好位,然后叉车后退、推拉器前推,货物放置就位,如图 11-53 所示。

1—带推拉器的叉车;2—滑板;3—货物。
图 11-53 滑板与匹配的作业机械

3. 特点

滑板和托盘比较，由于滑板减少了一个盘面和纵梁、垫块，所以无效操作减少。滑板作业法虽具有托盘作业法的优点且占用作业场地少，但带推拉器的叉车较重、机动性较差，对货物包装与规格化的要求很高，否则不易顺利作业。

11.4.6 框架作业

框架通常采用木制或金属材料制作，要求有一定的刚度、韧性，质量较轻，以保护商品、方便装卸、有利运输作业。适用范围：管件以及各种易碎建材，如玻璃产品等，一般适用于各种不同集装框架实现装卸机械化。框架是集装化的一种重要手段，是一种根据物资的外形特征选择或特制各种形式的框架，以适用于物资的集装方法。

11.4.7 半挂车

挂车作业法是一种用于集装方式联运的集装与运输工具一体的集装方式，先将货物装到挂车里，然后将空车拖上或吊到铁路平板车上以半挂车与车载的货物或车载集装箱为一个单元组合体进行物流，在途中连同半挂车一起进行装卸、换载的装卸作业方法。因此，可以使整个物流过程浑然一体，充分利用联合运输的优势。

通常将此作业完成后形成的运输组织方式称背负式运输，是公铁联运的常用组织方式，如图 11–54 所示。

(a)　　　　　　　　(b)

图 11–54　半挂车

11.5　集装单元化系统中的设备配置

11.5.1　集装单元化系统的基本要素

集装单元化系统的基本要素包括工具要素、管理要素和集装系统的社会环境支撑要素。集装工具在多种要素中是最主要、最基本的组成部分。

1. 集装运输工具要素

集装系统的工具主要是各种集装工具和配套工具，如集装箱、托盘、集装袋、框架、货捆、散装罐、网袋、挂车、滑板等。主要作用是将零散货物组合成单元货物，并以这些工具为承托物，以单元货物为整体进行操作。这些工具以不同形式集装，可适用于不同性质的货物，同时各集装工具有不同的类型和尺寸，基本可包括全部货物。与这些集装工具配套的还有一些辅助装备，主要有以下几类。

1) 集装箱运输港口与码头子系统，如集装站、场站、码头

它们是衔接集装运输的节点，在这些场所的活动主要是集装的存放和装卸。内陆/沿海集装箱运输子系统是由运输线路、运输工具和货物集散点组成的覆盖枢纽港及周边广大地区的网络系统。其功能：完成集装箱货物的各起运地（或目的地）与枢纽港码头堆场之间的集运（或疏运）任务。作为地区性的集装箱运输系统，完成区域内的集装箱运输任务。

2) 集装装卸搬运设施

集装装卸搬运设施主要包括岸边集装箱起重机、集装箱龙门起重机（轮胎式和轨道式）、集装箱跨运车、集装箱吊车、集装箱吊具、集装箱叉车、托盘叉车、集装箱半挂车、散装管道装卸设施、散装输送传送设备等。

3) 集装运输设备

集装运输设备主要包括集装箱船、集装箱车、散装罐车等。

4) 集装存储设施

集装存储设施主要包括集装箱堆场、托盘货架、集装货载、立体仓库等设施。

2. 集装运输管理要素

集装系统的管理和一般工厂的管理、商业管理区别很大，由于集装的范畴和地域很广，从地域上讲，集装运输能遍布全国甚至全球。因此，集装系统的管理有很强的特殊性，主要包括以下几类。

1) 管理机构

管理机构包括行业管理机构和经营管理机构。行业管理机构主要涉及相关集装箱运输的国家及地方相关行政管理机构。经营管理机构主要由从事集装箱运输的企业及其分支机构和从事集装箱运输服务业务的代理人及其分支机构、站场机构等组成。

2) 集装箱运输技术和工艺体系

集装箱运输技术和工艺体系，包括与集装箱有关的设计、建造、装卸、运输、维护及运输组织、管理方法、技术和工艺。

（1）托盘、集装箱的周转管理。托盘、集装箱等一旦发运，如何回收、复用、返空等是管理中的一个重大问题。因此，采用集装箱网络、托盘联运等方式，可以比较有效地解决管理问题。

（2）集装联运经营管理。集装的整个物流过程涉及若干种运输方式、若干部门和场站，因此，必须进行一种有效的协作才能使集装箱联运顺利实现。

3. 集装箱运输的法规及标准体系

集装箱运输的法规及标准体系主要由国际和国内运输法规及标准两部分组成。

4. 集装箱运输管理信息系统

集装信息是管理中的重要部分，也是集装系统的独立要素。集装箱运输管理信息系统主要有两个大类：一类是运输管理信息系统，另一类是运输企业管理信息系统。当前，集装箱运输管理信息系统呈现三个发展趋势：一是由单一机构、企业的独立系统向多机构、企业联合系统发展；二是主要功能由支持操作和业务管理向支持高层决策发展；三是通过电子数据交换网络，把运输企业与生产企业、贸易伙伴、各流通环节、金融、保险、海关、运输服务机构连成一体。

5. 社会环境支撑要素

社会环境支撑要素包括体制、法律、制度等。

11.5.2 集装单元运输方式对集装设备的基本要求

集装单元运输方式对集装设备的基本要求可分为需求性的要求和制约性的要求两部分。

1. 需求性的要求

从便于使用的角度，对集装设备必须有以下要求。

（1）便于存装货物的较大内部容积和几何形状。

（2）便于在场地堆存和充分利用船舶等运输工具内部容积的外在几何形状。

（3）能方便地使用各种配套的装卸和搬运设备进行高效装卸和搬运。

（4）能方便地与各种运输工具（船舶、卡车、火车等）相配合，容易进行紧固和绑扎。

（5）具有一定的强度，适应一定程度的堆高、摇晃、冲击。

（6）易于区别的外部标记，以弥补其外部几何形状千篇一律所造成的识别上的困难，便于运输、装卸与堆存的管理。

（7）能适应运输不同的货物，如需保温、冷藏、液体、活体或异形货物。

2. 制约性的要求

集装运输本身必然受到各种技术、经济、社会条件的限制，这对集装设备本身提出了一系列制约性的要求，如下：

（1）集装箱的外形、重量、结构、标记必须满足要求。

①不能太重。避免造成运输卡车对公路等路面"轴压"过大，使一般的公路、桥梁路面或桥梁的负荷无法承受。因为一般公路能承受的"轴压"，铁路都能承受，所以这一制约主要限于集装箱的公路运输。

②不能太高。避免造成无法通过桥梁、隧道、高压架空线与用户企业的大门等路段。

③不能太宽。避免与铁路两侧有关设施相擦或公路运输出现行车困难。

（2）实行集装器具的标准化、系列化和通用化。集装单元标准化是物流系统中各相关设备标准规格制定的依据，集装器具的材质、性能的标准化有利于集装器具的通用性。

（3）尽可能合理组织集装箱和托盘等集装器具的循环使用、合理流向、回流与回收，充分发挥集装单元化的最大优势。

由于集装单元是一种国际通用的运输方式，因此还必须适合世界各国的国情、运输条件、运输政策等。

11.5.3 集装单元装卸搬运系统的配置

1. 单元化货物装卸搬运机械的配置

单元化货物是指以托盘、捆扎等包装方式，形成便于机械装卸搬运的货物单元。

2. 集装箱货物装卸搬运设备的配置

集装箱货物的装卸和搬运是以装卸搬运整箱为作业单元，具有装卸搬运中间环节少和拆码垛作业量小的特点，有利于提高物流效率。集装箱装卸搬运作业有库内外、车站、港口、码头、货场等作业类型，装卸搬运设备配置方案如下：

1）库内外装卸作业

常配置的装卸搬运设备有库内桥式起重机、内燃集装箱采用叉车、汽车起重机、整体自装卸补给车。大型集装箱采用集装箱叉车或集装箱跨运车，小型集装箱采用叉车进行装卸，无专用集装箱设备。

可采用相应吨位的汽车起重机辅以必要的吊具进行装卸搬运。

2）火车站台

常配置的装卸搬运设备有龙门起重机、内燃叉车。火车、汽车集装箱装卸可采用龙门起重机，龙门起重机可配相应集装箱叉车、集装箱正面吊车、集装箱跨运车与大吨位轮式起重机。

3）港口码头

常配置的装卸搬运设备有集装箱叉车、集装箱正面吊车、整体装卸补给车，并配备合适的吊具。小型集装箱可采用叉车装卸。港口码头集装箱装卸可采用岸边集装箱装卸桥。

4）集装箱堆场

常配置的装卸搬运设备有叉车、集装箱跨运车、双悬臂龙门起重机、运行式旋转起重机。5t 以下集装箱堆场采用叉车装卸；5t 以上集装箱堆场，当作业量较大，货流稳定，可采用双悬臂龙门起重机进行装卸；当作业量较小时，可采用运行式旋转起重机进行装卸。搬运、堆垛采用跨运车或叉车。

思考题

1. 名词解释

（1）集装箱

（2）托盘

（3）集装单元化

2. 填空题

（1）超高货、捆装货适合选用_____类型的集装箱、液体货、气体货适合选用_____类型的集装箱。

（2）国际标准化组织规定，箱主代号由_____个大写的拉丁文字母表示。

（3）标准集装箱按使用范围可分为_____、_____、_____。

3. 单项选择

（1）下列货物属于适合装集装箱的货物的是？（　　）

A. 摩托车　　　　　　　　　　B. 原油

C. 矿砂　　　　　　　　　　　D. 管子

（2）下列货物属于不适合装集装箱的货物的是？（　　）

A. 摩托车 B. 医药品
C. 矿砂 D. 缝纫机

（3）一个长度为（　　）ft 的集装箱称为 1 个标准箱（TEU）。
A. 10 B. 20
C. 30 D. 40

（4）以下描述的是（　　）。相邻两层货物的摆放旋转 90 度角，一层成横向放置，另一层成纵向放置，层间纵横交错堆码。这种方式层间有一定的咬合效果，但咬合强度不高。
A. 旋转交错式 B. 重叠式
C. 纵横交错式 D. 正反交错式

4. 判断题
（1）集装既是一种包装形式，又是一种运输或储存形式。（　　）
（2）链条输送机、辊道输送机、垂直输送机是移动机械类的托盘作业机械。（　　）

5. 简答题
（1）简述集装单元化意义和原则。
（2）简述集装箱的标准和种类。
（3）简述托盘的概念、特点和分类。
（4）简述集装单元化系统中搬运设备配置的注意点。

第 12 章　物流仓储装备

本章要点：
(1) 掌握货架的概念、作用、分类和选型要求。
(2) 掌握仓库的概念和功能，了解其分类与应用。
(3) 掌握自动化立体仓库的概念、基本组成、主要优点和应用要求。
(4) 掌握巷道堆垛机的基本知识与应用。

仓储是利用仓库及相关设施设备进行物品的进库、存储、出库等作业，是物流领域中的重要环节（中心环节）。仓储活动离不开仓储装备的支持，由于仓储作业活动形式较多，所使用的设备也非常多，考虑到许多设备通常被其他设备类属所涵盖，本章重点介绍货架、仓库、自动立体化仓库、巷道堆垛机等内容。

12.1　货架

12.1.1　货架的概念与作用

货架是一个既古老又现代的名词，本义是陈列、存放货物的架子。在物流术语中，货架是用立柱、隔板或横梁等组成的立体储存货物的设施。

货架的作用是对用于对物品的存储和管理。货架的功能和作用，如下：
(1) 充分利用仓库空间，提高存储容量的利用率，扩大仓库的存储能力。
(2) 货架存放的货物互不挤压，物料损耗小，能保证物料功能完好，减少货物损耗。
(3) 货架上的商品易取易检易量，方便清点、计量和出入库。
(4) 可采取防潮、防尘、防盗、防损坏等措施，保证储存货物的质量。
(5) 许多新货架的结构和功能有利于完成仓库的机械化和自动化管理。

12.1.2　常用货架介绍

从不同的角度用不同的方法可以对货架进行不同的分类，如按货架每层承载重量，有轻型货架（每层载重的质量不大于 300kg）、中型货架（每层载重的质量为 300～600kg）和重型货架（每层载重的质量在 600kg 以上）三类；按货架的固定形式，有固定型货架（包括托盘式、驶入式、重力式、后推式、抽屉式等）和移动型货架（包括密集移动储物柜、重型托盘式移动货架、水平旋转式货架、垂直旋转式货架等）两类。按货架整体结构形式，有焊接式货架和组合式货架两类。组合式货架包括库架合一式货架和库架分离式货架，库架合一式货架系统和建筑物屋顶等构成一个不可分割的整体，由货架立柱直接支撑屋顶荷载，在两侧的柱子上安装建筑物的围护（墙体）结构；库架分离式货架是货架系统和建筑物为两个单独的系统，互相之间无直接连接，库架分离式货架比较常用。

下面按货架的固定形式分类对常见货架加以介绍。

1. 固定式货架

1）托盘式货架

托盘货架是用来存放装有货物托盘的货架，如图 12-1 所示。托盘货架一般用钢材或钢筋混凝土制成，仓库的宽度方向分成若干排，其间有一条巷道，供堆垛起重机、叉车或其他搬运机械运行。每排货架沿仓库纵长方向分为若干列，在垂直方向又分成若干层，从而形成大量货格，便于用托盘存储货物。这种形式的货架适用于储存品种数量适中、批量一般的货物。

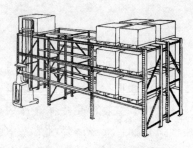

图 12-1 托盘式货架

托盘货架的优点：①每一块托盘均能单独存入或移动，而不需移动其他托盘；②可适应各种类型的货物，横梁高度可根据需要进行调整；③配套设备最简单，成本最低，能快速安装及拆卸，并能最大限度地利用空间。

托盘货架的储存密度较低，且需要较多通道，因此主要适用于整托盘出入库或手工拣选的工作方式。

2）重力式货架

重力式货架的基本结构与普通货架相同，不同的是层间间隔由重力滚轮或滚筒输送装置组成，并且与水平面成一定的倾斜角度，货物在本身自重的作用下，从高处向低处运动，从而完成进库、储存和出库的作业，如图 12-2 所示。

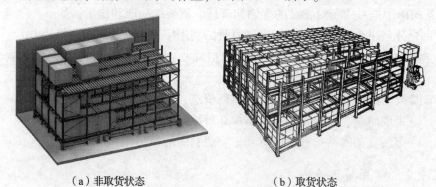

（a）非取货状态　　　　　　（b）取货状态

图 12-2 重力式货架

重力式货架属于先进先出的存储方式，其货物存取过程如下：用叉车搬运至货架进货口，利用自重，托盘从进口自动滑行至另一端的取货口。货物滑动过程中，滑道上设置有阻尼器，控制货物滑行速度保持在安全范围内。滑道出货一端设置有分离器，搬运机械可顺利取出第一板位置的货物。

重力式货架的特点：①由于是自重力使货物滑动，不需要操作通道，所以减少了运输路线和叉车的数量；②货物遵循先进先出顺序，货架具有存储密度高和柔性配合功能，且在货架的组与组之间没有作业通道，只需要一个进出货通道，因而仓库空间和货架的通道利用率极大提高；③储存和拣选两个动作分开，互不干扰和影响，存储迅速效率高，货物存储的安全管理好；④采用无动力形式，无能耗、噪声低，不仅环保，而且可满负荷运作。

重力式货架适用于大规模密集货物的存储。

3）悬臂式货架

悬臂式货架又称为树枝形货架，由中间立柱向单侧或双侧伸出悬臂而成。悬臂可以是固定的，也可以是可调节的。为了防止所有储存材料出现破损，常在货架上加上木质衬垫或橡胶衬垫。图 12-3 所示为双侧悬臂式货架。

悬臂式货架适合存储长料和形状不规则的货物，如钢铁、木材、塑料等。其前伸的悬臂具有结构轻巧、载重能力好的特点，并且对存放不规则的或是长度较为特殊的物料时，能大幅度提高仓库的利用率和工作效率。如果库房空间小或高度很低，还可以根据具体情况适当增加搁板，与普通搁板式货架相比，悬臂式货架利用率更高。

图 12-3　双侧悬臂式货架

4）贯通式货架（驶入式货架）

贯通式货架又称为驶入式货架或通廊式货架，如图 12-4 所示。它采用钢质立柱结构，钢柱上装有一向外伸出的水平突出构件，当托盘货物送入时，突出的构件将托盘底部的两个边托住，使托盘本身起横梁作用，当货架没有放托盘货物时，货架正面便成了无横梁状态，就形成了若干个通道，可方便叉车（或带货叉的无人搬运车）等车辆出入以存取货物。

（a）无货状态

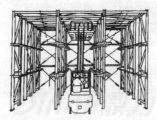
（b）工作状态

图 12-4　贯通式货架

贯通式货架的工作过程是，叉车直接驶入货架内进行作业，叉车与架子的正面成垂直方向驶入，在最内部设有托盘的位置，卸放托盘货载直至装满，取货时再从外向内顺序取货。

从上面可知，贯通式货架的货物存储通道，即叉车储运通道，其存储密度较高，库空间利用率较高，适用于品种少、批量大且对货物拣选要求不高的货物储存，货物遵循先进后出原则，适用大多数搬运机械储运作业，因此广泛应用于冷库及食品、烟草行业。

以普通叉车的提升高度，通廊货架层数为三层货物较为合理。由于贯通式货架结构上缺少横梁构件，导致结构稳定性较难控制，所以一般高度不宜超过 10m，否则要么货架制作成本大幅度上升，要么无法满足日常安全使用要求。该类型货架需要精确的计算和合理的选材，才能确保货架的安全性。

5) 阁楼式货架

为充分利用仓库上层空间，在现有货架或场地上分隔出2或3层，每层都可以存储货物，这样的货架称为阁楼式货架，如图12-5所示。

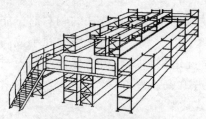

图 12-5 阁楼式货架

阁楼式货架的底层不但是保管物料的场所，而且是上层建筑承重梁的支撑。根据场地情况和使用需要，阁楼式货架的层数及形式可灵活设计，也可配设扶手、电梯和货物提升装置等，适用于品种繁多但数量少且货物较轻的情况，如五金、汽配、电子元件等的分类存储，一般人工存取。使用阁楼式货架可提高仓库的空间利用率，一般要求库房较高，也适用于现有旧仓库的改造。

6) 抽屉式货架

抽屉式货架又称为模具货架，主要用于存放各种模具物品；顶部可配置移动葫芦车（手拉或电动），抽屉底部设有滚轮轨道，承载后依然能用很小的力自如地拉动，如图12-6所示。

7) 自动化立体货架（拣选式货架）

自动化立体货架由高层货架、巷道堆垛机以及出入库输送系统、自动化控制系统、计算机仓库管理系统和周边设备组成。

图 12-6 抽屉式货架

2. 移动式货架

移动式货架是指在货架的底部安装有运行车轮以便在地面上运行的货架。它用于库存品种多、出入库频率较低的仓库，或库存频率较高，但可按巷道顺序出入库的仓库。可大幅度提高仓库面积的利用率，广泛应用于办公室存放文档、图书馆存放档案文献、金融部门存放票据、工厂车间及仓库存放工具和物料等作业中。

移动式货架的移动驱动方式有人力推动、机械装置驱动和电动式等。图12-7为电动移动式货架示意图。

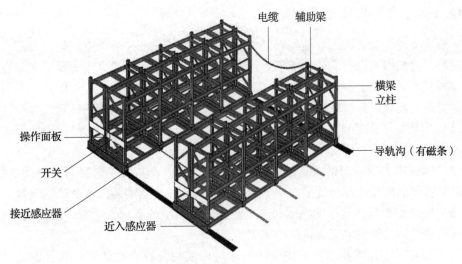

图 12-7 电动移动式货架

3. 旋转式货架

旋转式货架又称为回转式货架,是一种货格可旋转的货架,与固定货架的不同之处在于使用旋转式货架时,不是取货者走到货架的某个位置取货,而是某个响应货格旋转到取货者处,供取货者挑选。由于此类货架可沿两个直线段和两个曲线段组成的环形轨道运行,因而在存取货物时,可以手动方式旋转货架,也可以通过计算机快速检索和寻找储位,货格以最近的距离自动旋转至拣货点停止。这种货架的存储密度大,货架间不设通道,与固定式货架相比,更能节省占地面积。旋转式货架的货格形式很多,可以根据具体情况安装或拆卸,可灵活地存储各种尺寸的货物。在货架的正面及背面均设置拣选台面,可以方便地安排出入库作业。此外,在旋转控制上用开关按钮既可轻松地操作,也有利于计算机操作控制,形成联动系统,将指令要求的货层经最短的路程送至要求的位置。

旋转方式有水平和垂直之分,从而形成水平旋转式货架和垂直旋转式货架,如图 12-8 所示。

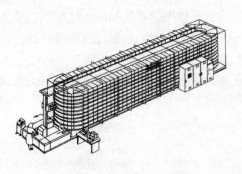
(a) 水平旋转式货架

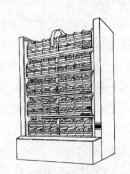
(b) 垂直旋转式货架

图 12-8 旋转式货架

12.1.3 货架的选型

货架选型时，需要考虑仓储物料的特征、仓储物流作业要求、空间储存要求、场地区域规划、机械搬运设备的使用等因素，在规格选型时还需要考虑承重要求和储存货物器具（如托盘、容器）的规格尺寸。综合上述因素，以选择适合不同行业、不同工厂的仓储货架，实现工厂仓库利用率最大化、最合理化，一般遵循以下原则。

（1）实用性。货架首先应满足于所储存物品的品种、规格尺寸和性能的要求，尽量满足物资先入先出，同时适合于配套机械的存取作业。

（2）低成本高效益。根据储存货物的品种、数量、载重要求选择对应材质的货架，根据储存管理的需要选择传统型或新型货架，考虑仓库中货架的成本及经济效益。

（3）安全可靠性。货架的强度和刚度要满足载重量的要求，并有一定的安全余量。对于存放危险物品的货架应有特殊的规定。

（4）尽量采用先进技术。采用先进技术可以实现储存管理的现代化，提高货架的利用率。

12.2 仓库

12.2.1 仓库的概念

仓库，在我国古代是将"仓"和"库"分开使用的。仓是储存粮食的场所，库是储存物品的场所。后来将仓和库放在一起使用，仓库就是存储货物粮食的场所。现代，仓库除了存储物品，还有物流系统一系列的具体含义。

物流术语中，仓库是保管、储存物品的建筑物和场所的总称。物流中的仓库功能已经从单纯的物资存储保管，发展到具有担负物资的接收、分类、计量、包装、分拣、配送、存盘等多种功能。

12.2.2 仓库的功能

1. 储存和保管货物

仓库具有一定的空间，用于储存物品，并根据储存物品的特性配备相应的设备，以保持储存物品完好性。例如：储存挥发性溶剂的仓库，必须设有通风设备，以防止空气中挥发性物质含量过高而引起爆炸。贮存精密仪器的仓库，需防潮、防尘、恒温，因此应设立空调、恒温等设备。在仓库作业时，还有一个基本要求就是，防止搬运和堆放时碰坏、压坏物品，从而要求搬运器具和操作方法的不断改进和完善，使仓库真正起到贮存和保管的作用。

2. 调节供需

创造物质的时间效用是物流的两大基本职能之一，是由物流系统的仓库来完成的。现代化大生产的形式多种多样，从生产和消费的连续来看，每种产品都有不同的特点，有些产品的生产是均衡的，而消费是不均衡的，还有一些产品生产是不均衡的，而消费却是均衡不断地进行的。要使生产和消费协调起来，这就需要仓库来起"蓄水池"的调节作用。

3. 调节货物运输

各种运输工具的运输能力是不一样的。多种运输方式的之间运输能力的调节和运输方式的衔接就必须通过仓库来完成。

4. 流通配送加工

现代仓库的功能已处在由保管型向流通型转变的过程之中,即仓库由贮存、保管货物的中心向流通、销售的中心转变。仓库不仅要有贮存、保管货物的设备,还要增加分拣、配套、捆绑、流通加工、信息处理等设置。这样既扩大了仓库的经营范围,提高了物资的综合利用率,又方便了消费,提高了服务质量。

5. 信息传递

伴随着以上功能的改变,导致了仓库对信息传递的要求。在处理仓库活动有关的各项事务时,需要依靠计算机和互联网,通过电子数据交换和条形码技术来提高仓储物品信息的传输速度,及时而又准确地了解仓储信息,如仓库利用水平、进出库的频率、仓库的运输情况、顾客的需求及仓库人员的配置等。

12.2.3 仓库的分类

仓库是物流系统的基础设施,根据不同的分类,可以分为很多种类,且各具特点。

1. 依据功能分类

(1) 储存仓库。以对货架物的储存、保管为重点,货架物的在库时间相对较长,仓库工作的中心环节是提供适宜的保管场所和保管设施设备,保管商品在库期间的使用价值。

(2) 流通仓库,又称为流通中心。除对货物进行保管外,更多的是进行流通加工、装配、包装、理货及配送等工作,实现在较短的时间内向更多的用户出货。与储存仓库相比较,流通仓库的货物在库时间较短,库存量较少,出入库频率较高。制造厂商的消费地仓库、批发业和大型零售企业的仓库属于这种类型的较多。另外,流通中心本身又可以分为两类:一是通常将集中多个仓库的综合性、区域性物流基地称为物流中心;二是将属于各企业的流通中心称为配送中心。

2. 依据适用范围分类

(1) 自用仓库。各生产或流通企业,为了本企业物流业务的需要而修建的附属仓库。这类仓库只储存本企业的原材料、燃料、产品或商品,仓库的建设、保管物品的管理以及出入库等业务均处于本企业管理责任范围内。

(2) 营业仓库。仓库业者取得营业资格,保管他人物品的仓库。这种仓库是一种社会化的仓库,面向社会,以经营为手段、以营利为目的,通常比自用仓库的使用效率要高。

(3) 公共仓库。公共仓库是国家或公共团体为了公共利益而建立的仓库,即与公共事业配套服务的仓库,如铁路车站的货场仓库、港口的码头仓库、公路货场的货栈仓库等。

(4) 保税仓库。经海关批准,在海关监管下,专供存放未办理关税手续而入关境或过境货物的场所。它是为了国际贸易的需要,设置在一国国土之上,但在海关关境以外的仓库。外国货物可以免税进出这些仓库而无须办理海关申报手续，并且经批准后，可在保税仓库内对货物进行加工、储存、包装和整理业务。对于在划定的更大区域内的货物保税，则可称为保税区。

（5）出口监管仓库。经海关批准，在海关监管下，存放已按规定领取了出库货物许可证成批件，已对外买断结汇并向海关办完出口海关手续购货物的专用仓库。

3. 依据保管形态分类

（1）普通仓库。一般普通仓库是指常温保管，自然通风，无特殊功能的仓库，用于存放一般性的物料，设备和库房建造比较简单，适用范围较广。

（2）冷藏仓库。有冷冻设备，并有良好的保温隔热性能以保持较低温度（一般在10℃以下）的仓库。用来加工和保管食品、工业原料、生物制品以及医药品等。根据使用目的的不同，冷藏仓库又可分为生产性冷藏仓库、配给性冷藏仓库以及综合性冷藏仓库三种。

（3）恒温仓库。为保持货物存储质量，能够将湿度、湿度控制在一定范围的室内仓库（通常温度保持在 10~20℃）。这种仓库规模不大，可以存放精密仪器、药品等对温度、湿度有一定要求的商品。

（4）露天仓库。露天准码、保管的室外仓库。

（5）散装仓库。保管散装的小颗粒或粉末状货物的封闭式仓库，以筒仓为代表。

（6）危险品仓库。保管危险品并能对危险品起一定防护作用的仓库。为了安全起见，根据物品的特性和状态以及受外部因素影响的危险程度进行分类，分别储藏。根据危险程度将危险商品分为十类，即燃烧爆炸品、氧化剂、压缩气体、液化气体、自燃物品、遇水易燃物品、易燃固体、有毒物品、腐蚀性物品和放射性物品。

（7）水上仓库。漂浮在水上的储藏货物的泵船、囤船、浮驳或其他水上建筑，或把木材放在划定的水中保管的室外仓库。

（8）简易仓库。没有正式建筑，如使用帐篷等简易构造的仓库。

4. 依据建筑形式分类

（1）单层仓库。一般平房建筑，结构简单，货物的装卸搬运方便，但建筑面积利用率较低，单位货物的存储成本较高。一般建在城市的边缘地区。

（2）多层仓库。两层以上仓库，通常以钢筋混凝土建造。分层的结构可以将库区自然分隔，可以适用于各种不同的使用要求，有助于仓库的安全和防火，但建造和使用中维护的投入较大，堆存费用较高。一般适合存放城市日常使用的高附加值、小型的商品。

（3）地下仓库。地下仓库是建筑于地平面以下或山洞等处的仓库，建筑结构与地面封闭式仓库基本相同，但在建筑设计和施工方面应有防水、防潮等措施。

（4）立体仓库，也称为高架仓库，实质上是一种特殊的单层仓库，利用高层货架堆放货物。当采用自动化的堆存和搬运设备时，便成为自动化立体仓库。自动化立体仓库一般由高层货架、有轨巷道堆垛机、入出库输送机系统、自动化控制系统、计算机仓库管理系统及其周边设备组成，是可对集装单元货物实现自动化存取和计算机管理的仓库。它的技术含量较高，资金投入较大。

（5）罐式仓库。构造特殊，呈球形或柱形，像一个大罐子，主要用于储存石油、天然气和液体化工产品等。

5. 根据储存物料种类的多少分类

(1) 综合性仓库。同时储存一大类以上不同自然属性的物料的仓库。

(2) 专业性仓库。在一定时期内只储存某一类物料的仓库，通常是由于某类物品数量较多，或是由于物品本身的特殊性质，如对温度及湿度的特殊要求，或易于对与之共同储存的物品产生不良影响，因此，要专库储存。例如：金属材料、机电产品、食糖、卷烟等仓库。

12.3 自动化立体仓库

12.3.1 自动立体化仓库的概念

自动化立体仓库（automated storage/retrieval system，AS/RS），又称为自动化高架仓库和自动存储系统。它是一种基于高层货架，采用电子计算机进行控制管理，采用自动化存取输送设备自动进行存取作业的仓储系统。自动化立体仓库，是物流仓储中出现的新概念。利用立体仓库设备可实现仓库高层合理化、存取自动化、操作简便化；自动化立体仓库是当前技术水平较高的形式。图12-9为自动化立体仓库示意图。

自动化立体仓库的产生和发展是第二次世界大战之后生产和技术发展的结果。20世纪50年代初，美国出现了采用桥式堆垛起重机的立体仓库；20世纪50年代末至60年代初出现了司机操作的巷道式堆垛起重机立体仓库；1963年美国率先在高架仓库中采用计算机控制技术，建立了第一座计算机控制的立体仓库。此后，自动化立体仓库在美国和欧洲得到迅速发展，并形成了专门的学科。20世纪60年代中期，日本开始兴建立体仓库，并且发展速度越来越快，成为当今世界上拥有自动化立体仓库最多的国家之一。

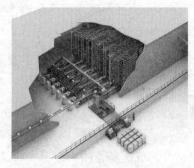

图12-9 自动立体化仓库示意图

12.3.2 自动化立体仓库的基本组成

自动化立体仓库是由立体货架、有轨巷道堆垛机、出入库托盘输送机系统、尺寸检测条码阅读系统、通信系统、自动控制系统、计算机监控系统、计算机管理系统，以及电线电缆桥架配电柜、托盘、调节平台、钢结构平台等辅助设备组成的复杂的自动化系统。运用一流的集成化物流理念，采用先进的控制、总线、通信和信息技术，通过以上设备的协调动作进行出入库作业。

1. 货架

货架是钢结构或钢筋混凝土结构的建筑物或结构体，目前为了重复利用和方便制造使用，大部分采用钢结构，主要有焊接式货架和组合式货架两种基本形式。货架内有标准尺寸的货位空间，巷道堆垛起重机穿行于货架之间的巷道中，完成存、取货的工作；管理上采用WCS系统进行控制。

2. 托盘（货箱）

托盘（货箱）用于承载货物的器具，也称为工位器具，是自动化立体仓库得以实现密集仓储的关键设备。立体货架货位多指托盘的摆放位置，一个货位实际上是指一个托盘的摆放位置。

3. 巷道堆垛机

巷道堆垛机用于自动存取货物的设备。按结构包含单立柱和双立柱两种基本结构，按服务性方式包含直道、弯道和转移车三种基本结构。

4. 输送机系统

输送机系统是立体库的主要设备，负责将货物运送到堆垛机或从堆垛机将货物移走。输送机种类非常多，常见的有辊道输送机、链条输送机、升降台、分配车、提升机、皮带机等。

5. AGV 系统

AGV 系统，即由自动导向小车组成的系统。

6. WCS 自动控制系统

WCS 自动控制系统是仓储控制系统，驱动自动化立体库系统各设备的自动控制系统，以采用现场总线方式的控制模式为主。

7. WMS 信息管理系统

WMS 信息管理系统是仓储管理系统，是全自动化立体库系统的核心，可以与其他系统（如 ERP 系统等）联网或集成。

12.3.3 自动化立体仓库的类型

1. 按建筑形式分类

自动化立体仓库按建筑形式可分为整体式和分离式两种仓库。

（1）整体式仓库。整体式仓库是指货架除了存储货物以外，还作为建筑物的支撑结构，构成建筑物的一部分，即库房货架一体化结构，一般整体式高度在 12m 以上。这种仓库结构重量轻、整体性好、抗震好。

（2）分离式仓库。分离式仓库中存货物的货架在建筑物内部独立存在。分离式高度在 12m 以下，但也有 15～20m 的。适用于利用原有建筑物作库房，或在厂房和仓库内单建一个高货架的场所。

2. 按照货架构造分类

自动化立体仓库按照货架构造，可分为单元货格式、贯通式、水平旋转式和垂直旋转式四种仓库。

（1）单元货格式仓库。类似单元货架式，巷道占去了三分之一左右的面积。

（2）贯通式仓库。为了提高仓库利用率，可以取消位于各排货架之间的巷道，将个体货架合并在一起，使每一层、同一列的货物互相贯通，形成能一次存放多货物单元的通道，而在另一端由出库起重机取货，成为贯通式仓库。根据货物单元在通道内的移动方式，贯通式仓库又可分为重力式货架仓库和穿梭小车式货架仓库。重力式货架仓库每个存货通道只能存放同一种货物，所以适用于货物品种不太多而数量相对较大的仓库。梭式小车可以由起重机从一个存货通道搬运到另一通道。

(3) 水平旋转式仓库的货架。这类仓库本身可以在水平面内沿环形路线来回运行。每组货架由若干独立的货柜组成，用一台链式传送机将这些货柜串联起来。每个货柜下方有支撑滚轮，上部有导向滚轮。传送机运转时，货柜便相应运转，提取某种货物时，只需在操作台上给予出库指令。当装有所需货物的货柜转到出货口时，货架停止运转。这种货架对于小件物品的拣选作业十分合适。它简便实用，充分利用空间，适用于作业频率要求不太高的场合。

(4) 垂直旋转货架式仓库。其与水平旋转货架式仓库相似，只是把水平面内的旋转改为垂直面内的旋转。这种货架特别适用于存放长卷状货物，如地毯、地板革、胶片卷、电缆卷等。

12.3.4 自动化立体包库的主要优点

1. 节省劳动力，节约占地

由于自动化仓库采用了计算机技术等控制手段，高效率的巷道堆垛机，使仓库的生产效益得到了较大的提高，往往一个很大的仓库只需要几个工作人员，节省大量劳动力。同时，仓库的劳动也大大地减轻，劳动条件得到改善。自动化仓库的高层货架能合理地使用空间，使单位土地面积存放货物的数量得到提高。在相同的土地面积上，建设自动化仓库比建设普通仓库储存能力高达几倍，甚至十几倍。这样在相同储存量的情况下，自动化仓库节约了大量土地。

2. 出入库作业迅速、准确、缩短了作业时间

现代化的商品流通要求快速、准确。自动化仓库由于采用了先进的控制手段和作业机械，采用最快的速度，最短的距离送取货物，使商品出入库的时间大大的缩短。同时，仓库作业准确率高，仓库与供货单位、用户能够有机地协调，有利于缩短商品流通时间。

1) 提高仓库的管理水平

由于计算机控制的自动化仓库取代了繁杂的台账手工管理办法，使仓库的账目管理以及大量资料数据通过计算机储存，随时需要，随时调出，既准确无误，又便于情报分析。从库存量上，自动化仓库可以将库存量控制在最经济的水平上，在完成相同的商品周转量的情况下，自动化仓库的库存量可以达到最小。

2) 有利于商品的保管

在自动化仓库中，存放的商品多、数量大、品种多样。由于采用货架-托盘系统，商品在托盘或货箱中，使搬运作业安全可靠，避免了商品包装破损、散包等情况。自动化仓库有很好的密封性能，为调节库内温度，保障商品的保管和养护提供了良好的条件。在自动化仓库中配备报警装置和排水系统，仓库可以预防和及时扑灭火灾。

12.3.5 自动化立体仓库的应用要求

自动化仓库具有一般普通仓库不可比拟的优点。但是要建立和使用自动化仓库需要具备一定的条件，如下：

1. 商品出入库要频繁和均衡

自动化仓库具有作业迅速、准确的特点，一般出入库频繁的商品使用自动化仓库较合适，否则自动化仓库的上述特点便不能得到充分的体现。自动化仓库要求均衡地作业，出入库频率不可忽高忽低，否则仓库作业停顿的时间过长或时松时紧都不利于自动化仓库发挥应有的效用。应当看到，影响仓库作业频率和均衡程度的因素不在仓库本身，主要是存货、供货架和用货部门的支配。因此，建立和使用自动化仓库时应有充分的准备。

2. 要满足仓库建设的一些特殊要求

自动化仓库的建设比普通仓库的设计和建造要求特殊一些，因为使用高层货架，仓库的地坪承载能力要比普通仓库大好几倍。要建造具有相当承压的地坪，就必须考虑建库地址的地质状况。自动化仓库进行自动作业，巷道堆垛起重机自动从货架中送取货箱和托盘，对货架的规格尺寸有严格的要求，以保证顺利作业。巷道堆垛起重机前进与后退，上升与下降，水平和垂直偏差要求非常严格。从被存放的货物本身看，要求外部规格形状不能变化很大。所有这些特殊要求，在设计时就必须充分考虑到，否则就不能保证仓库作业的正常进行。

3. 要有大的一次性投资

建造一座自动化仓库一次性投资大，自动化仓库的建设不仅要消耗大量的钢材和其他材料，而且设备费用高。因此，要建造自动化仓库必须慎重考虑资金情况，以及材料、设备的供应情况。

4. 需要一支专业技术队伍

自动化仓库是一项仓储技术，从建库到使用都需要一支专业队伍。自动化仓库的设计、材料、资金的预算，以及对投产后经济活动的分析预测等，大量基础工作必须在建库前完成。从计算机的安装，仓库作业程序的编制、调试和运转以及出现故障后的排除，机械设备的管理维修等都要求有专门人员操作。

12.4 巷道堆垛机

12.4.1 巷道堆垛机的概念

堆垛机，也称为堆垛起重机，是立体仓库中最重要的起重运输设备，是代表立体仓库特征的标志。早期的堆垛机是在桥式起重机的起重小车上悬挂一个门架（立柱），利用货叉在立柱上的上下运动及立柱的旋转运动来搬运货物，通常称为桥式堆垛机。桥式堆垛机由于桥架笨重因而运行速度受到很大的限制，仅适用于出入库频率不高或存放长形原材料和笨重货物的仓库。1960年左右在美国出现了巷道式堆垛机。这种堆垛机利用地面导轨来防止倾倒。其后，随着计算机控制技术和自动化立体仓库的发展，堆垛机的运用越来越广泛，技术性能越来越好，高度也越来越高。图12-10为有轨巷道堆垛机示意图。

巷道堆垛机的主要用途是在高层货架的巷道内来回穿梭运行，将位于巷道口的货物存入货格，或者取出货格内的货物运送到巷道口。

（a）巷道堆垛机单体　　　　　（b）货架中的巷道堆垛机

图 12 - 10　有轨巷道堆垛机

12.4.2　巷道式堆垛机的特点

（1）电气控制方式有手动、半自动、单机自动及计算机控制。可任意选择一种电气控制方式。

（2）大多数堆垛机采用变频调速，光电认址，具有调速性能好，停车准确度高的特点。

（3）采用安全滑触式输电装置，保证供电可靠。

（4）运用过载松绳，断绳保护装置确保工作安全。

（5）配备移动式工作室，室内操作手柄和按钮布置合理，座椅较舒适。

（6）堆垛机机架重量轻。抗弯、抗扭刚度高。起升导轨精度高，耐磨性好，可精确调位。

（7）可伸缩式货叉减小了对巷道的宽度要求，提高了仓库面积的利用率。

12.4.3　巷道堆垛机的分类和用途

巷道堆垛机的分类和用途如表 12 - 1 所列。

表 12 - 1　巷道堆垛机的分类和用途

分类	类型	特点	用途
按结构分类	单立柱型巷道堆垛机	（1）机架结构是由 1 根立柱、上横梁和下横梁组成的 1 个矩形框架； （2）结构刚度比双立柱差	适用于起重量的质量在 2t 以下，起升高度在 16m 以下的仓库
按结构分类	双立柱型巷道堆垛机	（1）机架结构是由 2 根立柱、上横梁和下横梁组成的 1 个矩形框架； （2）结构刚度比较好； （3）质量比单立柱大	（1）适用于各种起升高度的仓库； （2）一般起重量的质量可达5t，必要时还可以更大； （3）可用于高速运行
按支撑方式分类	地面支撑型巷道堆垛机	（1）支撑在地面铺设的轨道上，用下部的车轮支撑和驱动； （2）上部导轮用来防止堆垛机倾倒； （3）机械装置集中布置在下横梁，易保养和维修	（1）适用于各种高度的立体库； （2）适用于起重量较大的仓库； （3）应用广泛

续表

分类	类型	特点	用途
按支撑方式分类	悬挂型巷道堆垛机	(1) 在悬挂于仓库屋架下弦装设的轨道下翼沿上运行； (2) 在货架下部两侧铺设下部导轨，防止堆垛机摆动	(1) 适用于起重量和起升高度较小的小型立体仓库； (2) 使用较少； (3) 便于转巷道
按支撑方式分类	货架支撑巷道堆垛机	(1) 支撑在货架顶部铺设的轨道上； (2) 在货架下部两侧铺设下部导轨，防止堆垛机摆动； (3) 货架应具有较大的强度和刚度	(1) 适用于起重量和起升高度较小的小型立体仓库； (2) 使用较少
按用途分类	单元巷道堆垛机	(1) 以托盘单元或货箱单元进行出入库； (2) 自动控制时，堆垛机上无司机	(1) 适用于各种控制方式，应用最广； (2) 可用于"货到人"式拣选作业
按用途分类	拣选巷道堆垛机	(1) 在堆垛机上的操作人员从货架内的托盘单元或货物单元中取少量货物，进行出库作业； (2) 堆垛机上装有司机室	(1) 一般为手动或半自动控制； (2) 用于"人到货"式拣选作业

思考题

1. 简述货架的概念与作用。
2. 比较 7 种固定式货架的特点与用途。
3. 简述仓库的概念、功能和主要分类。
4. 什么是自动化立体仓库，主要组成部分有哪些？
5. 自动化立体仓库有哪些优点，其应用要求有哪些？
6. 简述巷道堆垛机的特点。

第13章 物流信息技术装备

本章要点：
(1) 熟悉常见的几种物流信息技术。
(2) 掌握条码系统的各种设备。
(3) 掌握射频识别系统的各种设备。
(4) 掌握 GPS 和 GIS 系统的各种设备。
(5) 了解计算机通信技术和移动通信技术在物流领域的应用。

13.1 概述

物流信息技术是物流现代化的重要标志，也是物流技术中发展最快的领域，从数据采集的条形码系统，到办公自动化系统中的计算机、互联网等各种终端设备硬件，以及计算机软件都在日新月异的发展。同时，随着物流信息技术的不断发展，产生了一系列新的物流理念和新的物流经营方式，推进了物流的变革。

物流信息技术在现代企业的经营战略中占有越来越重要的地位。建立物流信息系统，充分利用各种现代信息技术，提供迅速、及时、准确、全面的物流信息是现代企业获得竞争优势的必要条件。据统计，物流信息技术的应用，可为传统的运输企业带来以下实效：降低空载率15%～20%；提高对在途车辆的监控能力，有效保障货物安全；网上货运信息发布及网上下单可增加商业机会20%～30%；无时空限制的客户查询功能，有效满足客户对货物在运情况的跟踪监控，可提高业务量40%；对各种资源的合理利用，可减少运营成本15%～30%。对传统仓储企业带来的实效表现在配载能力可提高20%～30%；库存和发货准确率可超过99%；数据输入误差小，库存和短缺损耗少；可降低劳动力成本约50%，提高生产力30%～40%，提高仓库空间利用率20%。

根据物流的功能及特点，物流信息技术主要包括自动识别类技术（如条码技术、射频识别技术等）、自动跟踪与定位类技术（如全球卫星定位技术、地理信息技术等）、物流信息接口技术、数据管理技术和计算机网络技术等现代高端信息科技。在这些高端技术的支持下，形成了由移动通信、资源管理、监控调度管理、自动化仓储管理、运输配送管理、客户服务管理、财务管理等多种业务集成的现代物流一体化信息管理体系。

物流信息技术装备就是与物流信息技术应用密切相关的设备，本章简要介绍条码技术装备、射频技术装备、GPS 与 GIS 技术装备以及通信与网络技术装备。

13.2 条码技术装备

13.2.1 条码技术概述

1. 条码的概念

条码是由一组规则排列的条、空及其对应字符组成的标记，用以表示一定的信息。

条码技术属于自动识别范畴，它是随着电子技术的进步，尤其是在现代化生产和管理领域中，计算机技术的广泛应用而发展起来的一门实用的数据输入技术。从系统看，条码技术主要包括编码技术、符号表示技术、识读技术、生产与印制技术和应用系统设计等五大部分。

2. 条码技术的特点

条码的广泛应用与其所具有的特征是分不开的，如下：

（1）简单。条码符号制作容易，扫描操作简单易行。

（2）高速数据输入。普通计算机的键盘录入速度是 200B/min，而利用条码扫描录入信息的速度是键盘录入的 20 倍。

（3）信息的采集量大。利用条码扫描，一次可以采集几十位字符的信息，而且可以通过选择不同码制的条码增加字符密度，使录入的信息量成倍增长。

（4）可靠性高。键盘录入数据，误码率为 1/3000，利用光学字符识别技术，误码率为 1/10000，而采用条码扫描录入方式，误码率仅为几百万分之一，首读率可达 98% 以上。

（5）灵活、实用。条码符号作为一种识别手段可以单独使用，也可以和有关设备组成识别系统实现自动化识别，还可以和其他控制设备联系起来实现整个系统的自动化管理。同时，在没有自动识别设备时，条码符号也可实现手工键盘输入。

（6）自由度大。识别装置与条码标签的相对位置的自由度要比光学字符识别（optical character recognition，OCR）大得多。条码通常只在一维方向上表示信息，而同一条码符号上所表示的信息是连续的。这样即使是标签上的条码符号在条的方向上有部分残缺，仍可以从正常部分识读正确的信息。

（7）设备结构简单、成本低。条码符号的识别设备结构简单、操作容易，无须专门训练。与其他自动识别技术相比较，推广应用条码技术，所需费用低。

3. 条码识读的基本原理

条码识读的基本工作原理：由光源发出的光线经过光学系统照射到条码符号上面，被反射回来的光经过光学系统成像在光电转换器上，使之产生电信号；信号经电路放大后产生模拟电压，它与照射到条码符号上被反射回来的光成正比；经过滤波、整形，形成与模拟信号对应的方波信号，经译码器解释为计算机可以直接接收的数字信号。

4. 条码应用系统组成

条码应用系统就是将条码技术应用于某一系统中，充分发挥条码技术的优点，使应用系统更加完善，一般由数据源、识读器、计算机、应用软件、输出设备组成，如图 13-1 所示。

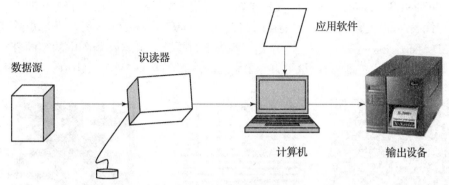

图 13-1　条码应用系统组成

在条码应用系统中，数据源是用条码表示的，如超市货架上的商品、图书馆的图书编号等；条码识读器是条码应用系统的数据采集设备，可以快速准确地捕捉到条码表示的数据源，并将这一数据送给计算机处理；计算机是条码应用系统中的数据存储与处理设备；应用软件是条码应用系统的一个组成部分。条码应用系统是以系统软件为基础为解决各类实际问题而编制的各种程序。在条码管理系统中，应用软件包括定义数据库、管理数据库、建立和维护数据库、数据通信等功能。信息输出是把数据经过计算机处理后得到的信息以文件、表格或图形方式输出，供管理者及时、准确地掌握这些信息，制定正确的决策。

13.2.2　条码的分类

条码按存储信息的方式可分为一维条码和二维条码。

1. 一维条码

一维条码是仅在水平方向存储信息的条码，如图 13-2 所示。

按照码制，一维条码包括 EAN 码、39 码、交叉 25 码、UPC 码、128 码、93 码及 Codebar 码（库德巴码）等。

图 13-2　商品条码

按照应用，一维条码又可分为商品条码和物流条码。商品条码包括 EAN 码和 UPC 码，物流条码包括 128 码、ITF 码、39 码、库德巴码等。

EAN-13 条码是通用商品条码，是按照国际物品编码协会（EAN）统一的规则编制，分为标准版和缩短版。在我国，零售定量商品的标识代码主要采用 EAN-13 码表示，只有当产品出口到北美地区并且客户指定时，才申请使用 UPC 条码表示。标准版商品条码的代码由 13 位阿拉伯数字组成，简称为 EAN-13 码。缩短版商品条码的代码由 8 位阿拉伯数字组成，简称为 EAN-8 码。

2. 二维条码

在水平和垂直方向的二维空间存储信息的条码称为二维条码。一维条码由于受到信息容量的限制，通常是对物品的标识而不是对物品的描述。二维条码技术是在一维条码无法满足实际应用需求的前提下产生的。二维条码不依赖于数据库对物品进行"描述"，具有信息容量大、安全性高、读取率高、错误纠正能力强等特征。

二维条码根据构成原理、结构形状的差异，可分为两大类型：一类是行排式二维条码（2D Stacked Bar Code），编码原理是建立在一维条码的基础之上，按需要堆积成两行或多行，有代表性的行排式二维条码有 PDF417、Code 49、Code 16K；另一类是矩阵式二维条码（2D Matrix Bar Code），是在一个矩形空间通过黑、白像素在矩阵中的不同分布进行编码。典型的矩阵式二维码有 QR Code、Data Matrix、Code One 等，如图13-3所示。

图 11-3　常见的二维条码

13.2.3　条码识读设备

1. 条码识读系统的组成

条码符号是图形化的编码符号，对条码符号的识读就是要借助一定的专用设备，将条码符号中含有的编码信息转换成计算机可识别的数字信息。

从系统结构和功能上讲，条码识读系统是由扫描系统、信号整形、译码三部分组成，如图13-4所示。

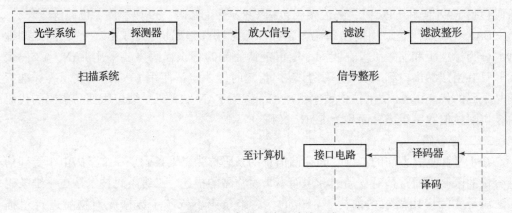

图 13-4　条码识读系统的组成

扫描系统由光学系统及探测器（光电转换器件）组成。它完成对条码符号的光学扫描，并通过光电探测器，将条码条空图案的光信号转换成为电信号。

信号整形部分由信号放大、滤波、波形整形组成。它的功能在于将条码的光电扫描信号处理成为标准电位的矩形波信号，其高低电平的宽度和条码符号的条空尺寸相对应。

译码部分一般由嵌入式微处理器组成。它的功能是对条码的矩形波信号进行译码，其结果通过接口电路输出到条码应用系统中的数据终端。

2. 常见的条码识读设备

1) 手持式激光扫描器

激光扫描技术的基本原理是先由机具产生一束激光（通常是由半导体激光二极管产生），激光扫描线扫描到条码上再反射回机具，由机具内部的光敏器件转换成电信号。手持激光扫描器比激光扫描平台具有方便灵活不受场地限制的特点，适用于扫描体积较小的首读率不是很高的物品，除此之外还具有接口灵活、应用广泛的特点，如图13-5所示。

图13-5　手持激光扫描器

2) CCD扫描器

CCD扫描器主要采用电荷耦合装置（charge coupled device，CCD）。CCD元件是一种电子自动扫描的光电转换器，也称为CCD图像感应器。CCD扫描器是利用光电耦合（CCD）原理，先对条码印刷图案进行成像，再译码。

CCD扫描器有两种类型：一种是手持式CCD扫描器，另一种是固定式CCD扫描器。这两种扫描器均属于非接触式，只是形状和操作方式不同，扫描机理和主要元器件完全相同，如图13-6所示。扫描景深和操作距离取决于照射光源的强度和成像镜头的焦距。

(a) 手持式　　　　　　　　　　(b) 固定式

图13-6　CCD扫描器

CCD扫描器的特点是无任何机械运动部件，性能可靠，寿命长；按元件排列的节距或总长计算，可以进行测长；价格比激光枪便宜；可测条码的长度受限制；景深小。

3. 条码识读器选择原则

不同的应用场合对识读设备有不同的要求，用户必须综合考虑，以达到最佳的应用效果。在选择识读设备时，应考虑以下几个方面。

(1) 与条码符号相匹配。条码扫描器的识读对象是条码符号，所以在条码符号的密度、尺寸等已确定的应用系统中，必须考虑扫描器与条码符号的匹配问题。例如：对于高密度条码符号，必须选择高分辨率的扫描器。当条码符号的长度尺寸较大时，必须考虑扫描器的最大扫描尺寸，否则可能出现无法识读的现象。

（2）首读率。首读率是条码应用系统的一个综合指标，要提高首读率，除了提高条码符号的质量外，还要考虑扫描设备的扫描方式等因素。当手动操作时，首读率并非特别重要，因为重复扫描会补偿首读率低的缺点。但对于一些无人操作的应用环境，要求首读率为100％，否则会出现数据丢失现象。为此最好是选择移动光束式扫描器，以便在短时间内有几次扫描机会。

（3）工作空间。不同的应用系统都有特定的工作空间，所以对扫描器的工作距离及扫描景深有不同的要求。对于一些日常办公条码应用系统，对工作距离及扫描景深的要求不高，可以选用光笔、CCD扫描器，因为这两种较小扫描景深和工作距离的设备即可满足要求。对于一些仓库、储运系统，大都要求离开一段距离扫描条码符号，所以要求扫描器的工作距离较大，所以要选择有一定工作距离的扫描器如激光枪等。对于某些扫描距离变化的场合，则需要扫描景深大的扫描设备。

（4）接口要求。应用系统的开发，首先是确定硬件系统环境，然后才涉及条码识读器的选择问题。这就要求所选识读器的接口要符合该系统的整体要求。通用条码识读器的接口方式有串行通信口和键盘口两种。

（5）性价比。条码识读器由于品牌不同、功能不同，价格也存在着很大的差别，因此在选择识读器时，一定要注意产品的性能价格比，应本着满足应用系统的要求且价格较低的原则选购。

13.2.4 条码生成设备

1. 条码生成设备分类

条码的生成设备基本有两大类：一是非现场印制（也称为预印刷），即采用传统印刷设备大批量印刷制作，适用于数量大、标签格式固定、内容相同的标签的印制，如产品包装等。预印刷的设备和工艺，可以采用胶片制版的传统方式进行印刷，也可以采用一般办公打印机进行打印，还可以采用专用条码打码机进行印制。二是现场印制，即由计算机控制打印机实时打印条码标签。这种方式打印灵活，实时性强，可适用于多品种、小批量、需要现场实时印制的场合。

2. 现场打印设备

物流企业作业过程中经常要用到现场条码打印设备。目前，条码现场印制设备大致分为两类，即通用打印机和专用条码打印机。通用打印机有点阵式打印机、喷墨式打印机、激光打印机等。使用通用打印机打印条码标签一般需专用软件，通过生成条码的图形进行打印，优点是设备成本低，打印的幅面较大，用户可以利用现有设备。因为通用打印机并非为打印条码标签专门设计的，所以用它印制条码在使用时不太方便，实时性较差。专用条码打印机是专为打印条码标签而设计的，具有打印质量好、打印速度快、打印方式灵活，使用方便，实时性强等特点，是印制条码的重要设备。

3. 专用条码打印机

（1）热敏式打印机和热转印式打印机。专用条码打印机主要有热敏式条码打印机和热转印式条码打印机两种,俗称为打码机。热敏式打印和热转印式打印是两种互为补充的技术,现在市场上绝大多数条码打印机都兼容热敏和热转印两种工作方式。

(2) 热升华打印机。染料热升华技术主要是为了打印连续色调的图案(如照片等)。这种技术使用一条由一定数量的色块组成的色带,每三个色块(黄、红、蓝)为一组,然后沿着整条色带重复排列,有多少组,就能打印多少证卡。

13.3 射频技术装备

13.3.1 射频识别技术概述

1. 射频识别的定义

射频识别(radio frequency identification,RFID)技术兴起于20世纪90年代,是一项利用射频信号通过空间耦合(交变磁场或电磁场)实现无接触信息传递并通过所传递的信息达到识别目的的技术。或简单说,RFID是利用无线电波进行数据信息读写的一种自动识别技术或无线电技术在自动识别领域中的应用。

RFID技术利用无线电波来传送识别信息,具有非接触识读、可识别高速运动物体、抗恶劣环境、保密性强、可同时识别多个对象等特点,在节省大量人力的同时可极大提高工作效率,所以对物流和供应链管理具有极大的吸引力。这种系统可以大大简化物品的库存管理,满足信息流不断增大和信息处理速度不断提高的需求。因此,广泛应用于物料跟踪、车辆识别、生产过程控制等方面。

2. RFID系统的组成与原理

RFID系统在具体的应用过程中,根据不同的应用目的和应用环境,系统的组成会有所不同,但从RFID系统的工作原理来看,一般都由射频标签、射频识读器、天线等部分组成(图13-7)。

RFID系统的工作原理:阅读器在一个区域内发射射频能量形成电磁场,标签通过这一区域时被触发,发送存储在标签中的数据,或根据阅读器的指令改写存储在标签中的数据。阅读器可接收标签发送的数据或向标签发送数据,并能通过标准接口与计算机网络进行通信。

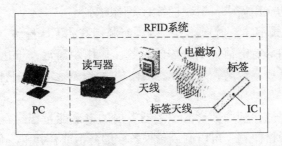

图13-7 RFID系统组成

3. 射频识别技术的特点

(1) 不需要光源,可以透过外部材料读取数据。

(2) 信息容量大，RFID 能容纳上百亿的字符，可对产品进行详细的描述。
(3) 可重复使用，使用寿命最高可达 10 年以上，能在恶劣环境下工作。
(4) 能够轻易嵌入或附着在不同形状、类型的产品上。
(5) 穿透性强，读取距离远（可达数 10m），且能无屏障阅读。
(6) 可以写入及存取数据，写入时间比打印条码短。
(7) 标签的内容可以动态改变。
(8) 能够同时处理多个标签（200 个以上）
(9) 标签的数据存取有密码保护，安全性高。
(10) 可以对 RFID 标签所附着的物体进行跟踪定位。

射频技术是对条码技术的补充和发展，避免了条码技术的一些局限性，为大量信息的存储、改写和远距离识读奠定了基础。

13.3.2 射频标签

1. 射频标签的构成

射频标签是 RFID 系统中存储被识别对象的相关信息的电子装置，位于要识别的目标表面或内部。标签相当于条码技术中的条码符号，用来存储需要识别传输的信息，但与条码不同的是标签必须能够自动或在外力的作用下，把存储的信息发射出去。射频标签一般由调制器、控制器、编码发生器、时钟、存储器及天线等组成，如图 13-8 所示。

时钟把所用电路功能时序化，以使存储器中的数据在静区的时间内传输至识读器。存储器的数据是应用系统规定的唯一性编码，标签安装在识别对象上，数据读出时，编码发生器把存储器中存储的数据编码，调制器接收由编码发生器编码的信息，并通过天

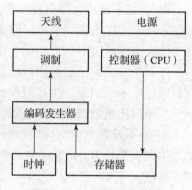

图 13-8 射频标签的组成

线电路将此信息发射、反射至识读器。数据写入时，由控制器控制，将天线接收到的信息解码后写入存储器。

2. 射频标签的分类

一般根据不同的应用需求，射频标签有不同的分类。

1) 根据供电方式不同，射频标签可分为有源标签和无源标签

有源标签是指内部有电池提供电源的标签，作用距离远，可达几十米甚至上百米，但是其寿命有限而且成本较高，并且标签的体积也比较大，无法制作成薄卡（如信用卡标签）。

无源标签不含电池，利用耦合的识读器发射的电磁能量作为自己的能量，质量轻、体积小、寿命长、价格便宜，可以制成各种各样的薄卡或挂扣卡。但它的发射距离受到限制，一般为几十厘米到几十米，并且需要比较大的识读器发射功率。

2) 根据使用能量的方式不同，射频标签可分为主动式、被动式和半被动式标签

含有电源，用自身的能量主动地发射数据给识读器的标签是主动式标签。主动式标签的优点是工作可靠性高、信号传送距离远，缺点是标签的使用寿命受到限制，而且随

着标签内电池电力的消耗,数据传输的距离会越来越小,从而影响系统的正常工作。

由识读器发出的查询信号触发后进入通信状态的标签称为被动式标签。被动式标签通信能量从识读器发射的电磁波中获得,既有不含电源的标签,也有含电源的标签。含有电源的标签,电源只为芯片运转提供能量,也称为半主动式标签。被动式标签的优点是具有永久的使用期,常用在标签信息需要频繁读写的地方,而且被动式标签支持长时间的数据传输和永久性的数据存储。被动式标签的主要缺点是数据传输距离比主动式标签短,因为被动式标签依靠外部的电磁感应供电,电能比较缺乏,数据传输的距离和信号的强度就受到了限制,需要敏感性比较高的阅读器才能可靠识读。半被动式标签的天线不用负责接受电磁波任务,与被动式标签相比,半被动式有更快的反应速度、更高的效率。

3)根据标签的读写方式不同,射频标签可分为只读标签与可读写标签

在识别过程中,内容只能读出,不可写入的标签是只读型标签。只读型标签所具有的存储器是只读型存储器。只读型标签又可分为以下三种。

(1)只读标签。只读标签的内容在标签出厂时已被写入,识别时只可读出,不可再改写,其存储器一般由 ROM 组成。

(2)一次性编程只读标签。标签的内容只可在应用前一次性编程写入,识别过程中标签内容不可改写,存储器一般由 PROM、PAL 组成。

(3)可重复编程只读标签。标签内容经擦除后可重新编程写入,识别过程中标签内容不可改写,存储器一般由 EPROM 或 GAL 组成。

读写型标签既可被阅读器读出,又可由阅读器写入,其具有读写型存储器(如 RAM 或 EEROM),也可以同时具有读写型存储器和只读型存储器。读写型标签应用过程中数据是双向传输的。

4)根据工作频率不同,射频标签可分为低频标签、高频标签、超高频标签和微波标签

工作频率在 30~300kHz 的称为低频标签,如动物识别标签、行李识别标签等;工作频率在 3~30MHz 的称为高频标签,典型的工作频率为 13.56MHz,如电子车票、电子身份证、电子遥控门锁控制器、图书管理系统、智能货架管理、服装生产线和物流系统的管理和应用等。工作频率在 300~1000MHz 的称为超高频射频标签,典型的工作频率为 433.92MHz,862(902)~928MHz。超高频的典型应用包括集装箱运输管理、铁路包裹管理、仓储物流管理、移动车辆识别等。工作频率在 1~10GHz 的称为微波标签,RFID 系统仅使用 2.45GHz 和 5.8GHz 两个频段。微波标签应用于车辆大范围的控制、船舶识别和高速公路自动收费系统。

5)根据标签中存储器数据存储能力的不同,射频标签可分为标识标签与便携式数据文件

标识标签中存储的只是标识号码,用于对特定的标识项目,如人、物、地点进行标识,而关于被标识项目的详细的特定的信息,需要使用该标识号码进入信息管理系统中的数据库进行查找。便携式数据文件指标签中存储的数据非常大,可以看作是一个数据文件。这种标签一般都是用户可编程的,标签中除了存储标识码外,还存储有大量的被标识项目的其他相关信息,如包装说明、工艺过程说明等。在实际应用中,关于被标识

项目所有的信息都是存储在标签中的,读标签就可以得到关于被标识项目的所有信息,而不用再连接到数据库中进行查找。另外,随着标签存储能力的提高,在读取标签的过程中,可以根据特定的应用目的控制数据的读出,实现在不同的情况下读出不同的数据。

6) 按识读距离不同,射频标签可分为远程标签、近程标签和超近程标签

工作距离在 100cm 以上的称为远程标签;工作距离在 10~100cm 的称为近程标签;工作距离在 0.2~10cm 的称为超近程标签。

13.3.3 射频识读器

1. 射频识别的构成

射频识读器是利用射频技术读取标签信息,或将信息写入标签的设备。识读器读出的标签的信息通过计算机及网络系统进行管理和信息传输。识读器可以是单独的个体,也可以嵌入到其他系统。

射频识读器的基本构成可分为硬件和软件两部分,具体如下:

射频识读器的硬件部分:射频识读器一般由天线、射频模块、读写模块组成,如图 13-9 所示。

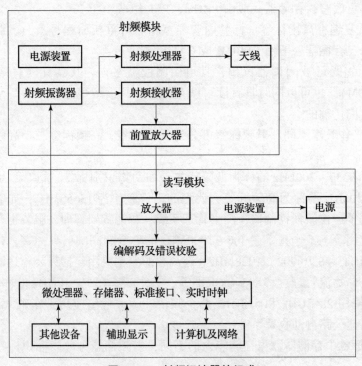

图 13-9 射频识读器的组成

天线是发射和接收射频载波信号的设备。在确定的工作频率和带宽条件下,天线发射由射频模块产生的射频载波,接收从标签发射或反射回来的射频载波。射频模块由射频振荡器、射频处理器、射频接收器及前置放大器组成,可发射和接收射频载波。射频载波信号由射频振荡器产生并被射频处理器放大,并且射频载波通过天线发射。射频模

块将天线接收的从标签发射、反射回来的载波调解后传给读写模块。读写模块一般由放大器、编解码及错误校验电路、微处理器、实时时钟电路、存储器、标准接口及电源组成。它可以接收射频模块传输的信号，解码后获得标签内信息，或将要写入标签的信息编码后传输给射频模块，完成写标签操作；还可以通过标准接口将标签内容和其他信息传给计算机。

射频识读器的软件部分都是生产厂家在产品出厂时固化在识读器模块中的，主要集中在智能单元中，按功能划分，主要包括以下 3 类软件。

（1）控制软件。负责系统的控制与通信，控制天线发射的开启、控制识读器的工作方式、负责与应用系统之间的数据传输和命令交换等功能。

（2）启动程序。主要负责系统启动时导入相应的程序到指定的存储器空间，然后执行导入的程序。

（3）解码组件。负责将指令系统翻译成识读器硬件可以识别的命令，进而实现对识读器的控制操作；将回送的电磁波模拟信号解码成数字信号，进行数据解码，防碰撞处理等工作。

2. 识读器分类

关于识读器的分类目前没有统一标准，通常会根据天线与读写器模块是否分离，分为集成式识读器和分离式识读器。便携式识读器是典型的集成式识读器，将天线与射频通道模块以及控制处理模块封装在一个外壳单元中，如图 13-11(a)；固定式识读器是典型的分离式读写器，将射频通道模块与控制处理模块封装在一个固定的外壳中（天线不在外壳中），如图 13-10(b)。

便携式读写器是适合用户手持使用的一类 RFID 读写装置，常用于动物识别、巡检、付款扫描、测试等情况。便携式读写器带有液晶显示屏，并配有键盘进行操作或输入数据，可以通过 RS232 等可选接口来实现与计算机的通信。由于条形码的大量应用，可以在便携式读写器上加一个条形码扫描模块，使之同时具有 RFID 识别和条形码扫描的功能。

（a）便携式　　　　　　（b）固定式

图 13-10　RFID 识读器

3. 天线

天线是标签与阅读器之间传输数据的发射、接收装置。任何一个射频系统至少包含一根天线（不管是内置还是外置）以发射和接收射频信号，有些射频系统是由一根天线来同时完成发射和接收的，有些是由一根天线来完成发射而另一根天线来完成接收。

标签天线：标签中的天线连接在芯片上，天线的几何形状决定了标签的工作频率。天线有两种使用方式：第一种方式是贴有电子标签的物品被放在仓库中，通过便携装置,可以是手持式设备,查询所有物品,并且需要电子标签给予反馈信息;第二种方式是在仓库的门口安装 RFID 读写设备,查询并记录进出物品。

读写器天线:任何一种 RFID 读写器均需要通过天线来发射能量,形成电磁场,通过电磁场来对电子标签进行识别。天线所形成的磁场范围是 RFID 系统的工作区域。

13.3.4 射频识别技术的应用

射频识别技术已应用于各个领域,常见的有以下几个方面。

1. 交通运输管理

高速公路自动收费系统是 RFID 技术最成功的应用之一,充分体现了非接触识别优势。在车辆高速通过收费站的同时自动完成缴费,解决交通瓶颈问题,避免拥堵,同时也防止了现金结算中贪污路费等问题。

在城市交通方面,交通的状况日趋拥挤,解决交通问题不能只依赖于修路、加强交通的指挥、控制、疏导,提高道路的利用率,深挖现有交通潜能也是非常重要的手段。基于 RFID 技术的实时交通督导和最佳路线电子地图已成为现实。通过交通控制中心的网络在各个路段向司机报告交通状况,指挥车辆绕开堵塞路段,并用电子地图实时显示交通状况,能够使交通流量均匀,大大提高道路利用率。还可用于车辆特权控制,在信号灯处给警车、应急车辆、公共汽车等行驶特权;自动查处违章车辆,记录违章情况。另外,通过 RFID 技术公共汽车站实时跟踪指示公共汽车到站时间及自动显示乘客信息,给乘客很大的方便。总之,用 RFID 技术能使交通的指挥自动化、法治化,有助于改善交通状况。

2. 生产线的自动化及过程控制

RFID 技术用于生产线实现自动控制,监控质量,改进生产方式,提高生产率。例如:在汽车装配生产线上配有 RFID 系统,以保证汽车在流水线各位置丝毫不出错地完成装配任务。在工业控制过程中,很多恶劣的、特殊的环境都采用了 RFID 技术。

3. 物品跟踪与管理

很多货物运输需准确地知道它的位置,像运钞车、危险品等,沿线安装的 RFID 设备可跟踪运输的全过程,有些还结合全球卫星导航系统实施对物品的有效跟踪。

商店的电子物品监视系统(electron article surveillance,EAS)是 RFID 技术在物品跟踪领域的有效应用。EAS 系统典型的应用场景是商店、图书馆、数据中心等地方,当未被授权的人从这些地方非法取走物品时,EAS 系统会发出警告。典型的 EAS 系统一般由三部分组成:附着在商品上的电子标签、电子传感器;电子标签灭活装置,以便授权商品能正常出入;监视器,在出口形成一定区域的监视空间。EAS 系统的工作原理是在监视区,发射器以一定的频率向接收器发射信号。发射器与接收器一般安装在零售店、图书馆的出入口,形成一定的监视空间。当具有特殊特征的标签进入该区域时,会对发射器发出的信号产生干扰,这种干扰信号会被接收器接收,经过微处理器的分析判断,就会控制警报器的鸣响。

RFID 技术可用于动物跟踪,研究动物生活习性,利用 RFID 技术研究鱼的洄游特性等。例如:RFID 用于标识牲畜、食品等,为现代的供应链产品溯源提供了技术支持;将 RFID 技术用于信鸽比赛、赛马识别,以及运动比赛中用于准确测定到达时间等。

4. 仓储管理

将 RFID 系统用于智能仓库货物管理，完全有效解决了仓库里与货物流动有关的信息的管理。一般情况下，识读器贴在货物所通过的仓库大门边上，附在货物上的射频标签记录了货物的有关信息，这些信息都存储在仓库中心的计算机里。当货物被装走运往别地时，由另一识读器识别并告知计算中心去向。这样管理中心可以实时了解到已经生产了多少产品和发送了多少产品，并可自动识别货物，确定货物的位置。

13.4 全球卫星导航系统与地理信息系统简介

13.4.1 全球卫星导航系统简介

全球卫星导航系统（global navigation satellite system，GNSS），是能在地球表面或近地空间的任何地点为用户提供全天候的三维坐标和速度以及时间信息的空基无线电导航定位系统。其包括一个或多个卫星星座及其支持特定工作所需的增强系统。

全球卫星导航系统国际委员会公布的全球 4 大卫星导航系统供应商，包括中国的北斗卫星导航系统（BeiDou narigation satellite system，BDS）、美国的全球定位系统（global positioning system，GPS）、俄罗斯的格洛纳斯卫星导航系统（global navigation satellite system，GLONASS）和欧盟的伽利略卫星导航系统（galileo satellite navigation system，GALILEO）。GPS 是世界上第一个建立并用于导航定位的全球系统，GLONASS 经历快速复苏后已成为全球第二大卫星导航系统，二者正处现代化的更新进程中；GALILEO 是第一个完全民用的卫星导航系统，正在试验阶段；BDS 是中国自主建设运行的全球卫星导航系统，为全球用户提供全天候、全天时、高精度的定位、导航和授时服务。

全球卫星导航系统在军事、资源环境、防灾减灾、测绘、电力电信、城市管理、工程建设、机械控制、交通运输、农业、林业、渔牧业、考古业、生活、物联网、位置服务中都有应用。

1）导航

用于武器导航，可以精确制导导弹、巡航导弹；用于车辆导航，可以进行路线导航、车辆调度、监控系统；用于飞机导航时可进行航线导航、进场着陆控制；用于船舶导航，可以远洋导航、港口/内河引水；当个人旅游及探险时还可以用于个人导航。

2）定位

可定位车辆、手机、掌上计算机等移动设备，拥有设备的防盗，在旅游及野外探险时可以利用电子地图查看自己所在位置；还可以定位儿童或老年人，以便他们走失时及时确定准确方位。

3）测量

利用全球卫星导航系统中载波相位差分技术，测量精度可以达到厘米级。与传统的人工测量相比，其拥有精度高、易操作、测量设备便携、全天候操作、测量点之间无须通视等优势。全球卫星定位技术已广泛应用于大地测量、地壳运动、资源勘查、地籍测量等领域。

4）农业

很多国家已经把全球卫星导航系统用于农业发展，可以定位农田信息、监测产量、土样采集等，然后通过计算机系统对采集的数据进行分析和处理，制定出更科学的农田管理措施；可以把产量及土壤状态等农田信息装入带有 GPS 设备的喷施器中，在给农田施肥、喷药的过程中可以精确用量降低因肥料和农药对环境造成的污染。

5）救援

利用全球卫星导航定位技术，可提高各部门对交通事故、交通堵塞、火灾、洪灾、犯罪现场等紧急事件的响应速度；可以帮助救援人员在恶劣的天气条件和地理条件下对失踪人员进行营救。

6）监视管理

对机场进行监视和管理是为了减少飞机起飞和进场的滞留时间，有效调度飞机、车辆以及人员。全球卫星导航定位技术可以在任何气候环境下，为所有飞行跑道提供全天候、安全、精密的导航功能。采用全球卫星导航定位技术的飞机更具灵活性，可以在无人或脱离跑道时自行操作，通过调度系统可以有效地组织地面交通以及处理停机坪事故。

7）军事

现代战争已经演变成为信息化战争，依靠全球卫星定位系统可以精确制导导弹和炸弹，从而进行目标引导。同时，在步兵战术作战中也是不可或缺的标准军事装备。全球卫星导航系统对于特种作战也具有巨大意义，因为可以全天候、连续地隐蔽定位，而且使用者不用发射出任何信号、只要能接收卫星信号就可以使用，所以特种作战时，无须无线电静默就能与指挥部保持联系，无须发出信号就能获得战术支援，并可以随时更改，确认理想的行动路径。

13.4.2　地理信息系统简介

地理信息系统（geographic information system 或 geo‐information system，GIS）又称为"地学信息系统"，是处理地理信息的系统。地理信息是指直接或间接与地球的空间位置有关的信息，常称为空间信息。一般来说，GIS 可定义为用于采集、存储、管理、处理、检索、分析和表达地理空间数据的计算机系统，是分析和处理海量地理数据的通用技术。从 GIS 应用角度出发，可进一步定义为 GIS 由计算机系统、地理数据和用户组成，通过对地理数据的集成、存储、检索、操作和分析，生成并输出各种地理信息，从而为土地利用、资源评价与管理、环境监测、交通运输、经济建设、城市规划及政府部门行政管理提供新的知识，为工程设计和规划、管理决策服务。虽然这些定义不同，但都是基于三方面考虑：一是 GIS 使用的工具是计算机软硬件系统，二是 GIS 研究对象是空间物体的地理分布数据及属性，三是 GIS 数据建立过程是采集、存储、管理、处理、检索、分析和显示。

地理信息系统的主要作用是将表格型数据（无论来自数据库、电子表格文件，还是直接在程序中输入）转换为地理图形显示，然后对显示结果浏览、操作和分析。其显示范围可以从洲际地图到非常详细的街区地图，显示对象包括人口、销售情况、运输线路以及其他内容。地理信息系统在交通运输中的应用较为普遍。

GIS 出现是信息技术及其应用发展到一定程度的必然产物，如下：

GIS 萌芽于 20 世纪 60 年代。1962 年，加拿大人 Roger F. Tomlinson 提出利用数字计算机处理和分析大量的土地利用地图数据，并建议加拿大土地调查局建立加拿大地理信息系统，与此同时，美国的 Duane F. Marble 在美国西北大学研究利用数字计算机研制数据处理软件系统，并提出建立地理信息系统的思想。

20 世纪 70 年代是 GIS 走向实用的发展期。美国、加拿大、瑞典和日本等国对 GIS 的研究均投入了大量人力、物力和财力。到 1972 年 GIS 全面投入运行与使用，成为世界上第一个运行的 GIS。在此期间，美国地质调查局开发了 50 多个 GIS。1974 年日本国土地理院开始建立数字国土信息系统；瑞典在中央、区域和城市三级建立了许多信息系统。

20 世纪 80 年代是 GIS 的推广应用阶段。GIS 与卫星遥感技术相结合，开始用于全球性问题的研究，如全球变化和全球监测、全球沙漠化、全球可居住区评价、厄尔尼诺现象及酸雨、核扩散及核废料等；从土地利用、城市规划等宏观管理应用，深入到各个领域解决工程问题，如环境与资源评价、工程资源评价、工程选址、设施管理、紧急事件响应等。

20 世纪 90 年代以来是 GIS 的用户时代，随着地理信息产业的建立和数字化信息产品在全世界的普及，GIS 成为了一个产业，投入使用的 GIS 每 2~3 年就翻一番，GIS 市场的增长也很快。目前，GIS 应用在走向区域化和全球化的同时，已渗透到各行各业，涉及千家万户，成为人们生产、生活、学习和工作中不可缺少的工具和助手。与此同时，GIS 也从单机、一维、封闭向开放、网络等多维的方向发展。

我国地理信息系统始于 20 世纪 80 年代初。地理信息系统进入发展阶段的标志是第七个五年计划，GIS 研究正式列入国家科技攻关计划，开始了有计划、有组织、有目标的科学研究、应用实验和工程建设工作。1994 年中国 GIS 协会在北京成立，标志着中国 GIS 行业已形成一定规模。"九五"期间，GIS 是科技部在高新技术领域主要抓的两件大事之一。1996 年，为支持国产 GIS 软件的发展，原国家科委开始组织软件评测，并组织应用示范工程。1998 年，国产 GIS 软件打破国外的垄断，在国内市场的占有率达 25%。同年，在抽样调查 25 个省市 19 个行业的 1000 多个单位中，全部使用了 GIS。GIS 在资源调查、评价、管理和监测，城市的管理、规划和市政工程，行政管理与空间决策、灾害的评估与预测、地籍管理及土地利用、交通、农业、公安等领域得到了广泛的应用。

13.5 电子数据交换与电子自动订货系统简介

13.5.1 电子数据交换简介

国际标准化组织对电子数据交换（electronic data interchange，EDI）的定义是将贸易（商业）或行政事务处理按照一个公认的标准变成结构化的事务处理或信息数据格式，从计算机到计算机的电子传输。国际电信联盟标准部将其定义为从计算机到计算机的结构化的事务数据互换。

电子数据交换不是用户之间简单的数据交换，而是要求用户按照国际通用的消息格式发送信息，接收方也需要按国际统一规定的语法规则，对消息进行处理，并引起其他相关系统的 EDI 综合处理。整个过程都是自动完成，无须人工干预，减少了差错，提高了效率。

电子数据交换用于金融、保险和商检，可以实现对外经贸的快速循环和可靠的支付，降低银行间转账所需的时间，增加可用资金的比例，加快资金的流动，简化手续，降低作业成本。

电子数据交换用于外贸、通关和报关。用于外贸业，可提高用户的竞争能力。用于通关和报关，可加速货物通关，提高对外服务能力，减轻海关业务的压力，防止人为弊端，实现货物通关自动化和国际贸易的无纸化。

电子数据交换用于税务，税务部门可利用 EDI 开发电子报税系统，实现纳税申报的自动化，既方便快捷，又节省人力物力。

电子数据交换用于制造业、运输业和仓储业。制造业利用 EDI 能充分理解并满足客户的需要，制订出供应计划，达到降低库存，加快资金流动的目的。运输业采用 EDI 能实现货运单证的电子数据传输，充分利用运输设备、仓位，为客户提供高层次和快捷的服务。用于仓储业，可加速货物的提取及周转，减缓仓储空间紧张的矛盾，从而提高利用率。

13.5.2　电子自动订货系统简介

电子自动订货系统（enterprise operation system，EOS）是指将批发、零售商场所产生的订货数据输入计算机，通过计算机通信网络将资料传送至总公司、批发商、商品供货商或制造商处。因此，电子自动订货系统能处理从新商品资料的说明到会计结算等所有商品交易过程中的作业，可以说涵盖了整个物流。电子自动订货系统集成了许多先进的管理手段，因此使用非常广泛。

电子自动订货系统应用于物流管理的作用主要表现在以下几方面。

1. 提高订货效率

传统的订货方式效率低下，如上门订货、邮寄订货、电话订货、传真订货、会议订货等，电子自动订货系统可缩短从接到订单到发出订货的时间，缩短订货商品的交货期，减少商品订单的出错率，节省人工费。

2. 减少商品库存

电子自动订货系统有利于提高企业的库存管理效率，同时也能防止发生特别畅销商品缺货的现象，使企业保持在一个合理的库存水平。

3. 正确判断市场行情

对于生产厂商和批发商来说，通过分析零售商的订货信息，有利于正确判断市场行情，调整生产和销售计划。

4. 提高物流信息系统效率

由于实行电子自动订货，各个业务与系统之间的数据交换更加方便迅速，从而有利于提高企业的物流信息系统效率。

思考题

1. 什么是条码技术？其相关主要设备有哪些？
2. 什么是射频识别技术？其相关主要设备有哪些？
3. 解释 GNSS、GIS、EDI、EOS 的含义。
4. 简要说明 GNSS、GIS、EDI、EOS 在物流管理中的应用。

参考文献

[1] 国务院. 物流业发展中长期规划（2014—2020年）[M]. 北京：人民出版社，2014.

[2] 中国民用航空总局. 计算机管理飞机飞行 [EB/OL]. [2015-09-23]. http://www.caac.gov.cn/GYMH/MHBK/HKQJS/201509/t20150923_1774.html.

[3] 中国民用航空总局.《"十四五"航空物流发展专项规划》答问 [EB/OL]. [2022-02-16]. http://www.scio.gov.cn/xwfbh/gbwxwfbh/xwfbh/mhj/Document/1720368/1720368.html.

[4] 范钦满. 物流设施与设备 [M]. 南京：东南大学出版社，2008.

[5] 范钦满，周桂良. 物流装备与运用 [M]. 北京：清华大学出版社，2011.

[6] 殷勇，鲁工圆. 交通运输设备 [M]. 成都：西南交通大学出版社，2014.

[7] 唐四元，马静. 现代物流技术与装备 [M]. 北京：清华大学出版社，2017.

[8] 谢金龙. 物流信息技术与应用 [M]. 北京：北京大学出版社，2019.

[9] 蒋祖星. 物流设施与设备 [M]. 北京：机械工业出版社，2018.

[10] 王喜富. 现代物流技术 [M]. 北京：清华大学出版社，2016.

[11] 赵智锋. 物流设施设备运用 [M]. 上海：上海财经大学出版社，2017.

[12] 李晓媚. 物流信息技术 [M]. 北京：电子工业出版社，2018.

[13] 徐馥. 物流设施与设备操作实务 [M]. 北京：电子工业出版社，2018.

[14] 冯国壁，邓亦涛. 物流设施与设备 [M]. 北京：北京理工大学出版社，2021.